FLENSBURGER HEFTE

Indianer

Liebe Leserinnen und Leser!

Die Interviews mit Jochen Pajunk im FLENSBURGER HEFT Nr.34 über die Hopi-Indianer haben uns inspiriert, ein ganzes Themenheft über Indianer zusammenzustellen. Daß es kaum möglich ist, einen repräsentativen und vor allem ausreichenden Überblick über die verschiedenen Indianervölker, ihre Mythologien und ihre Lebenssituation früher und heute darzustellen, wurde uns sehr schnell klar. Deswegen haben wir uns für eine bunte Zusammenstellung einzelner Aspekte entschieden, die dann aber näher erläutert werden.

Thomas Höfer beschreibt in seinem Einleitungsartikel die Wiederentdeckung Amerikas durch Cristóbal Colón und den Völkermord an den Indianern durch die Konquistadoren, während Bernd Hansen die Vernichtung und Lage der nordamerikanischen Indianer der vergangenen zwei Jahrhunderte bis heute darstellt. Das Interview mit Christian Rätsch, der drei Jahre im Regenwald gelebt hat, bringt uns die dort lebenden Nachfahren der Maya – die Lakandonen –, ihre Mythologie und ihre Zaubersprüche nahe. Hans-Diedrich Fuhlendorf untersucht auf geisteswissenschaftlicher Grundlage die Beziehungen der Amerikaner, Indianer und der Deutschen untereinander und wirft in seinen Ausführungen die Frage auf, inwieweit die intuitive Weisheit der Indianer den Weißen als Hilfe erwachsen kann.

Roland Brummers Artikel behandelt die Felszeichnungen und Malereien im Südwesten der USA. Heino Gehrts (siehe auch das Interview mit ihm im FLENSBURGER HEFT Nr.30) beschreibt, wie sich im Jahre 1906 die Hopi des Ortes Oraibi in zwei Parteien gespalten haben und sich ein geistig-kultisches Ringen zwischen ihnen, aber auch zwischen den Hopi und den Weißen, ereignet hat.

Im zweiten Teil des Heftes stellen wir Vertreter der heutigen Zeit vor, die die indianischen Weisheiten weiterentwickelt haben: Der Seminarleiter und Apache aus Arizona, Art Reade, spricht über seine Lebensweisheit, speziell über sein Verständnis des Feedback aus dem Universum, während Wilhelmine und Arnold Keyserling als Vertreter des Wassermannzeitalters erklären, wie sie indianische Traditionen in der heutigen Zeit anwenden und mit anderen Religionen und Philosophien verbinden. –

Noch ein Hinweis in anderer Sache: Werner Georg Haverbeck verfaßte seinerzeit eine Entgegnung auf die Darstellungen Arfst Wagners – seine Person betreffend – im FLENSBURGER HEFT Nr.32: „Anthroposophen und Nationalsozialismus“. Wir hatten zunächst die Absicht, diese und andere ausführliche Zuschriften und auch weitere Reaktionen auf das Heft zu dokumentieren und zu veröffentlichen. Davon haben wir jedoch zwischenzeitlich vorerst Abstand genommen. Daher greifen wir gern die Gelegenheit auf, Sie darauf hinzuweisen, daß Haverbecks Entgegnung im vierten Band der „Dokumente und Briefe zur Geschichte der Anthroposophischen Gesellschaft und Bewegung“ nachzulesen ist, der im Juni 1992 im Lohengrin Verlag (D-2370 Rendsburg, Apenrader Weg 80) erscheint. Der Band enthält auch eine Replik Arfst Wagners.

Es grüßt Sie
Ihre
FLENSBURGER HEFTE-Redaktion

Aus dem Inhalt

Die „Zivilisierung“ der Neuen Welt

ZUR ENTDECKUNG AMERIKAS

Thomas Höfer

„Um zwei Uhr früh tauchte das Land vor ihnen auf, sie waren etwa zwei Meilen davon entfernt. Sie holten alle Segel ein und behielten nur die Brefock am Mast, das ist ein Großsegel ohne Nebensegel, und drehten bei; so ließen sie die Zeit bis zum Freitag verstreichen, an dem sie eine kleine Insel der Bahamas erreichten, die in der Sprache der Indios *Guanahaní* genannt wurde. Bald sahen sie dort nackte Leute am Strand, und der Admiral fuhr mit einem mit Waffen ausgerüsteten Boot an Land ... Der Admiral rief die beiden Kapitäne und die anderen, die an Land gesprungen waren, zu sich, und auch Rodrigo Descovedo, den Schreiber der Flotte, und Rodrigo Sánchez de Segovia, und sagte, sie sollten getreulich bezeugen, daß er vor aller Augen für den König und die Königin, ihre Herren, von der Insel Besitz ergriff, und so tat er es auch und gab die erforderlichen Erklärungen ab, wie es ausführlicher in den Zeugnissen enthalten ist, die dort schriftlich angefertigt wurden.“ (Las Casas, zit. nach: Behringer, S.22 f.)

Am 12. Oktober 1492 erblickte Cristóbal Colón, Christoph Kolumbus genannt, zum ersten Mal eine neue Welt, von der er glaubte, sie sei ein Teil Ostasiens. Zeitlebens hielt er sich für den Entdecker des westlichen Seeweges nach Indien und nannte folglich die Eingeborenen, auf die er stieß, *Indios* oder *Indianer*. Heute feiert die Welt am 12. Oktober die Entdeckung Amerikas. Und immer noch gilt Colón einigen als der Entdecker der Neuen Welt.

Tatsächlich sah Colón den nordamerikanischen Kontinent, die Neue Welt, nicht einmal von fern. Seine Schiffe erreichten lediglich die Mittelamerika vorgelagerten Inseln, von ihm westindische Inseln genannt, z.B. Guanahaní (San Salvador), Haiti und Kuba. Erst 1498, auf seiner dritten Reise, erreicht er an der Mündung des Orinoco das Festland Südamerikas. Aber bereits am 24. Juli 1497 landete der Italiener Giovanni Caboto in Neufundland und betrat nordamerikanischen Boden, so daß ihm die Wiederentdeckung Nordamerikas zugeschrieben werden muß.

Die Wikinger

Wiederentdeckung deshalb, weil bereits 500 Jahre vor Caboto Leiv Eriksson, der Sohn Erik des Roten, von Grönland aus die nordamerikanische Küste erreichte, von den Wikingern Vinland genannt. Aber es kam nicht zu einer Dauerbesiedlung. Erst der Norweger Helge Ingstad konnte in den sechziger Jahren unseres Jahrhunderts den Beweis für die Besiedlung Neufundlands durch die Wikinger erbringen. Er entdeckte in der Nähe eines kleinen Fischerdorfes mit Namen L'Anse aux Meadows Ruinen, die nicht von Eskimos oder Indianern stammten.

„Ingstad grub acht größere und kleinere Häuser aus, das heißt Spuren ihrer Fundamente. Dazu eine Schmiede und einen Kohlenmeiler. Das sogenannte Langhaus hatte mehrere Räume und die beträchtliche Länge von 20 mal 16 Metern. Die gegenständlichen Funde waren äußerst gering, aber archäologisch sehr aufschlußreich. Es fand sich bearbeitetes Eisen (aus dem sogenannten Sumpfeisenerz gewonnen, das klumpenförmig in Seen, Bächen oder nassen Wiesen vorkommt und in einem Schmelzprozeß veredelt wird, der sowohl Indianern wie auch Eskimos unbekannt war, wohl aber den Skandinaviern vertraut); dazu Kupfer in einer Legierung – ebenfalls den Eingeborenen Amerikas nicht bekannt, die Kupfer nur hämmerten. Und es fand sich als Wichtigstes – es war ein Fund erst der letzten Expedition, und die Ausgräber fielen sich vor Freude überwältigt in die Arme – ein kleiner Spinnwirtel aus Speckstein, wie er von Grönland und Norwegen her bekannt war! ...

Es scheint kein Zweifel mehr zu bestehen, daß in dem 'Langhaus' das Haus Leiv Erikssons gefunden worden war. Von hier war er zu Fischfang und Jagd ausgezogen, an diesem Herdplatz (die Feuerstelle konnte genau lokalisiert werden) hatte er des Abends gesessen im Kreise seiner Männer. Hier wurde von den Taten erzählt, Berichte, die von Mund zu Mund weiterliefen über Grönland nach Island und Norwegen, wo sie schließlich zu den 'Sagas' geschmolzen wurden. Dieses Haus hatte er seinen Verwandten überlassen, als er selber sich wieder zurückzog nach Grönland, um in der Heimat zu sterben. Und dann ging eines Tage, übermäßige Holzkohlenreste beweisen es, das große Haus in Flammen auf. War es schon verlassen? Brannten es Eingeborene ab? Das wissen wir nicht." (Ceram, S.43 ff.)

Leiv Eriksson war nicht der letzte Wikinger in Amerika, andere kamen nach ihm. Aber die Niederlassungen waren sporadisch, Kontakte mit den Eingeborenen, von den Nordländern Skrälinger – schwächliche Menschen –, genannt, verliefen meist aggressiv und endeten blutig. Vinland hatte den Wikingern, einem kriegerischen Volk, nichts zu bieten, und so geriet es in Vergessenheit.

Cristóbal Colón

Die Besitzergreifung des neuen Kontinents und die Enteignung der Urbevölkerung, wie die Entdeckung Amerikas zutreffender bezeichnet werden muß, nahm erst mit Cristóbal Colón eine Dimension an, die das Weltbild und die ökonomischen Verhältnisse der Europäer entscheidend verändern sollten. Colón brachte nicht nur „die Sklaverei nach Amerika und die Syphilis nach Europa" (Ceram, S.34), sondern mit seiner Fahrt ins Ungewisse begann die Europäisierung der Erde.

Am 3. August 1492 stach Colón mit drei Schiffen, der Pinta, der Nina und der Santa María als Flaggschiff, und 90 Mann Besatzung in See. Über seine Reise berichtete Colón in einem Bordbuch, dessen Original verlorenging und das nur durch den Umstand in großen Teilen authentisch erhalten blieb, daß Bartolomé de Las Casas (1474–1566), ein spanischer Missionar, der sich gegen die Versklavung und Mißhandlung der Indianer durch die Konquistadoren einsetzte, es für seine „Historia de las Indias" zum großen Teil wörtlich abschrieb und nur kleine Teile in indirekter Rede zusammenfaßte.

„Er (Colón) segelte nach Südwest, sie legten etwa zehn Seemeilen pro Stunde zurück, manchmal auch zwölf und eine Weile sieben; in den ganzen vierundzwanzig Stunden brachten sie neunundfünfzig Meilen hinter sich: Er sagte den Leuten aller-

Christoph Kolumbus. Holzschnitt von Tobias Stimmer, 1575

dings nur vierundvierzig. An diesem Punkt konnten es die Leute nicht länger aushalten. Sie beklagten sich über die lange Reise; aber der Admiral ermutigte sie, so sehr er konnte, und weckte bei ihnen die Hoffnung auf Vorteile, die ihnen zufallen könnten. Und er fügte hinzu, es sei zwecklos, sich zu beklagen, denn er habe den Weg nach Indien einmal eingeschlagen und müsse ihn nun fortsetzen, bis er das Land mit Hilfe unseres Herrn gefunden habe.“ (Las Casas, zit. nach: Behringer, S.21)

Am 11. Oktober traf man dann auf erste Anzeichen von Land, treibende Äste und eine Art Brett. Am 12. Oktober nahm Colón das erreichte Land als Vizekönig der Indischen Lande für die spanische Krone offiziell in Besitz. Als Ort der ersten Landbegehung, von den Eingeborenen Guanahaní genannt, galt bis 1986 die Insel Watling Island. Eine genaue Untersuchung ergab dann, daß jenes Guanahaní eine heute Samana Bay genannte Insel sein muß, die hundert Kilometer südlich von Watling Island liegt (Venzke, S.64).

Erster Kontakt mit Eingeborenen

Schon bald nach der Landung kam es zu einem ersten Kontakt mit Eingeborenen vom Stamm der Tainos, einem inzwischen ausgestorbenen Aruk-Volk auf Haiti.

„Das von Kolumbus zuerst entdeckte Land war zu jener Zeit von Indianern besiedelt, die der Kultur der Taino angehörten und sprachlich zu der Gruppe der sogenannten Aruk zählten. Die Bewohner der zersplitterten Inselwelt Westindiens lebten in einfachen gesellschaftlichen Organisationsformen und besaßen eine nur wenig entwickelte materielle Kultur. Sie gliederten sich in festgefügte soziale Verbände, die unter der Herschaft eines Stammesführers (Kaziken) gemeinschaftlich den allen gehörenden Grund und Boden bewirtschafteten. Neben dem Ackerbau wurden das Töpfern und das Spinnen von Baumwolle betrieben; der Gebrauch von Metall war bei den Aruk noch unbekannt.“ (Venzke, S.64)

Die Tainos hielten die Spanier für Götter, die auf Wolkenschiffen zu ihnen herabgekommen waren. Daher behandelten sie Colón und seine Besatzung mit größter Ehrfurcht und nahmen alles ihnen Dargebotene dankbar an. Von den Spaniern wurde dieses Verhalten als Unterwürfigkeit mißdeutet, sie sahen in den Eingeborenen geborene Dienernaturen, deren man sich nach Belieben bedienen konnte. Es begegneten sich nicht zwei Kulturkreise, sondern in der Gestalt von Cristóbal Colón schickte sich der europäische an, den amerikanischen zu beherrschen.

„Als sie sahen, daß ich keine Anstalten machte, an Land zu gehen, begannen einige zu uns hinauszuschwimmen, sie erreichten uns, und wir begriffen, daß sie uns fragten, ob wir vom Himmel gekommen seien; und ein Alter stieg zu ins Boot, und andere riefen alle mit lauter Stimme alle Männer und Frauen herbei: Kommt und seht die Männer, die vom Himmel herabgestiegen sind! Bringt ihnen zu essen und zu trinken.“ (Venzke, S.26)

„Wenn auch der Admiral anordnete, die Indianer mit unbedingter Freundlichkeit zu behandeln, so geschah dies in der Hauptsache aus dem Kalkül heraus, sich die potentielle Arbeitskraft der Bevölkerung zu sichern, ohne sogleich Mittel der Gewalt anwenden zu müssen. Denn für Kolumbus bestand kein Zweifel daran, daß jene *freundlichen und wohlgesinnten Menschen* zu Handlangern der spanischen Kolonialherren bestimmt waren, womit ihre spätere gewalttätige Unterwerfung bereits vorbedacht wurde. So finden sich schon für die ersten drei Tage nach der Ankunft im *Bordbuch* folgende Sätze: *Ich möchte, daß die Eingeborenen ein freundliches Verhältnis zu uns bekommen, da es sich um einen Stamm handelt, der eher durch Liebe als durch Gewalt zu unserem heiligen Glauben errettet und bekehrt werden kann ... Sie dürften wohl gute und geschickte Diener sein, da sie alles, was wir ihnen vorspre-*

chen, sehr schnell wiederholen ... Diese Leute sind im Gebrauch von Waffen gänzlich ungeschickt. Eure Majestät werden dies selbst erleben, wenn ich Ihnen die sieben übergebe, die ich ergriffen und mit mir genommen habe. Nach dem Erlernen unserer Sprache werde ich sie zurückbringen; es sei denn, Eure Majestät befehlen, die ganze Bevölkerung nach Kastilien zu verschaffen oder hier gefangen zu halten. Mit fünfzig Mann könnten sie alle unterworfen und dazu gebracht werden, alles zu tun, was man von ihnen verlangt.“ (Venzke, S.66 f.)

„Tausend von ihnen könnten es nicht mit drei Christen aufnehmen, also kann man ihnen befehlen und sie arbeiten und sähen und alles weiterhin Notwendige machen lassen, sie Dörfer bauen lassen und sie darin unterweisen, Kleider zu tragen und unsere Sitten zu befolgen.“ (Venzke, S.75)

Auf der Suche nach Gold

Von Anfang an war das Augenmerk der Eindringlinge auf Goldvorkommen gerichtet, um die Schatzkammern des spanischen Königshauses zu füllen. Im Bordbuch Colóns ist zu lesen:

„Gleich nach Tagesanbruch kamen viele von diesen Männern an den Strand, alles Jünglinge wie ich schon sagte, und alle von vortrefflicher Statur, sehr schöne Menschen ... Sie brachten Knäuel gesponnener Baumwolle und Papageien und Wurfspieße und anderen Krimskrams, den zu beschreiben langweilig wäre, sie gaben alles hin und waren mit dem zufrieden, was man ihnen dafür bot. Ich war aufmerksam und bemühte mich, in Erfahrung zu bringen, ob es Gold gäbe, und ich sah, daß ein paar von ihnen ein Stückchen in einer Öffnung trugen, die sie in die Nasenwand gebohrt hatten, und durch Zeichensprache konnte ich folgendes herausfinden: Wenn man nach Süden gehe oder die Insel nach Süden zu umfahre, so sei dort ein König, der große Gefäße aus Gold habe und der sehr, sehr viel davon habe.“ (Zit. nach: Behringer, S.24 f.)

Daß es auf den Westindischen Inseln tatsächlich Goldvorkommen gab, wurde den Eingeborenen zum Verhängnis, denn die Eindringlinge sahen sich in dem Glauben bestärkt, daß unermeßliche Reichtümer auf sie warteten, die sie nur aufzuspüren und in Besitz zu nehmen brauchten. Die Eingeborenen hingegen suchten nicht systematisch nach Gold, und was sie fanden, verarbeiteten sie zu Schmuck und sakralen Gegenständen.

„Nur durch diese künstlerische Verarbeitung kam ihm eine Bedeutung zu, da es an sich als wertlos erachtet wurde; bereitwillig wurde es gegen den von den Spaniern mitgeführten Tand wie Glasperlen und kleine Bronzeglöckchen eingetauscht.“ (Venzke, S.68)

Die unermeßlichen Goldvorkommen, die für Colón zur fixen Idee wurden, fanden sich allerdings nicht, und so trat Colón am 4. Januar 1493 die Rückreise nach Spanien an. Unmittelbar vorher hatte er auf der Insel Hispaniola aus den Trümmern der Santa Maria – das Schiff war in der Nacht vom 24. auf den 25. Dezember auf Grund gelaufen und nicht wieder flott zu machen – eine Siedlung mit Namen Villa de la Navidad errichten lassen, in der vierzig Männer auf die Rückkehr Colóns warten sollten.

Der Beginn von Völkermord und Sklaverei

Als Colón am 27. November 1493 auf seiner zweiten Fahrt in die Neue Welt La Navidad erreichte – diesmal mit einer Flotte von 17 Schiffen, bestückt mit Seeleuten, Bauern, Bergarbeitern, Handwerkern, Beamten, einigen Priestern und zahlreichen Hidalgos – ruhm- und goldsüchtigen, oftmals adligen Raufbolden, die sich nur auf Kampf verstanden –, war die hölzerne Festung niedergebrannt und von den Spaniern keiner mehr am Leben.

Nach und nach ergab sich aus den Berichten der Indianer, daß die Bewohner von La Navidad ihren Untergang selbst verschuldet hatten. Es hatte Streit gegeben, und verschiedene sich bildende Banden fingen an, die Insel auf der Suche nach Gold und Frauen zu durchstreifen. Die Indianer setzen sich zur Wehr und vernichteten nach und nach alle Spanier und brannten die Siedlung nieder.

Colón verzichtete zunächst darauf, gegen die Indianer vorzugehen. Er veranlaßte den Bau einer Siedlung, Isabela, und eines Forts namens San Tomás. Da die Nahrungsmittel, die man an Bord mitgeführt hatte, zum Teil verdorben und zum anderen Teil aufgebraucht waren, wurde die Ernährungslage kritisch. Alonso de Hojedas und Mosén Pedro Margarit erhielten daher von Colón den Auftrag, sich mit bewaffneten Leuten auf Streifzüge durch das Landesinnere der Insel zu begeben, um Nahrung für die Menschen der Siedlung und des Forts zu beschaffen. Colón selbst begab sich auf eine mehrmonatige Expedition zu Schiff, um endlich das ersehnte Goldland zu entdecken.

„Die Lage auf der Insel hatte sich in der Abwesenheit des Kolumbus außerordentlich verschärft. Der bewaffnete Trupp unter der Führung des Margarit hatte auf der Suche nach Gold Angst und Schrecken unter den Indianern verbreitet. Rücksichtslos waren in den Dörfern die Lebensmittelvorräte geplündert, die Frauen mißhandelt und die Männer zu Sklavendiensten gezwungen worden. Hojeda und seine Männer im Fort San Tomás hatten sich auch nicht anders verhalten und sich ebenfalls die Indianer zu erbitterten Feinden gemacht. Zudem waren einzelne Trupps auf eigene Faust losgezogen, um Gold zu suchen oder dieses von den Eingeborenen zu erpressen." (Venzke, S.96)

Die Übergriffe der Spanier gegen die Indianer nahmen immer mehr zu. Als Colón von seiner – erfolglosen – Expedition zurückkehrte, war er schwer erkrankt und zunächst nicht in der Lage, irgend etwas zu unternehmen. Die Indianer ihrerseits entwickelten einen tödlichen Haß gegen die Spanier und hatten jedes Vertrauen verloren. Sie waren daher auch nicht länger bereit, zu gehorchen oder ihre Dienste freiwillig zur Verfügung zu stellen. Wo sie es wagen konnten, fügten sie den Eindringlingen Schaden zu. Als Colón von seiner Krankheit genas, waren es die Ausschreitungen der Indianer, die er für die desolaten Zustände verantwortlich machte.

„Unter dem Befehl des Kolumbus brach eine Strafexpedition auf, und mit ihr begann das schwärzeste Kapitel in der Kolonialgeschichte der Neuen Welt; die Unterdrückung und Ausrottung der ursprünglichen Bevölkerung. Von Beginn an wurde der Kampf gegen die Indianer auch aus wirtschaftlichen Interessen heraus geführt. So trieb man einige hundert Indianer auf die vier Karavellen des Torres, die am 24. Februar 1495 ausliefen. Die Indianer waren im Gefolge der Strafexpedition gefangengenommen und nach Isabela verschleppt worden; sie galten als Kriegsbeute und konnten nach allgemeiner Auffassung als Sklaven verkauft werden.“ (Venzke, S.97)

Inzwischen war Kritik an der selbstsüchtigen Mentalität Colóns bis an den spanischen Königshof gedrungen, und da die von Colón versprochene reiche Beute ausblieb, geriet er unter Druck. Er war darauf angewiesen, die Lage unter Kontrolle zu bekommen, wollte er sich nicht der Unfähigkeit zeihen lassen. Außerdem waren für ihn die Sklaven ein Ersatz für die ausbleibende Goldbeute. Die Indianer wehrten sich erbittert gegen die Versklavung.

„Am 24. März führte Kolumbus etwa 200 Mann gegen etliche tausend Indianer in die Schlacht. Innerhalb kurzer Zeit wurden die nackt und nur mit einfachen Waffen kämpfenden Eingeborenen von den wohlausgerüsteten Spaniern niedergemacht, die mit Reitern und Bluthunden den Kampf angetreten hatten. Während der nächsten Monate folgten weitere Kämpfe und vereinzelte Gefechte; auf der Insel wurden drei zusätzliche Forts errichtet, die als Stützpunkt für die Unterwerfung der jeweiligen Stämme dienten. Als zudem im Juni ein Hurrikan alle im Hafen von Isabella liegenden Schiffe bis auf die mittlerweile ehrwürdige Nina zerstörte und somit die Entsendung einer Flotte nach Spanien nicht möglich war, richtete sich die Aufmerksamkeit der Siedler noch stärker darauf, die Eingeborenen unter die Knute zu zwingen und ihnen neben den Nahrungsvorräten ihren Besitz an Goldschmuck zu rauben.“ (Venzke, S.98)

Zudem wurde ein Abgabensystem eingeführt, daß die Eingeborenen dazu verpflichtete, nicht aufbringbare Mengen an Gold und Baumwolle als Tribut an die Spanier zu entrichten. Den Indianern blieb nur die Flucht, der Kampf oder die Sklaverei.

Colón gelang es nicht, die Situation zu beherrschen, und auch seine zwei weiteren Fahrten 1498 und 1502 brachten ihn nicht weiter. Er starb am 20. Mai 1506, von niemandem beachtet.

Indianer: die Entdecker Amerikas

Als die Wikinger nach Vinland kamen, gab es dort bereits Menschen. Auch Colón sah bald nach seiner Landung auf den Westindischen Inseln Eingeborene. Der amerikanische Kontinent beheimatete damals Menschen mit unterschiedlichen Lebensgewohnheiten und mit unterschiedlicher Kultur. Die Indianer waren vor allen anderen da, und der naheliegende Schluß kann nur lauten, daß die Indianer Amerika entdeckten und besiedelten. Der erste Amerikaner war Indianer.

Der Sandia-Mensch

Woher kamen die Indianer? Seit wann bevölkerten sie Amerika? Wer waren ihre Vorfahren?

„Papst Julius II. verkündete feierlich, auch die Indianer stammten von Adam und Eva ab – aber damit war das Rätselraten, wie sie die neue Welt erreicht hatten, nicht vorüber. Eine beliebte Theorie der damaligen Zeit besagte, daß die Indianer die

Kinder Babels seien, denen als Strafe für ihre Sünden ein primitives Leben auferlegt wurde. Auch die Ansicht, die Indianer seien Nachfahren der zehn verlorenen Stämme Israels, war kurzzeitig in Mode, wurde aber später verworfen, obwohl die Mormonen sie bis heute beibehalten haben. Die Puritaner in Neuengland führten die Ankunft der Indianer in Amerika, wie so vieles andere, auf den Teufel zurück, der sie böswillig hingeführt hatte, um ihre Erlösung zu verhindern. Zu den Völkern, die man als Vorfahren der Indianer vorschlug – die entweder absichtlich nach Nordamerika gekommen waren oder weil der Wind ihre Schiffe dahin verschlagen hatte – gehörten die alten Ägypter, die Trojaner, Griechen, Karthager, Etrusker, Tataren, chinesische Buddhisten, indische Hindus, Mandingos aus Afrika, alte Iren, Wikinger, Basken und Hunnen.“ (Farb, S.237)

Nicht nur die genaue Abstammung der Indianer liegt im Dunkel, auch die Frage, seit wann sie Amerika besiedeln, läßt sich nicht exakt klären. Die Datierung archäologischer Funde bietet hier einige Hilfe.

Im Jahr 1936 begab sich ein Student namens Kenneth Davis in den Sandia-Bergen in New Mexico auf archäologische Schatzsuche und fand „für diese Gegend nichts Außerordentliches: eine Pfeilspitze, ein werkzeugartig bearbeitetes Teil eines Hirschgeweihs, Reste prähistorischen Flechtwerks und ein paar Stücke Keramik“ (Ceram, S.279). Dennoch beschloß der Archäologe Frank C. Hibben, dem Davis seine Funde zugetragen hatte, genauer zu forschen.

„Die Grabung war gar nicht einfach. Die Höhle, die Hibben wegen ihrer Anlage am interessantesten erschien, war nämlich mehr ein Tunnel als eine Höhle, und dieser Tunnel erstreckte sich 138 Meter in den Felsen hinein, dabei rund 22 Meter abfallend. Obwohl die natürliche Weite etwa drei Meter betrug, war das Vordringen durch große Haufen Staubes, Trümmeransammlungen und ganze Wagenladungen herabfallender Felsbrocken erschwert, die oft bis zur Decke reichten ... Das Schlimmste aber war der Staub – bei der leisesten Berührung des Bodens erhob er sich in so dichten Schwaden, daß die Taschenlampen nur noch als glühende Punkte sichtbar blieben und den Arbeitenden der Atem so schwer wurde, daß sie sich in immer kürzeren Fristen ablösen mußten.“ (Ceram, S.280)

Nachdem man die Klaue eines seit wenigstens 10.000 Jahre ausgestorbenen Riesenfaultieres entdeckt hatte – an sich schon eine Sensation –, begann man, die Ausgrabungen intensiv voranzutreiben, indem etwa der Staub maschinell abgesaugt wurde. Die Überlegung, die hierzu trieb, war, daß das Tier die Beute eines Jägers gewesen sein könnte, der einen Teil davon im Schutz der Höhle verzehrte, denn trotz aller Suche blieb das vollständige Skelett des Faultieres unauffindbar. Schließlich fand man eine Feuersteinspitze, die eindeutig von einem Menschen zu einer Speerspitze bearbeitet worden war.

„Diese Spitze bedeutete, daß der Mensch hiergewesen war, diese Tiere gesehen, getötet und in die Höhle geschleppt hatte. Hier lag wirklich der Beweis vor. Die Feuersteinspitze erinnerte an die menschliche Hand, die sie schuf, und danach an den Menschen selber. Es war nicht schwer, sich diesen Menschen vorzustellen, den ursprünglichen Höhlenmenschen von Amerika. Er muß auf diesem gleichen Stein am Höhleneingang gesessen und die Herden der Bison und Kamele im Cañon unter sich beobachtet haben.“ (Ceram, S.283)

Trotz aller Suche ließen sich keine Skeletteile des Menschen selber finden. Eine Datierung der Spitze ergab aber, daß vor mehr als 13.000 Jahren Menschen in der Höhle gelebt haben mußten (Ceram, S.287).

Über die Beringstraße

Es gilt heute als sicher, daß die Vorfahren der Indianer den nordamerikanischen Kontinent aus Asien kommend über die Beringstraße erreichten. Von Alaska aus breiteten sich die Menschen über ganz Nord- und Südamerika aus.

„Diese Ausbreitung gehört zu den großen Kapiteln der Menschheitsgeschichte. Sie war eine Explosion, eine Revolution von einer kaum vorstellbaren Größenordnung. Im Jahre 1492 gab es in der Neuen Welt ungezählte einheimische Gesellschaftsformen, ungezählte Sprachen und Dialekte, Architekturen, die sich mit jedem Bauwerk der Alten Welt vergleichen lassen, astronomische Observatorien und Sonnenkalender, profunde Kenntnisse in den Bereichen Naturmedizin und Heilkunde, eine sehr hoch entwickelte Oraltradition, Dramen, Zeremonien und vor allem ein geistiges Verständnis des Universums, ein Bewußtsein für das Natürliche und das Übernatürliche, ein Gefühl für das Heilige. Es gab jeden nur erdenkbaren Beweis für den langen, unaufhaltsamen Aufstieg des Menschen zur Zivilisation." (Josephy, S.24)

Indianische Kultur

Über die Lebensweise der Indianer vor der Landung Cristóbal Colóns im Jahre 1492 ist nur wenig bekannt. Die Berichte, die dann die Europäer lieferten, waren kaum in der Lage, die Andersartigkeit und Vielfalt zu reflektieren, die sie in den indianischen Kulturen antrafen. Eines ist jedoch gewiß: Von *der* Lebensweise und *der* Kultur der Indianer zu sprechen ist ebenso verfehlt, als würde man dasselbe für den weißen Menschen versuchen, ohne zu differenzieren. Das einzig alle Indianer verbindende Element war, daß sie den süd- oder nordamerikanischen Kontinent bevölkerten.

Im Amazonasgebiet und der südamerikanischen Steppe lebten Nomadenvölker auf einer vergleichsweise primitiven Kulturstufe, die sich durch Sammeln von Früchten, Jagd, Fischfang und primitiven Ackerbau ernährten. Auf den Antillen und an der Nordküste Südamerikas lebten etwa die wegen ihres Kannibalismus gefürchteten Kariben. Die übertriebene Furcht vor ihnen war die Quelle der Klischees vom menschenfressenden Wilden und dieses ein Vorwand zur Rechtfertigung der Brutalität, mit der die Eingeborenen von den Europäern bekämpft wurden.

„Im Karibischen Raum und im Südosten Nordamerikas lebten die meisten Indianergruppen unter der Herrschaft mächtiger Häuptlinge. Als Cortès daranging, Mexiko zu erobern, lernte er eine glanzvolle Kultur und ein kompliziertes Regierungssystem kennen, das jenen Europas nicht unähnlich war. Coronado hingegen, der mit seiner Expedition (1540–1542) in den Südwesten und in das Hochland vordrang und letztlich Kansas erreichte, traf auf ganz andere indianische Gesellschaftsformen; im nördlichen Mexiko auf Gruppen armer Jäger, auf Puebloindianer, die, zu Stämmen zusammengeschlossen, in großen, festen Dörfern wohnten, und auf halbnomadische Bisonjäger ...

Manche Indianergruppen verfertigten erstaunlich anspruchsvolle Kunstwerke, bewässerten ihre Felder durch ein ausgedehntes Kanalnetz, lebten in festen Dörfern, kannten feierliche Zeremonien; andere, die ganz in der Nähe wohnten, zogen in kleinen Gruppen umher, die kaum größer als eine Familie waren, und sammelten, was sie eben fanden, einmal Heuschrecken, einmal Eidechsen, brachten keine Kunst hervor und kannten so gut wie keine Zeremonien. Eine Gruppe schien erstaunlich demokratisch, eine andere hatte ein strenges, auf Besitz gegründetes Klassensystem. Manche Gruppen waren führerlos; andere folgten einem Häuptling; manche ernannten ihre Führer für eine bestimmte Zeit, andere wiederum trugen einen gottähnlichen Herrscher in einer Sänfte spazieren ... Die Irokesen kannten die Folter; die Choctaw sammelten Köpfe als Trophäen; die Kwakiutl machten ihre Gefangenen zu Sklaven. Die Mandan lebten in Erdhöhlen, die Sioux in Tipis aus Bisonhäuten, die Choctaw in Hütten. Sac und Fox lebten im heutigen Wisconsin nahe beisammen, glichen einander in Sprache, Sitten und Religion; unerklärlicherweise kamen die Weißen jedoch wesentlich besser mit den Sac aus." (Farb, S.21)

Ungeachtet dieser Vielfalt von Formen des Zusammenlebens und der Anpassungen an die jeweilige Umwelt, sahen sich die Europäer als diejenigen, die ihre Kultur einem Volk brachten, daß vorher keine besessen hatte.

„Dieses Bild, das die fast 75 Millionen Indianer, die demographischen Schätzungen zufolge im Jahre 1492 in Amerika lebten (fast sechs Millionen davon vermutlich allein im Gebiet der heutigen Vereinigten Staaten), einfach außer acht läßt, schreibt den Mythos von der euroamerikanischen Überlegenheit fort. Es sagt nichts über die Herausforderungen, welche die Indianer, die ersten Pioniere, die ersten Bewohner einer wahrhaft unbewohnten Hemisphäre, vorfanden und annahmen, nichts über die vielen tausend Jahre der Besiedlung, nichts über die vielen, beindruckenden Neuerungen, Erfindungen und Anpassungen, die ihre Gesellschaften und Zivilisationen leisteten und die sie in die Lage versetzten, in den so unterschiedlichen amerikanischen Umwelten zu leben und ihr Leben zu bestimmen, nichts über die Besonderheit, Vielfalt und Komplexität ihrer vielen Kulturen, die ohne westeuropäischen Rat und Beistand entstanden waren, und nichts über indianische Errungenschaften und Institutionen wie komplizierte Kalendersysteme, Handelsverbindungen zu Wasser und zu Lande, die Hunderte und sogar Tausende von Kilometern überspannten, Städte, die größer waren als alles, was es zur entsprechenden Zeit in Europa gab, und politische und gesellschaftliche Systeme, die lange vor dem europäischen Zeitalter der Aufklärung die Würde, den Wert und die Freiheit des Menschen erkannten und anerkannten." (Josephy, S.13)

Maya, Inka und Azteken

Besondere Berühmtheit haben die Hochkulturen der Inka, Maya und Azteken erlangt. Das Azteken- und Mayareich lag im heutigen Gebiet von Mexiko und Guatemala, das der Inka im heutigen Peru, Bolivien und Ecuador. Alle drei Kulturen hatten sich über große Räume ausgedehnt, die sie als ihr Herrschaftsgebiet ansahen, und konnten auf eine Geschichte zurückblicken, die sich etwa bei den Maya über Jahrtausende erstreckte. Die Mayakultur hatte allerdings zum Ende des 15. Jahrhunderts bereits ihren Höhepunkt überschritten und bestand nur noch zu einem Teil auf der Halbinsel Yucatan.

„Dagegen hatten sich die Reiche der Azteken und Inka erst unmittelbar vor dem Eintreffen der Spanier zu voller Machtentfaltung entwickelt und ihre maximale territoriale Ausdehnung erreicht. Es handelte sich um Gesellschaften mit einer straffen Rangordnung, an deren Spitze ein als göttlich oder gottgleich verehrter Herrscher stand, der sich bei der Machtausübung auf eine herausgehobene Kaste von Adligen, Priestern und Verwaltungsbeamten stützte. Die nächste Stufe der Gesellschaftspyramide bildeten die Handwerker und Händler, während die Basis aus einer in Großfamilien oder Dorfgemeinschaften gegliederten, vorwiegend bäuerlichen Bevölkerung bestand. Sowohl die Azteken als auch die Inka hatten im Zuge der Unterwerfung anderer Völker deren Gottheiten übernommen, verehrten also eine Vielzahl von Göttern. Bei den Azteken hatte die Religionsausübung indes einen verzweifelt heroischen Grundzug, der nicht zuletzt in einer ungeheuren Zahl von Menschenopfern zum Ausdruck kam, den die aztekischen Götter forderten, insbesondere der Sonnen- und Kriegsgott Huitzilopochtli. Man glaubte, daß die Kraft der Götter ständig erneuert werden müsse, da diese nicht unerschöpflich sei, und da es besser sei, einen Menschen zu opfern, als das ein ganzes Volk umkomme. Hauptkennzeichen der Religion der Inka war die Sonnenverehrung. Die Inkaherrscher leiteten ihre Herkunft vom Sonnengott Inti ab und ließen sich vom Volk als dessen Söhne huldigen. Menschenopfer fanden sehr selten statt, wahrscheinlich nur vor einem Kriegszug oder bei Regierungsantritt eines Herrschers.

Das bundesstaatlich organisierte Aztekenreich wurde durch den militärischen Zwang, der von dem Machtzentrum Tenochtitlán (dem heutigen Mexiko-Stadt) ausging, und durch die von den unterworfenen Stadtstaaten eingeforderten Tribute zusammengehalten. Wirtschaftliche Grundlage des Aztekenreiches bildete der Feldbau, ein ausgedehnter Handel und das Tributwesen. Das Reich der Inka war mit seinen Provinzen, Sektionen, Gebieten und Dorfgemeinschaften übersichtlich organisiert und wurde von Cuzco, der Hauptstadt, aus zentralistisch und mit einer fähigen Bürokratie regiert. Einerseits war die Bevölkerung einer rigorosen Kontrolle unterworfen, andererseits trug der Staat auch umfassend für ihr Wohl Sorge. Grund und Boden waren Gemeindeeigentum, lokalen Hungersnöten und sonstigen Katastrophen konnte eine zentral gesteuerte Regierung rasch entgegentreten. Ein auch nach unseren Begriffen beeindruckendes Fernstraßensystem sicherte eine zügige Übermittlung von Informationen und erlaubte die Bewegung von Truppen und den Transport von Gütern in die entlegensten Landesteile.“ (Waldmann, S.1 f.)

Die Konquistadoren

Die Neue Welt hatte Reichtümer zu bieten. Es wurde zum Schicksal Cristobál Colóns, daß er nicht rechtzeitig auf sie stieß. Aber nach ihm kamen andere:

— 1512 setzten sich die Spanier auf der Landenge von Panama fest.
— 1513 entdeckte Vasco Núnez de Balboa den Pazifischen Ozean.
— 1519 bis 1521 drang Hernán Cortes in Mexiko ein und eroberte auf blutigste Weise das Reich der Azteken.
— 1531 bis 1534 unterwarf Francisco Pizarro das Inkareich.
— 1535 bis 1538 eroberte Quesada Kolumbien.
— 1541 bis 1552 wurde das heutige Chile von Valdivia bis zur heute gleichnamigen Stadt eingenommen.

Die Brutalität und Rücksichtslosigkeit, mit der gegen die heimische Bevölkerung vorgegangen wurde, sucht ihresgleichen.

„Las Casas (1474–1566), der vierzig Jahre lang Augenzeuge dieser Greuel war, sagt über die Indianer: 'Es sind Leute mit schwächlicher, zarter Leibesbeschaffenheit, sie können nicht viel Beschwerde ertragen, und sterben leicht an der geringsten Unpäßlichkeit.'

'Was tun die Spanier mit ihnen?' fragt Las Casas anklagend. Sie taufen sie zuerst, dann versklaven sie sie und schicken sie in Ketten, Männer, Frauen und Kinder, auf die Felder und in die Bergwerke. 'Seit vierzig Jahren haben sie unter ihnen nichts anderes getan, und noch bis auf den heutigen Tag tun sie nichts anderes, als das sie dieselben zerfleischen, erwürgen, peinigen, martern, foltern und sie durch tausenderlei ebenso neue wie seltsame Qualen, wovon man vorher nie etwas Ähnliches sah, hörte oder las, auf die grausamste Art aus der Welt vertilgten. Hierdurch brachten sie es dahin, daß gegenwärtig von mehr als drei Millionen Menschen, die ich ehedem auf der Insel Hispaniola mit eigenen Augen sah, nur noch zweihundert Eingeborene vorhanden sind ... Wir können hier als gewisse und wahrhafte Tatsache anführen, daß in obgedachten vierzig Jahren durch das erwähnte tyrannische und teuflische Verfahren der Christen, mehr als zwölf Millionen Männer, Weiber und Kinder auf die ruchloseste und grausamste Art zur Schlachtbank geführt wurden ... Sie wetteten miteinander, wer unter ihnen einen Menschen mit einem Schwertstreich mitten voneinander hauen, ihm mit einer Pike den Kopf spalten oder das Eingeweide aus dem Leibe reißen könne. Neugeborene Geschöpfe rissen sie bei den Füßen von den Brüsten ihrer Mütter und schleuderten sie mit den Köpfen wider die Felsen ...

Sie machten auch breite Galgen ... hingen zu Ehren und zur Verherrlichung des Erlösers und der zwölf Apostel je dreizehn und dreizehn Indianer an jeden derselben, legten dann Holz und Feuer darunter, und verbrannten sie alle lebendig ... Es begab sich, daß verschiedene Christen, entweder aus Mitleid oder bloß aus Trieb, den Beschützer zu spielen, einige Kinder nicht töteten, sondern sie hinter sich auf die Pferde setzten. Da kamen andere Spanier von hinten zu und durchbohrten sie mit ihren Lanzen, oder rissen sie auf die Erde, und hieben ihnen die Beine mit Schwerten ab ... Einst kamen uns die Indianer zum Empfang entgegen, und brachten uns Lebensmittel und andere Geschenke ... Aber plötzlich fuhr der Teufel in die Christen, so daß sie in meinem Beisein, ohne die mindeste Veranlassung oder Ursache, mehr als 3000 Menschen, Männer, Weiber und Kinder, darnieder hieben, die rings um uns her auf der Erde saßen.'" (Ceram, S.50 f.)

Die Motive für den Völkermord an den Indianern sind vielfältig. Zum einen agierten unter den Spaniern jene Abenteurer und Glücksritter, die in der Heimat keine

Greueltaten der Spanier
Kupferstich in: Bartolomé de Las Casas: Historia general de las Indias, 1598

rechte Aufgabe mehr fanden, seit die Kriege gegen die Mauren abgeflaut waren, jene oben erwähnten Hidalgos, die, nur an Kampf und Plünderung gewöhnt, in Spanien nutzlos geworden waren und außerhalb der Gesellschaft standen. Die Gier nach Gold trieb sie zu unsagbaren Grausamkeiten. Das Bild, daß die Europäer von den Eingeborenen hatten, war zudem beinahe ausschließlich durch die Kariben, einem kannibalischen Stamm, mit dem schon Colón auf seiner ersten Reise Kontakt hatte, geprägt. „Nicht die Zivilisation der Azteken, nicht die Inka-Kultur oder die Kulturleistungen der Chibcha oder der Maya wurden zum Sinnbild für den neuen Kontinent Amerika, sondern die fast nackte Kannibalin.“ (Beck/Menninger/Schleich, S.17)

Hinzu kam, daß in Spanien die Inquisition zur eigentlich bestimmenden politischen Macht wurde, und der Inquisition galten alle Nichtchristen als Feinde, die es zu bekämpfen galt. Die Indianer waren in den Augen der Inquisition Heiden, die bekehrt werden mußten. Die gewaltsame Mission wurde durch die „Konquistadorenproklamation“ gerechtfertigt:

„Gott der Herr hat dem Petrus und seinen Nachfolgern die Gewalt über alle Völker der Erde übertragen, so daß alle Menschen den Nachfolgern Petri gehorchen müssen. Nun hat einer dieser Päpste die neuentdeckten Inseln und Länder mit allem, was es darauf gibt, den spanischen Königen zum Geschenk gemacht, so daß also ihre Majestäten kraft jener Schenkung Könige und Herren dieser Inseln und des Festlandes sind. Ihr werdet nunmehr aufgefordert, die heilige Kirche als Herrin und Gebieterin der ganzen Welt anzuerkennen und dem spanischen Könige als eurem neuen Herrn zu huldigen. Andernfalls werden wir mit Gottes Hilfe gewaltsam gegen euch vorgehen und euch unter das Joch der Kirche und des Königs zwingen, wie es sich rebellischen Vasallen gegenüber gehört. Wir werden euch euer Eigentum nehmen und euch, eure Frauen und Kinder zu Sklaven machen. Zugleich erklären wir feierlich, daß nur ihr an dem Blut und an dem Unheil schuld seid, das dann über euch kommen wird." (Venzke, S.107)

Am 3. Mai 1493 hatte der Papst Alexander VI. die Bulle „Inter caetera" erlassen, in der er die Welt in eine östliche und eine westliche Hälfte einteilte und die östliche den Portugiesen, die westliche den Spaniern zuwies. Die Neue Welt fiel somit den Spaniern zu, die ihr Handeln damit durch höchste Autorität gedeckt wußten.

Cabeza de Vaca

Die sogenannten Entdecker der Neuen Welt fühlten sich vom ersten Augenblick an als die Herren. Sie verhielten sich entsprechend „zivilisiert", plünderten die Reichtümer des Landes, schändeten und mordeten die Bevölkerung, zerstörten Heiligtümer und Kulturgüter. Für die kulturellen Leistungen der Völker, die in ihrer Ruhe gestört wurden, hatten sie keinerlei Auge.

„Sie (die Spanier) trafen auf sehr merkwürdige Bauwerke, aber sie interessierten sich nicht dafür, denn sie waren auf der Suche nach Gold; sie entdeckten die 'Pueblos', die indianischen Hochhäuser, aber sie waren auf der Suche nach sagenhaften Gefilden, nach den 'Sieben Städten von Cibola' etwa, wo die Straßen mit Gold gepflastert sein sollten. Unterm Kreuz und mit dem Schwert zogen sie in die Pueblos ein – und sie verpaßten eine einzigartige Gelegenheit. Sie hätten die Freundeshand einem vorgeschichtlichen Volk reichen können; hätten sie geforscht statt geplündert, so hätten sie uns unschätzbare Aufschlüsse über eine frühe Kultur geben können (denn sie trafen noch auf Pueblos, die ein halbes Jahrtausend ununterbrochen bewohnt waren!). Sie reichten diesen demütigen 'Primitiven', diesen 'Heiden', auch ihre Hand – aber diese Hand war über und über blutig!" (Ceram, S.26)

Doch es gibt ein Gegenbeispiel, das zeigt, daß der Kontakt mit fremden Kulturen auch anders verlaufen kann. Alvar Núnez Cabeza de Vaca war einer von wenigen Überlebenden einer kläglich in Hunger, Elend und Schiffbruch gescheiterten Expedition, die 1528 von Pánfilo de Narváez, einem Draufgänger ohne Verstand, zur Erkundung Nordamerikas unternommen worden war.

Zusammen mit drei weiteren Überlebenden wurde de Vaca nach einem abenteuerlichen Schiffbruch an die texanische Küste gespült, völlig zerlumpt und ohne jedes Hilfsmittel. Mit dem Mut der Verzweiflung machten sie sich zu Fuß auf eine Odyssee, die alles in allem acht Jahre dauern sollte.

„Sie kamen sofort in Berührung mit Indianerstämmen, die ihnen teils freundlich, teils feindlich gesinnt waren; mit den verschiedensten Stämmen verschiedenster Sitten und Sprachen – statt Gold aber fanden sie nichts als bittere Armut vor." (Ceram, S.58)

De Vaca war nicht in der Situation eines Eroberers; wollte er überleben, mußte er sich mit den Gegebenheiten arrangieren. So nahm er die verschiedenen kulturellen Anpassungen der Indianer so unverfälscht wahr, wie es einem Europäer nur möglich sein konnte. Er begriff, was die Eroberer nicht begreifen wollten: Die Eingeborenen lebten zum größten Teil in armseligen Verhältnissen. Von Überfluß und Reichtum konnte er keine Spuren finden.

„Die ersten Indianer, die er noch auf dem Florida-Zug getroffen hatte, waren gefährliche Krieger, hochgewachsen, stark, gewandt, mit enormen Bogen bewaffnet; er berichtet, daß ein Pfeil 23 Zentimeter tief neben ihm in einen Baumstumpf fuhr. Dann aber traf er Stämme von kleinem Wuchs, mit nur primitiven Waffen, regelrechte Steinzeitmenschen. Das Verblüffendste war die Vielfalt ihrer Sprachen – Stämme, die dicht beieinander wohnten, konnten sich nur durch Zeichensprache verständigen ...

Er nannte Stammesnamen: Charruco, Doguenes, Mendica, Guevenas, Guaycones, Quitoks, Camoles, Mariames, Yguaces, Atayos, Acubados, Chavavares und so weiter ... Von den meisten dieser Stämme ist dem modernen Anthropologen nicht eine Spur geblieben. Um so bedeutender, was de Vaca hinterlassen hat. Er berichtet über laxe Ehesitten – Weiber wurden getauscht, gekauft oder geraubt, waren sie unfruchtbar, wurden sie abgestoßen (ein Bogen war der nicht eben hohe Preis für ein Weib). Bei den Mariames – die de Vaca im Landesinneren, nördlich des Golf von Mexiko beobachtet haben muß – war Heirat innerhalb des Stammes undenkbar. Sie berauschten sich an einem Mescal-Schnaps (entgegen späteren Berichten, die die völlige Abstinenz der Indianer rühmten) und kannten Tee-Orgien. Eigentum war Beute – Diebstahl selbst am Freunde gang und gäbe. Kranke auf dem Treck wurden einfach liegengelassen, aber Kinder wurden oft gestillt, bis sie die Pubertät erreicht hatten. Es gab offene Homosexualität und echten Transvestitismus (zu Unrecht von den Anthropologen und Medizinern des vorigen Jahrhunderts als Dekadenzerscheinung hoher Kulturen gewertet) – und der 'weibliche' Partner kleidete sich als Weib, konnte nicht mit Pfeil und Bogen umgehen und verrichtete nur weibliche Arbeiten. Wohlgemerkt, all dies waren Teilbeobachtungen, die sich keineswegs generalisieren lassen.

Und sie trafen auf weitere Stämme: Tarahumare, Tepecano, Tepehuane, Nio, Zoe und andere – und die Opate, die mit Giftpfeilen schossen, an denen später noch viele Spanier sterben sollten. Aber niemals trafen sie, nicht ein einziges Mal, auf das, wonach die spanischen Eroberer dürsteten: Reichtum." (Ceram, S.62 f.)

De Vaca und seine drei Gefährten gerieten in die unterschiedlichsten Situationen. Mal wurden sie von Indianern als Sklaven gehalten, mußten niedrigste Arbeiten verrichten und wurden mit Stöcken verprügelt. Andere Stämme nahmen sie freundlich auf. Zeitweise wurden sie getrennt und fanden erst nach Monaten durch reinen Zufall wieder zusammen. Ständig bedrohte sie der Hunger, ständig waren sie auf der Flucht, um wieder auf Spanier zu stoßen und in die Heimat zurückkehren zu können.

Zwei Umstände sollten das Leben der vier Gefährten erleichtern. Zum einen gelang es de Vaca, einen freundlich gesinnten Stamm zum Tauschhandel mit anderen Stämmen zu bewegen.

„Meine Vorräte bestanden hauptsächlich aus Meeresmuscheln und Herzmuscheln und (solchen) Muschelschalen, mit denen sie eine bohnenartige Frucht abschneiden, die sie als Heilmittel und als Schmuck bei ihren Tänzen und Festen benutzen. Diese haben bei ihnen hohen Wert, neben Muschelperlen und anderen Dingen. Diese Dinge trug ich in das Binnenland und brachte im Austausch dafür Häute zurück und roten Ocker, mit dem sie sich ihre Gesichter einreiben und ihr Haar färben. Dieser Wandel gefiel mir gut ... Ich war nicht gezwungen, *irgend etwas zu tun,* und ich war *kein Sklave mehr.*" (De Vaca, zit. nach: Ceram, S.59)

Das zweite neben diesem Handel war, daß die Indianer von de Vaca und den drei anderen verlangten, sie sollten Beweise für die Allmacht des Gottes liefern, von dem sie den Indianern erzählten. Man brachte Kranke zu ihnen, die sie heilen sollten. De Vaca und seine Gefährten verstanden nichts von Heilkunde, dennoch berichtet de Vaca, daß es ihnen gelang, durch Gebete, das Schlagen von Kreuzen über den Kranken und das Einhauchen von Atem Heilerfolge zu erzielen. Die Indianer begannen, die vier für große und mächtige Medizinmänner zu halten. So konnten sie ungehindert von Stamm zu Stamm ziehen, wohin sie kamen, verehrte man sie.

Schließlich stießen sie im März 1536 am Rio Sinaloa auf Spanier, mit deren Hilfe sie nach Neu Mexiko gelangen konnten.

Heilpraktiken der Timucua
Abzapfen von Blut aus der Stirn, Inhalieren von Tabakrauch und Rauch brennender Samenkörner.
Stich von Théodore de Bry, 1591, nach einer Zeichnung von Jacqes Lemoyne de Morgues

Die sieben Städte von Cibola

De Vaca sah zwar keine Reichtümer mit eigenen Augen, aber die Indianer berichteten ihm immer wieder von im Norden gelegenen Städten, in denen es unzählige Menschen und große Reichtümer geben solle, die „Sieben Städte von Cibola“. In seinem Reisebericht betont de Vaca, daß die Indianer nur sehr ungenaue Angaben gemacht hatten und man daher nicht von der Existenz der Goldstädte überzeugt sein könne. Die Spanier aber, die nur an den Schilderungen de Vacas interessiert waren, die auf Reichtum hoffen ließen, nahmen die Andeutungen der Indianer für bare Münze.

Im Februar 1540 machte sich Francisco Vasquez de Coronado mit mehr als vierhundert Mann Gefolge auf, um die Städte von Cibola in Besitz zu nehmen. Doch was man fand, waren lediglich die Pueblos der Zuni-Indianer, die allerdings mehrstöckig und von beeindruckender Größe waren. Im Rio Grande-Tal stieß man schließlich auf eine Stadt, Cicuyé genannt. Der Chronist der Coronado-Expedition beschreibt die Stadt wie folgt:

„Cicuyé ist ein Ort mit etwa 500 Kriegern, die im ganzen Land gefürchtet sind. Es ist viereckig auf einem Felsen gelegen mit einem großen Innenhof oder Platz in der Mitte, der die ‘Öfen’ enthält ... Die Öfen sind alle gleich und vier Stockwerke hoch. Man kann über die Dächer der ganzen Ortschaft laufen, ohne von einer Straße behindert zu werden. Es gibt Korridore, die die ersten beiden Stockwerke umlaufen und durch die man ebenfalls um den ganzen Ort gehen kann. Sie sind wie vorspringende Ränge, und sie können unter ihnen Schutz finden. Die Häuser haben unten keine Türen; vielmehr werden Leitern benutzt, die man hochziehen kann; auf diese Weise steigen sie zu den Korridoren hinauf, die an der Innenseite der Ortschaft liegen. Da die Türen der Häuser sich gegen den Korridor des jeweiligen Stockwerkes öffnen, dient dieser Korridor, wie gesagt, als Straße. Die Häuser, deren Öffnung gegen die Ebene gerichtet ist, liegen genau hinter denen, die sich gegen den Innenhof öffnen, und in Kriegszeiten gehen sie durch diese inneren Türen. Der Ort ist von einer niedrigen Steinmauer umschlossen. Es gibt eine Wasserquelle im Inneren, die sie ableiten können.“ (Ceram, S.74)

Das Leben in den Pueblos

Das Wort *Pueblo* kommt aus dem Spanischen und bedeutet Volk, Ortschaft, Stadt oder Dorf. Auch wenn die Pueblo-Kultur nur eine von vielen Lebensweisen war und nicht repräsentativ für *die* Lebensform der Indianer stehen kann, soll als ein Beispiel näher auf sie eingegangen werden.

„Zu (den) Nachbarn (der Navajo) gehörten die in Dörfern ansässigen Bewohner New Mexicos und Arizonas, welche die Spanier nach der Form ihrer Häuser ‘Pueblos’ nannten. Manche dieser Gruppen, so z.B. die Hopi und Acoma, hatten vor dem Jahre 1492 jahrhundertelang in denselben Dörfern gelebt; andere Dörfer waren zu diesem Zeitpunkt ebenfalls schon seit langem etabliert. Diese festen Dörfer waren im Laufe der Zeit immer größer geworden; neue Kivas (unterirdische, kreisförmige Kam-

Bild eines Klippenhauses mit Turmkiva, von der aus die Bewegung der Himmelskörper beobachtet wurde. 19 Jh., National Museum of the American Indian

mern für zeremonielle Versammlungen) waren hinzugefügt worden ... Die Dörfer lagen hoch oben auf den Mesas oder ähnlichen Erhebungen, so daß man eventuelle Angreifer schon von weitem kommen sah und die Dörfer gleichzeitig leichter verteidigen konnte.

Die Stabilität, die in den Pueblo-Dörfern herrschte, war auf eine erfolgreiche landwirtschaftliche Wirtschaftsweise zurückzuführen. Die Pueblos produzierten Überschüsse an Mais, Bohnen, Kürbissen und Baumwolle ... Sie (die Indianer) führten diese Erfolge auf Wissen, harte Arbeit und die Einhaltung der vorgeschriebenen Rituale zurück. Obwohl es von Gebiet zu Gebiet im Hinblick auf einzelne Elemente bzw. deren Stellenwert regionale Unterschiede gab, hatten die Pueblo-Dörfer im allgemeinen einen besonders vielfältigen und komplexen zeremoniellen Zyklus entwickelt, der die kreativen und dramatischen Talente und Energien der Menschen das ganze Jahr hindurch in Anspruch nahm. Da ihre wirtschaftlichen Aktivitäten sich in erster Linie um die Landwirtschaft drehten und der Regen für das Wachstum der Pflanzen unerläßlich war, war es nicht weiter überraschend, daß die Menschen vor allem um Regen und gute Ernten beteten ...

Die Zeremonien dauerten für gewöhnlich über eine Woche und wurden teils in der Abgeschlossenheit der Kivas, teils aber auch auf der offenen, freien Plaza abgehalten. Diese Kombination läßt auf geheime Kenntnisse und Rituale schließen, die nicht preisgegeben werden durften, und auf öffentliche Zeremonien, die von ausgelassenen Feiern und zuzeiten auch von Frivolität geprägt waren. In der Abgeschiedenheit der unterirdischen Kammern sangen und beteten die Teilnehmer und bereiteten sich auf die abschließenden Phasen der Zeremonie vor. Das rituelle Wissen mußte bis zu einem gewissen Grad ein Geheimnis bleiben, wenn es seine Kraft nicht verlieren sollte. Von der ersten Einführung in die Pueblo-Gesellschaften bis zu den zunehmenden Verantwortlichkeiten im späteren Erwachsenenleben wurden die Mysterien des Glaubens langsam, sozusagen Schritt für Schritt, enthüllt.

Die Pueblos glaubten, ihr Volk sei aus einer vorherigen Welt in die hiesige gelangt, und sie stellten diesen Prozeß symbolisch dar, wenn sie aus der Kiva auf die öffentliche Plaza hinaustraten. Dort waren dann maskierte Gestalten in vielen Formen zu sehen, welche die verschiedenen Lebewesen symbolisierten, angefangen mit Vögeln – wie z.B. Adlern – bis hin zu den unterschiedlichsten Arten von Menschen, darunter auch Schlammköpfen, die als eine frühe Form des Menschen in Erscheinung traten ...

(Die) Pueblos glaubten, in ihren Ritualen dafür verantwortlich zu sein, das Gleichgewicht und die Harmonie im Ablauf der Jahreszeiten, das Kommen des Regens und das Wachstum der Pflanzen auf den sandigen Böden ihres windgepeitschten Plateaus zu sichern.

Von klein auf lernten die Pueblo-Kinder die Welt in Paaren kennen: Männer und Frauen, Tag und Nacht, Winter und Sommer. Sie lernten eine Ordnung verstehen, die auf diesen Unterschieden beruhte. Sie wurden in eine Winter- oder Sommergesellschaft aufgenommen, die jeweils für die Rituale der entsprechenden Jahreshälfte verantwortlich war. Sie erlernten die angemessenen Verhaltensweisen, die notwendigen Tätigkeiten und die lebenswichtigen Verantwortlichkeiten von Männern und Frauen. Von Anfang an verstanden sie, daß sie in eine Gemeinschaft hineingeboren und eingegliedert waren, deren Bedürfnisse, Verpflichtungen und Hoffnungen ihre volle Beteiligung und Loyalität erforderten. Die Zuni und andere Pueblo-Völker sagten, der Atem und der Lebenspfad eines Kindes seien mit denen der Eltern und der Großfamilie verbunden. So wie das Individuum Teil einer bestimmten Gemeinschaft war und blieb, so erkannte es auch, daß der Mensch in einer bestimmten Landschaft verwurzelt war, deren Berge und Gewässer und Himmel eine ganz besondere Bedeutung hatten." (Josephy, S.135 ff.)

Zwar fanden die Spanier nicht das, was sie suchten – Gold –, doch sie ließen sich nicht von der Realität belehren. Auf der Suche nach Gold eroberten sie den sogenannten Südwesten der heutigen USA. Und die Tatsache, daß sie überhaupt auf stadtähnliche Gebilde trafen, ermutigte sie zu weiteren Vorstößen in die Lebensräume der Yuma, Zuni, Navajo und Apachen. 1609 gründeten sie Santa Fé.

Die Kolonisation

Bereits 1565 hatten die Spanier an der Küste Floridas das Fort San Marcos gegründet, das als Kern der ältesten nordamerikanischen Stadt St. Augustine gilt. Tatsächlich ist St. Augustine nur die älteste von Europäern gegründete Stadt Nordamerikas.

1607 legten die Engländer an der Küste des von Sir Walter Raleigh 1584 so benannten Virginia das Fort James, das spätere Jamestown, an. Ein Jahr später gründeten die Franzosen am St. Lorenz Strom Quebec. Den Beginn der weißen Zivilisation in Nordamerika sehen die USA-Amerikaner aber erst 1620, als die Mayflower an den Küsten Neuenglands landete und die ersten Pilgerväter, Pilgrim Fathers, den Boden ihrer neuen Heimat betraten.

Die Pilgerväter gehörten der strengen calvinistischen Glaubensrichtung der Puritaner an. Sie glaubten an die Vorherbestimmtheit ihres Schicksals, und die feste Überzeugung, von Gott geführt zu sein, ließ sie manche Schwierigkeit überwinden, an der andere zugrunde gingen. In der englischen Heimat nicht geduldet, kamen immer mehr Puritaner nach Neuengland. Außerdem waren die Puritaner untereinander zerstritten, so daß es zu zahlreichen Abspaltungen und Neugründungen von Siedlungen kam. Und da die Pilgerväter streng lebten und hart arbeiteten, faßten sie erfolgreich Fuß und bildeten einen Grundstein für die euroamerikanische Gesellschaft auf nordamerikanischem Boden. Nicht nur, daß die Landnahme, das stetige Vorrücken der Frontier nach Westen, im Osten ihren Anfang nahm. Auch die puritanische Gesinnung wirkte prägend auf das Bild der euroamerikanischen Gesellschaft, z.B. in der Frage von Selbstverwaltung und Rechtsstaatlichkeit.

Bilanz

Die Geschichte der Entdeckung Amerikas ist zugleich die Geschichte der Unterdrückung und Ausrottung der amerikanischen Ureinwohner, von den Europäern Indianer genannt. Wie ein Krebsgeschwür breitete sich die europäische Form der Zivilisation mit all ihrer Aggressivität und grausamen Brutalität, mit göttlichem Sendungsbewußtsein erfüllt, über einen Kontinent aus und erstickte dabei alle andersgearteten Kulturformen. Die Bilanz ist bitter.

„Wo immer die Weißen hinkamen, sank die Zahl der Indianer rapid, und man wird wahrscheinlich niemals genau feststellen können, wie groß die Bevölkerung der Neuen Welt vor Kolumbus war. Bis vor kurzem glaubte man, 1492 hätten etwas weniger als eine Million Indianer nördlich von Mexiko gelebt. Jüngste Untersuchungen haben ergeben, daß Nordamerika zur Zeit der Ankunft der Weißen keineswegs dünn besiedelt war. Frühere Schätzungen nahmen für Mexiko eine größere Bevölkerungsdichte an; die Zahlen schwanken zwischen 3 Millionen Menschen für das Gebiet zwischen dem Rio Grande und Costa Rica und 15 Millionen allein für Mexiko. In den letzten Jahren wurden die alten Angaben jedoch nochmals überprüft und neue Hinweise gefunden; in der Folge neigten die Anthropologen dazu, die Zahlen weitaus höher anzusetzen. Letzte Schätzungen der Gesamtbevölkerung von Mexiko vor der Ankunft der Spanier – sie beruhen auf den verschiedensten Prüfungsmethoden – ergeben 30 bis 37 Millionen Menschen. Die Zahl der Indianer und Eskimo zwischen Rio Grande und Arktis wird heute mit 9.800.000 bis 12.500.00 angesetzt. Die ersten Entdecker fanden also einen dicht besiedelten Kontinent mit einer Fülle verschiedener Indianergruppen vor.

Das Ausmaß der Vernichtung der Indianer durch die Weißen wird durch die lange Liste jener Indianergruppen, die vollkommen ausgerottet wurden, und durch die wenigen armseligen Überlebenden, die zumeist Mischlinge sind, bezeugt. Die Aleuten, die Bewohner der Aleuteninseln vor Alaska, zählten, bevor sie mit den Handelsschiffen der Weißen in Kontakt kamen, mehr als 20.000 Menschen. Heute leben noch ein paar Tausend in verstreuten Dörfern an Flußmündungen; doch ihre Zahl geht weiter zurück. Die Indianerbevölkerung in dem Gebiet der amerikanischen Bundesstaaten erreichte 1850 ihren Tiefpunkt; damals gab es kaum mehr als 250.000 Indianer. Seitdem haben sich die Indianer erstaunlich erholt – nicht, was ihren sozialen und wirtschaftlichen Status betrifft, doch zumindest zahlenmäßig. Eine Volkszählung im Jahre 1960 gibt die Indianerbevölkerung mit 551.669 Menschen an, berücksichtigt jedoch nicht die Mischlinge – mehrere Hunderttausend –, die nicht zu den Indianer gezählt werden wollen. Daneben wurden von den kanadischen Behörden etwa 225.000 Indianer und Eskimo registriert.

Viele Menschen haben sich schon die Frage gestellt, warum die Indianerbevölkerung derart drastisch zurückgegangen ist. Mord, Hunger und Krankheit sind nur eine Teilantwort – dazu kommt nämlich noch der physische und psychische Druck, dem die Indianer ausgesetzt waren.“ (Farb, S.292 f.)

Literatur:

Beck, Rainer: 1492. Die Welt zur Zeit des Kolumbus. München 1992

Beck, Thomas/Menninger, Annerose; Schleich, Thomas: Kolumbus' Erben. Europäische Expansion und überseeische Ethnien im ersten Kolonialzeitalter, 1415–1815. Darmstadt 1992

Behringer, Wolfgang: Amerika. Die Entdeckung und Entstehung einer neuen Welt. München 1992

Bundeszentrale für politische Bildung (Hg.): Die Vereinigten Staaten von Amerika. Informationen zur politischen Bildung 211, Bonn 1986

Ceram, C.W./Marek, Hannelore: Der erste Amerikaner. Die Entdeckung der indianischen Kulturen in Nordamerika. München/Zürich ²1992

Farb, Peter: Die Indianer. Entwicklung und Vernichtung eines Volkes. München ²1990

Friese, Heinz W./Hofmeister, Burkhard: Die USA. Wirtschafts- und sozialgeographische Grundzüge und Probleme. Frankfurt a.M./Aarau ²1983

Ingstad, Helge: Die erste Entdeckung Amerikas. Berlin/Frankfurt a.M./Wien 1966

Josephy, Alvin M. (Hg.): Amerika 1492. Die Indianervölker vor der Entdeckung. Frankfurt a.M. 1992

Lanczkowski, Günter: Die Religionen der Azteken, Maya und Inka. Darmstadt 1989

Venzke, Andreas: Christoph Kolumbus. Reinbek 1992

Waldmann, Peter: Eroberung durch die Spanier. In: Bundeszentrale für politische Bildung (Hg.): Lateinamerika. Informationen zur politischen Bildung 226, Bonn 1990

Zauber im Regenwald

INTERVIEW MIT CHRISTIAN RÄTSCH

von Wolfgang Weirauch

Dr. Christian Rätsch, *geboren 1957 in Hamburg. Studierte an der Universität Hamburg Altamerikanische Sprachen und Kulturen, Ethnologie und Deutsche Volks- und Altertumskunde. Während des Studiums verbrachte er an die drei Jahre im südamerikanischen Regenwald, um die Sprache der Maya und Lakandonen und deren Heilkunst zu erlernen. Er schloß sein Studium mit einer Dissertation zum „Erlernen von Zaubersprüchen – Ein Beitrag zur Ethnomedizin der Lakandonen" (erschienen in Berlin 1985) ab. Danach schrieb er mehrere Bücher, denen die gesammelten Forschungsergebnisse und die Erfahrungen in vielen Ländern zugrunde liegen (u.a. „Bilder aus der unsichtbaren Welt", „Kinder des Regenwaldes", „Namaste Yeti").*

Er erforschte in der Folgezeit besonders Gebrauch und Bedeutung von Pflanzen, Steinen und Tieren in der menschlichen Kultur. Diese Forschungen brachten ihn in viele Länder der Erde (Nepal, Guatemala, Thailand, Indonesien, Philippinen, USA, Seychellen, Japan). Daraus resultierten wiederum verschiedene Bücher: „Isoldens Liebestrank" (zusammen mit Claudia Müller-Ebeling), „Indianische Heilkräuter", „Lexikon der Zauberpflanzen", „Lexikon der Zaubersteine", „Pflanzen der Liebe", „Die 'Orientalischen Fröhlichkeitspillen'", „Von den Wurzeln der Kultur".

Außerdem hat er Lehraufträge zur Ethnologie und viele Gastvorlesungen zu den Themen seiner Forschungen gehalten (u.a. an der University of California, im Esalen Institute). 1988 hat er Filmaufnahmen im Lakandonen-Wald (Mexiko) für den WDR geleitet. Er ist der Herausgeber der Festschrift für Dr. Albert Hofmann („Gateway to Inner Space", 1989) und der Schriftenreihe „Ethnomedizin und Bewußtseinsforschung" (seit 1985), ethnologischer Beirat des Europäischen Collegiums für Bewußtseinsstudien (ECBS), Gründungsmitglied der Akademie der Neuen Berserker (Umweltschutz auf spiritueller Grundlage) und arbeitet beim Mineralien Zentrum, Hamburg.

Einst bevölkerte das immer noch geheimnisumwitterte Volk der Maya die Halbinsel Yucatán, bis die spanischen Konquistadoren ab 1527 sie weitgehend ausrotteten und ihre Kultur fast ganz vernichteten. Aber nicht alles ist in Vergessenheit geraten, zum Beispiel lebt noch ein kleines Volk, die Lakandonen als nichtmissionierte Nachfahren der Maya im Regenwald Südmexikos, im Gebiet Chiapas. Ihre Sprache ist der Maya sehr verwandt, und auch einige ihrer Götter entsprechen denen der Maya.

Der Ethnologe Dr. Christian Rätsch hat sich 1978 zum ersten Mal zu den Lakandonen in den Regenwald begeben, um dort Sprache, Kultur, Mythologie und ihre magische Lebensweise kennenzulernen, mitzuleben und wissenschaftlich auszuwerten. Er lernte dabei ein Volk kennen, das vollkommen in seiner Umgebung integriert ist: Das Wort für Welt heißt auf Lakandon Wald. Der Regenwald, der heute immer mehr zerstört wird, ist der Spiegel ihres Bewußtseins bzw. des Bewußtseins des Himmels der Götter. Erfolgt im Regenwald eine Störung, so ist das Bewußtsein des Himmels ebenfalls gestört, und die Menschen, die Lakandonen, sind gehalten, diese störende Krankheit durch magische Zaubersprüche zu heilen.

Christian Rätsch hat etwa dreißig dieser Zaubersprüche gesammelt, transkribiert, gelernt und teilweise auch ausprobiert: magische Sprüche, die durch die ihnen innewohnende Kraft und unter Zuhilfenahme von Naturgeistern die bestehende Wirklichkeit verändern und eine neue entstehen lassen. Lesen Sie selbst, was Christian Rätsch alles in der Welt des Regenwaldes und der Lakandonen erlebt hat. (Am Interview in Hamburg nahm auch Christine Pflug teil.)

Wolfgang Weirauch: Wer sind die Lakandonen, in welchem Gebiet leben sie und von wem stammen sie ab?

Dr. Christian Rätsch: Die Lakandonen sind ein kleines Volk von etwa 450 Menschen und leben in Südmexiko im Regenwald, der auch nach ihrem Stammesnamen mit Selva Lacandona benannt ist, zu deutsch Lakandonen-Wald. Der Name der Lakandonen leitet sich aus einer spanisierten Mayaform ab: *los acantunes*. *Acantun* ist Maya und bedeutet aufgestellte Steine. Das bezieht sich auf die Götterbilder, die aus Stein gemacht und vielfach in diesem Wald zu finden sind. Diejenigen Menschen, die diese Götterbilder verehrten, wurden von den Spaniern in der Kolonialzeit *acantunes* bzw. *los acantunes* genannt. Daraus hat sich das Wort *lacandones* bzw. Lakandonen entwickelt.

Sie selbst nennen sich *hach winik,* das bedeutet echte Menschen, und sie sprechen eine Sprache, die dem Maya sehr nahe verwandt ist, eine Sprache, die heute noch in Yucatán gesprochen wird und über die wir schon frühe schriftliche Quellen aus der Kolonialzeit haben. Das Maya der frühzeitlichen Quellen ist dem heutigen Lakandon sehr ähnlich, und zwar ist es ihm ähnlicher als dem heutigen yucatekischen Maya. Die Maya haben uns selbst schriftliche Quellen hinterlassen, und zwar die Hieroglyphenschriften auf den aufgestellten Steinen, aber auch in Hieroglyphenbüchern. Dadurch, daß die meisten Bücher durch die spanischen Inquisitoren vernichtet worden sind, weil es angeblich Teufelswerk gewesen sei, ist nur noch sehr wenig vorhanden; deswegen bestehen große Schwierigkeiten in der Entzifferung der Maya-Hieroglyphen.

Die Spanier haben von der Neuen Welt überhaupt nichts begriffen

W.W.: Wie hat man denn die Schrift überhaupt entziffert?

C. Rätsch: Der spanische Großinquisitor Bischof Diego de Landa, der veranlaßt hat, daß die gesamten Maya-Bibliotheken verbrannt wurden, hat etwa fünfzig Jahre nach seinen Greuel- und Missetaten eine Art Entschuldigungsschreiben in Spanien aufgesetzt, einen sogenannten „Bericht über die Dinge in Yucatán". In diesem Schreiben hat er ein Hieroglyphen-Alphabet hinterlassen, das aber sehr ungenau ist. Er hat dazu die Maya befragt, wie sie zum Beispiel *a* schreiben. Die Maya haben aber aus dem Laut *a* ein Wort verstanden, denn *a* mit einem leichten *h* hinten dran heißt auf Maya *Herr*, deswegen haben sie die Hieroglyphe für Herr niedergeschrieben. Entsprechend war es mit allen anderen Lauten. Der Spanier war eben zu blöd, das Prinzip der

Hieroglyphenschrift zu verstehen, denn er dachte, es sei eine alphabetische Schrift, zu der Laute kombiniert werden. Auch ansonsten hat er nichts begriffen, aber das ist ja das Normale, daß die Spanier in der Neuen Welt überhaupt nichts begriffen haben.

Trotzdem konnte man besonders in den letzten zwanzig Jahren anhand dieser Aufzeichnungen einiges von der Maya-Schrift decodieren, allerdings schätze ich den Stand der Forschung so ein, daß höchstens zwanzig Prozent der Inschriften heutzutage lesbar sind, auch wenn immer wieder behauptet wird, daß die Maya-Schrift entziffert

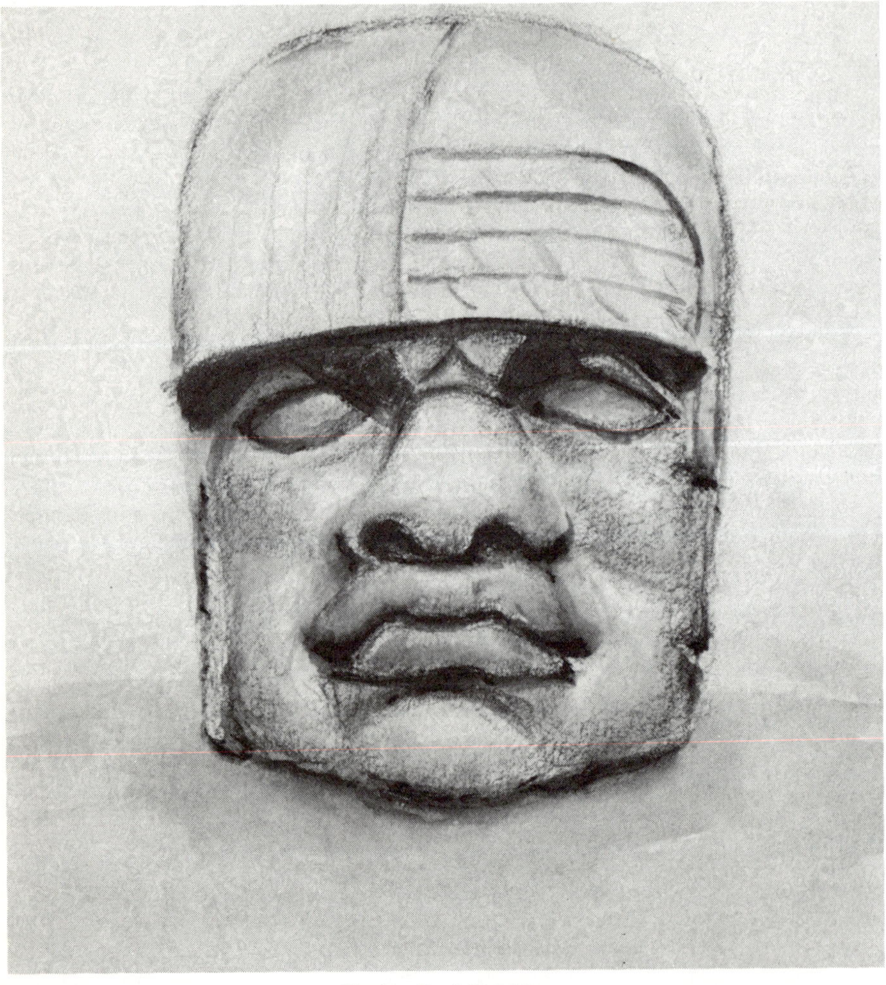

Olméca-Kopf. Yucatán
Zeichnung: Ika Weirauch

worden sei. Die angeblichen Entzifferer sind immer Leute, die niemals Maya-Linguistik studiert haben, und man kann eine Sprache niemals entziffern, wenn man sie nicht linguistisch von vorne bis hinten kennt. Denn die Struktur dieser Sprache ist etwas vollständig anderes als das, was wir uns unter Sprache vorstellen bzw. wie wir Sprache verstehen. Das Maya nenne ich eine vektorale Sprache, und zwar werden Beziehungspfeile zwischen verschiedenen Konstellationen im Raum-Zeit-Gefüge beschrieben. Es werden keine linearen Zeitvorgänge ausgedrückt, sondern sehr viele parallele Zeitvorgänge können beschrieben werden, die teils auch umkehrbar sind, so daß alles ungeheuer schwer zu verstehen ist, wenn man nur europäische Sprachen kennt.

W.W.: Aber Du hast Maya gelernt?

C. Rätsch: Ja, ich habe hier in Hamburg Maya-Linguistik studiert und bin dann nach Yucatán gegangen, wo ich in einem relativ traditionell orientierten Maya-Dorf einige Monate verbracht habe, um das, was ich in Hamburg theoretisch gelernt hatte, dort praktisch umzusetzen. Dadurch bedingt, daß ich mit diesen Menschen nur über Maya kommunizieren konnte, ist es mir dann letztlich doch relativ leicht gefallen, diese Sprache zu erlernen, vor allem auch, weil ein extremer Druck vorhanden war, Maya zu lernen. Man kann es gar nicht aushalten, in seiner Kommunikation nur auf einige Worte reduziert zu sein, und man würde auf die Dauer durchdrehen, wenn man gewisse Dinge, von denen man es gewohnt ist, sie mitzuteilen, nicht mehr äußern kann. Hinzu kam mein dringender Wunsch, Maya zu erlernen, denn es war mein Ziel, eine vollständig andere kulturelle Wirklichkeit zu erfahren. Und das war für mich nur über die Sprache möglich, weil die Sprache *das* Kommunikationsmedium ist, um sich in dieser anderen Wirklichkeit überhaupt verständigen zu können.

Hinzu kam noch, daß die Maya ein unglaublich freundliches Volk sind, die sich auch äußerst darüber gefreut haben, daß ein Mensch aus der europäischen Welt ein derartiges Interesse an ihrer Sprache hat. Seit 400 Jahren haben sie die Europäer nur so kennengelernt, daß diese versucht haben, ihre Sprache zu unterdrücken bzw. auszumerzen, und überhaupt kein Interesse an ihrer Lebenswirklichkeit hatten. Bevor ich Maya konnte, habe ich absichtlich kein Spanisch gelernt habe, denn ich wollte auf gar keinen Fall die Sprache der Eroberer sprechen. Deswegen konnten sie mit mir auch kein Spanisch sprechen, und das erwies sich als die beste Methode, Maya zu erlernen. Wenn man so eine Sprache erlernen will, dann ist es auch noch wichtig, alleine zu sein und niemanden aus seiner eigenen Kultur bei sich zu haben, mit dem man sich in der eigenen Muttersprache unterhalten kann.

„Die Lakandonen waren mein eigentliches Forschungsziel"

Als ich dann das Maya konnte, habe ich mich entschlossen, zu den Lakandonen zu gehen, denn das war mein eigentliches Forschungsziel. Ich wußte aus der altamerikanistischen Literatur, daß sie das letzte Maya-Volk überhaupt sind, die nicht christianisiert bzw. niemals von den Spaniern erobert und unterdrückt worden sind. Deswegen war dieses Volk das für mich interessanteste, weil die Chance, voreuropäisches Gedankengut kennenzulernen, bei ihnen am größten war. Ich wollte allerdings erst zu ihnen gehen, als ich Maya richtig gut sprechen konnte, und – wie gesagt – vom yucatekischen Maya zum Lakandon umzuschalten, ist relativ einfach. Von der Struktur und den wesentlichen Vokabeln her ist es dasselbe, lediglich die Aussprache ist anders. Der Unterschied entspricht etwa dem zwischen dem Spanischen und dem Portugiesischen.

W.W.: Kannst Du weitere Besonderheiten des Unterschiedes von Maya bzw. Lakandon zu den europäischen Sprachen darstellen?

C. Rätsch: Das Maya ist eine Tonsprache, d.h. daß die Tonhöhe die Bedeutung mitbestimmt. Die wesentliche grammatikalische Grundstruktur ist die, daß am Anfang das Prädikat steht, dann das Objekt und erst danach das Subjekt. Das ist eine Struktur, die es in keiner anderen Sprache auf der Erde gibt und die wir uns selbst theoretisch zur Verständigung nicht vorstellen können. Außerdem gibt es in den Verben keine Zeitformen.

W.W.: Wie drückt man dann die Vergangenheit aus?

C. Rätsch: Man stellt die Handlungen als abgeschlossen oder im Augenblick stattfindend dar; da gibt es sehr viele verschiedene Möglichkeiten. Erzählt man eine Geschichte aus der Vergangenheit, dann sagt man, daß es vor langer Zeit stattgefunden habe, und erzählt daraufhin die Geschichte im Präsens.

W.W.: Wie steht es mit der Zukunft?

C. Rätsch: Dafür gibt es einen Zusatz, nämlich *bin*, das bedeutet soviel wie: Es wird auf den Weg gehen. Aber eigentlich kann man es nicht übersetzen. Deshalb ist auch das Übersetzen der zeremoniellen Texte äußerst schwierig, weil es im Grunde keine äquivalente Form gibt, diese auszudrücken. Jede Übersetzung ist eigentlich eine Nacherzählung. Wir sind es gewohnt, daß wir europäische Sprachen nach festen Regeln übersetzen können, was beim Maya überhaupt nicht der Fall sein kann.

Ein Baum im Regenwald ist eine Welt für sich

W.W.: Der Regenwald ist die Heimat der Regenwaldindianer, eine Welt, die zu der unsrigen wohl diametral entgegengesetzt ist. Kannst Du einige Charakteristika des Regenwaldes beschreiben?

C. Rätsch: Das wichtigste Charakteristikum dieses Waldes ist, daß er fast 360 Tage pro Jahr beregnet wird. Es kommt auch vor, daß es drei Tage ununterbrochen regnet, manchmal auch, daß drei Tage nur die Sonne scheint, aber dies ist die Ausnahme. Auch in der sogenannten Trockenzeit, eine Periode von ungefähr drei Monaten, regnet es auch meist jeden Tag ein bißchen. Dieses Regenwetter ist aber nicht so wie hier in Hamburg, wo es unendlich grau und drückend ist und immer mal ein bißchen nieselt, sondern meistens gibt es Perioden, in denen es über Wochen jeden Nachmittag um drei Uhr regnet, oder auch jeden Morgen um fünf Uhr. Durch diese hohe Niederschlagsmenge entsteht eine hohe Luftfeuchtigkeitskonzentration, und es herrscht das ganze Jahr über eine fast konstante Temperatur. Der Dezember ist der kühlste Monat, auch im Januar kann es noch frischer und kühler werden, meistens nachts.

Durch diese klimatischen Verhältnisse ist natürlich die Bodenstruktur eine ganz andere als bei uns, denn durch den starken Niederschlag hält sich nicht viel Humus,

Blick auf den Rand des Regenwaldes. Bildmitte: der schon den alten Maya heilige Kapokbaum

und das Eigenartige ist, daß die meisten Regenwälder, besonders der südmexikanische, auf einem Untergrund stehen, der praktisch aus Kalkgestein gebildet wird. Über diesem Sedimentgestein existiert nur eine Humusschicht von etwa zehn bis zwanzig Zentimetern, weswegen die Pflanzen, die auf diesem Humus gedeihen können, alle ganz besondere Wurzeln ausgebildet haben. Das sind Wurzeln, die durch den Humus in den Kalkstein dringen und in kleine Spalten, die durch Erosion entstanden sind, hineinwachsen und so dazu beitragen, daß der Kalkstein nach und nach zerbricht, so daß die Spalten immer größer werden und immer dickere Wurzeln nachwachsen können. Die Wurzeln der meisten Bäume des Regenwaldes sind ganz flach im Humus ausgebreitet und wurzeln letztendlich im besagten Kalkgestein.

Weil durch diese geringe Humusdichte nicht viel Platz für die Wurzeln ist, haben sich viele Pflanzen des Regenwaldes an eine Lebensweise in der Luft gewöhnt, d.h. sie bilden Luftwurzeln und nehmen die Feuchtigkeit aus der Luft auf. Mineralstoffe erhalten diese Pflanzen von den Bäumen, an denen sie wachsen und um die sie ihre Wurzeln herumschlingen. Kleine Wurzelteile dringen dabei jeweils in die Rinde oder in das auf den Bäumen wachsende Moos ein. Ein Baum im Regenwald ist eigentlich eine ganze Welt für sich, weil sich an ihm ungeheuer viele Pflanzen befinden, die sich an seinem Stamm herumschlängeln oder in den Beugen der Äste sitzen. Man kann an einem Baum bis zu 2.000 verschiedene Pflanzensorten entdecken, das ist fast unglaublich! Und nur der kleinste Teil dieser Pflanzen ist wirklich mit der Erde berührt! Im Grunde genommen ist also ein Regenwald mehr ein Wald der Luft, weil sich dort der größte Teil der Biomasse befindet.

Fernerhin ist es so, daß der Wald in verschiedene Stockwerke aufgeteilt ist: unten der Bodenbewuchs, dann eine Schicht von drei bis fünf Metern Höhe, zum Beispiel kleinere Palmenarten, und schließlich die Bäume, die oft ganz dicke Stämme haben, aber vergleichsweise kleine Kronen.

W.W.: Weil sie keinen Platz haben, größere Kronen zu entfalten?

C. Rätsch: Ja, genau. Und die dicken Stämme haben sie, um genug Nährstoff nach oben zu transportieren.

Jaguare mit meterlangen Zähnen in der grünen Hölle?

W.W.: Was empfindet man, wenn man diese Welt zum ersten Mal betritt?

C. Rätsch: Bei uns gibt es ja bestimmte Stereotype für den Regenwald, der bekannteste Ausdruck ist die sogenannte grüne Hölle. Beide Begriffe sind nicht zutreffend, denn wenn man sich in dem Wald befindet, so sieht man praktisch überhaupt kein Grün, denn alles Grüne befindet sich an kleinen Plätzchen, wo noch Sonnenschein ist, und das ist immer weit über einem. Im Regenwald herrscht tagsüber ein totaler Dämmerzustand, und alles ist braun.

Die Vorstellung der Hölle speist sich ja im besonderen durch die Bewohner der Regenwälder, vor denen wir traditionell irgendwie Angst haben, zum Beispiel Schlangen, Skorpione, Spinnen und dann eben Indianer mit Blasrohren und Giftpfeilen, zwischendurch jagen dann auch die Jaguare mit meterlangen Zähnen. Das ist in etwa das Bild, das bei uns vom Regenwald vermittelt wird. Schaut man sich einen Spielfilm an, der irgendwie mit dem Regenwald zu tun hat, dann kriecht in der ersten Szene eine Schlange in den Schlafsack, in der zweiten Szene wacht jemand auf, weil ihm eine Vogelspinne auf dem Arm sitzt, in der dritten Szene wird jemand vom Jaguar gebissen, in der vierten von einer Boa in den Sumpf gezogen und in der fünften vom Krokodil gefressen.

W.W.: Ist Dir irgend etwas dergleichen passiert?

C. Rätsch: In der Lebenswirklichkeit des Regenwaldes sieht man praktisch keines dieser Tiere.

Tempel eines Ballspielplatzes mit Jaguar. Chichén Itzá, Yucatán
Zeichnung: Ika Weirauch

Christian Rätsch

Blick zum Himmel empor

Christine Pflug: Aber sie sind vorhanden?

C. Rätsch: Ja, natürlich. Sie sind alle vorhanden, leben aber in total fest definierten, ökologischen Nischen und Zirkeln, daß man mit ihnen praktisch nicht in Berührung kommt. Selbst wenn man sich viel im Wald aufhält, ist es so, daß man eine Schlange maximal einmal pro Monat sieht. Vogelspinnen sieht man sowieso nur einmal pro Jahr, und zwar in der Saison der Vogelspinnen, wenn sie ihre Bauten verlassen und durch den Wald gehen. Dann sieht man ab und zu welche, aber wenn sie merken, daß sich ein Mensch nähert, dann laufen sie weg oder verharren regungslos. Normalerweise kann man davon ausgehen, daß alle diejenigen Tiere, vor denen wir uns fürchten, viel mehr Angst vor uns haben.

W.W.: Hast Du Jaguare erlebt?

C. Rätsch: Leider nicht, nur ein einziges Mal habe ich am Rand eines Feldes die Fußspuren eines Jaguars gesehen.

Von Ameisen gefressen

W.W.: Wie lange hast Du im Regenwald gelebt?

C. Rätsch: Insgesamt drei Jahre. Aber das, was uns traditionell keine Angst macht, ist das, was die Indianer am meisten fürchten. Das ist ein Tier, von dem wir lernen, daß es gut ist, fleißig und die Wälder in Ordnung hält, nämlich die Ameise. In den Regenwäldern gibt es unendlich viele verschiedene Sorten von Ameisen, von winzigen, kaum sichtbaren bis hin zu so großen, daß man denkt, die kämen aus einem Forschungslabor. Diese Ameisen gibt es mit Stacheln und Giften besetzt, andere wiederum ziehen in riesigen Straßen durch den Regenwald und fressen alles kurz und klein. Diese Ameisen können für Menschen wirklich extrem gefährlich werden.

W.W.: Auf welche Weise?

C. Rätsch: Es kann sein, daß man, wenn man im Regenwald schläft, von einem Ameisenheer getötet wird. Sie stechen und beißen, und ab einer gewissen Menge von Gift bekommt man den allergischen Schock, stirbt und wird aufgefressen. Diejenigen Dinge, von denen wir denken, daß sie harmlos seien, sind dort eher gefährlich. Es ist natürlich ungeheuer interessant, wenn man mit der europäischen Phantasie der sogenannten grünen Hölle in diesen braunen Schattenwald kommt, in dem man praktisch kein einziges Tier sieht. Man hört zwar ungeheuer viele Geräusche von Insekten, das Gequake von Baumfröschen und natürlich die Laute der Vögel, aber auch die sieht man fast nie. Wenn zum Beispiel ein Papageienschwarm in einer Baumkrone sitzt, so ist dies ein ungeheures Geschnatter, und man guckt und guckt, aber man sieht einfach nichts. Wenn man dann Lärm macht oder in den Baum hineinschießt, sieht man plötzlich, daß einige hundert Papageien aus der Krone herausflattern, und man fragt sich dann, wie dies angehen könne, da man doch fast jeden Ast abgesucht hat. Die Tarnung dieser Tiere, die, wenn man sie isoliert betrachtet, ungeheuer bunt und vielfältig in ihrer Farbenpracht sind, ist unglaublich.

Ich habe mich auch besonders für das Jagen interessiert, alle verschiedenen Jagdformen ausprobiert, aber dazu mußte ich erst monatelang meine Wahrnehmungen an diese Welt gewöhnen. Ich habe mich immer gewundert, wenn ich mit Indianern unterwegs war, daß sie plötzlich geschossen haben, wo ich überhaupt nichts gesehen habe.

Alles, was man gelernt hat, wird vollkommen sinnlos

W.W.: Verändert sich das Bewußtsein, wenn man länger im Regenwald lebt?

C. Rätsch: Das verändert sich total.

W.W.: Kannst Du einmal schildern, auf welche Weise?

C. Rätsch: Dadurch, daß fast alle Wahrnehmungsbereiche von einer Zeichenflut überrollt werden, mit der man gar nichts zu tun hat, wird man zunächst in einen chaotischen Bewußtseinszustand versetzt. Ich nehme an, daß das auch vor allem dazu beigetragen hat, daß die Menschen eine derartige Angst vor dieser Welt haben. Man merkt einfach, daß alles, was man gelernt hat, vollkommen sinnlos wird. Die eintrainierten Wahrnehmungen kann man nicht gebrauchen, die erlernten Überlebensmethoden funktionieren nicht, weil man in diesem Wald überhaupt nichts erkennt. Durch den extremen Mangel von kontinuierlichen Kognitionen entsteht ein vollständiges Chaos und daraus wiederum eine starke Verunsicherung. Daraus folgt Angst, und diese wiederum stimuliert die Phantasie, so daß aus dem kleinsten harmlosesten Schlängelein ein riesiger Drache, ein totales Monster wird. Diese Verunsicherung der eigenen Wahrnehmung kann man natürlich auch für sich nutzen, indem man alles das, was einen umgibt, wie ein Kind neu entdeckt und erlernt. Diese vielen Wahrnehmungen, verbunden mit dem Leben in einem Indianerstamm und dem Erlernen einer neuen Sprache, geben einem die Möglichkeit, relativ schnell mit diesen Leuten über die neue Lebenswirklichkeit zu kommunizieren.

Schwierig wird es, wenn man glaubt, die Sprache gut zu beherrschen, man aber gezwungen ist, Gegenstände aus der technischen Welt zu vermitteln. Schwierig wurde es, wenn ich meine Hamburger Lebensverhältnisse darstellen wollte, relativ einfach dagegen, wenn ich über die germanische Mythologie erzählte, denn dann klang es ganz ähnlich wie ihre eigene Mythologie. Ihre Sprache ist geeigneter, Mythen zu erzählen als eine Stadt zu beschreiben.

C.P.: Wenn man länger im Regenwald lebt, verliert sich dann das Bewußtsein eines europäischen Stadtmenschen, und wenn ja, welches Bewußtsein tritt statt dessen ein?

C. Rätsch: Je mehr neue Wahrnehmungen ich gehabt und verstanden habe, desto mehr habe ich Dinge und Bereiche, die ich aus meiner europäischen Kultur kannte, vergessen, bzw. sie sind bedeutungsloser geworden. Das ging sogar so weit, nachdem ich einmal ein Jahr lang ununterbrochen im Regenwald gelebt hatte, daß ich extreme Schwierigkeiten hatte, wiederum deutsch zu sprechen, als ich in Palenque einen Deutschen aus Hamburg traf. Ich ging auf ihn zu und habe automatisch Lakandon geredet und bemerkte erst, was ich gemacht hatte, als er mich blöd anguckte. Mein Deutsch war im ersten Moment völlig chaotisch, und mir fielen viele Worte nicht mehr ein. Das war ein total eigenartiges Erlebnis. Natürlich vermißt man viele Gewohnheiten und Dinge, die man hier in Deutschland gerne tut, und dadurch, daß man etwas vermißt, denkt man natürlich auch daran, und es gewinnt für einen an Bedeutung. Dadurch entstehen innere Kämpfe, kognitive Probleme und Dissonanzen, auch der Wunsch, alles abzubrechen. Nach einiger Zeit ist es aber so, daß sich dieser innere Kampf zugunsten des Ortes auflöst, an dem man lebt.

C.P.: Wie ist denn das Wahrnehmungssystem im Regenwald?

C. Rätsch: Es ist ungeheuer stark an der Ökologie und den natürlichen Vorgängen orientiert. Bei uns in der Stadt ist es fast egal, welche Jahreszeit herrscht, auch ob es Tag oder Nacht ist, denn man kann eigentlich zu jeder Zeit alles machen. Das aber geht im Regenwald nicht, denn man ist dort vollständig an den Rhythmus der Natur gebunden, und das harmonisiert einen ziemlich stark.

Die Gottesanbeterin weist einem den Weg

W.W.: Wie orientieren sich die Lakandonen tags und nachts im Wald? Du erwähnst in einem Deiner Bücher sogar die Methode, mit einer Gottesanbeterin den Weg zu finden; wie geht das vor sich?

C. Rätsch: Es gibt im Regenwald verschiedene Möglichkeiten, sich zu orientieren. Einerseits kann man sich an der Pflanzenwelt orientieren, die zum Beispiel in der Nähe von Seen und Flüssen anders gestaltet ist als im tiefen Dschungel; ferner kann man sich an bestimmten Blüten orientieren, die zu bestimmten Zeiten aufgehen bzw. sich wieder schließen. Aber wenn man die Richtung verloren hat, ist es erstaunlich und gut, wenn man eine Gottesanbeterin findet, sie aus dem natürlichen Zusammenhang, in dem sie sich gerade befindet, herausnimmt und auf etwas Flaches setzt, zum Beispiel auf die eigene Hand. Dann gibt es einen kleinen Spruch: Bitte zeige mir, wo der Norden ist. Die Gottesanbeterin dreht sich tatsächlich, um sich selbst zu orientieren, nach Norden. Das muß irgendwie mit dem Erdmagnetismus zusammenhängen.

W.W.: Hast Du das selbst gemacht?

C. Rätsch: Ja, es funktioniert. Das ist nichts Magisches und besonders Spektakuläres. Die Gottesanbeterin ist ein natürlicher Kompaß. Das Interessante ist, daß der lateinische Name der Gottesanbeterin *mantis* ist, das wiederum kommt von *Mantik* bzw. *Geomantik*, hängt also mit dem Weissagen bzw. Wahrsagen aus den Erdkräften heraus zusammen. Es ist also auch in anderen Kulturen bekannt gewesen, daß die Gottesanbeterin mit den Erdkräften zu tun hat.

Die Schöpfergötter wurden aus den Nachthyazinthen geboren

W.W.: Was ist der Welt Urbeginn in der Mythologie der Lakandonen?

C. Rätsch: Der Anfang der Welt ist fast in jeder Mythologie gleich: Es herrscht ein Chaos. Aus dem Nichts entsteht irgend etwas, das durch irgend etwas geordnet wird. Dieses mythologische Prinzip finden wir überall auf der Welt, und natürlich auch in der lakandonischen Mythologie. Dort ist es so, daß zunächst ein Götterpaar vorhanden war, und dieses Götterpaar hat das Chaos dahingehend geordnet, daß eine roh geformte Erde entstand. In diese Erde haben sie zwei Nachthyazinthen gepflanzt, Blumen, die mit unseren Narzissen verwandt sind, weiße Blüten haben und einen

Die Nachthyazinthe

ganz bezaubernden Duft absondern, und zwar kurz vor der Abenddämmerung. Aus den Blüten der einen Nachthyazinthe sind dann die drei männlichen Schöpfergötter geboren worden und auf die Erde herabgestiegen. Aus der anderen, die die Urgöttin gepflanzt hatte, sind dann die entsprechenden Götterfrauen geboren worden, so daß zu Beginn drei Götterschöpferpaare vorhanden waren. Diese drei Schöpferpaare betrachten den Urgott und die Urgöttin als ihre Götter und verehren sie in Ritualen, also sie opfern den Urgöttern.

Man hat also zwei Göttergenerationen. Die Schöpfergötter haben dann selbst Kinder gezeugt, so daß die dritte Göttergeneration entstand. Einer der drei Götter war Sukunkyum, d.h. soviel wie der ältere Bruder unseres Herrn. Er ist der älteste der drei Schöpfergötter und stieg, nachdem die Erde für die Menschen bewohnbar gemacht worden war, in die Unterwelt hinab und wurde dort der Unterweltsgott. Der zweite war Äkyantho', das ist der Name für den Gott, der über das Meer gegangen ist und dort eine andere Welt geschaffen hat, und zwar ist das unsere Welt. Er ist also der Gott, der auch die Weißen geschaffen hat. Der dritte, der jüngste, war Hachäkyum, das bedeutet in etwa unser wahrer Herr. Er ist der wichtigste Gott der Lakandonen, denn er ist es auch, der die Lakandonen geschaffen hat. Der echte Gott hat also die echten Menschen geschaffen, ebenfalls den echten Wald mit den wesentlichen Kulturpflanzen.

W.W.: Auf welche Weise hat Hachäkyum die Menschen geschaffen?

C. Rätsch: Er hat sie aus einer Art lehmiger Erde geschaffen, geformt und angehaucht, und durch sein Denken sind die Menschen entstanden. Bei den Lakandonen bedeutet der Begriff Denken zugleich so viel wie schöpferisch sein; in den mythologischen Texten ist es immer so, daß die Götter etwas denken und damit etwas schaffen.

W.W.: Gibt es in der Mythologie der Lakandonen das Böse?

C. Rätsch: Das Böse halte ich schon vom Wort und auch vom Konzept her für christlich und von daher nicht für brauchbar, um andere Mythologien in irgendeiner Form zu charakterisieren. Allerdings gibt es Konzepte von Wesenheiten, die etwas tun bzw. Eigenschaften haben, die dem Menschen unangenehm sind bzw. von ihm als schädlich betrachtet werden. Diese Eigenschaften stehen vor allem mit dem Herrn des Todes, Kisin, zusammen, der auch in der Unterwelt lebt. Dieser Kisin hat auch giftige Pflanzen geschaffen, und von ihm stammen die Heerscharen des Todes ab, also alle diejenigen Dinge, die das Leben des Menschen beeinträchtigen bzw. beendigen. Die Krankheiten, die es im Wald gibt, stammen allerdings nicht von Kisin, sondern sind vom Schöpfergott Hachäkyum mitgeschaffen worden. Oft sind diese Krankheiten aus Versehen entstanden, als Abfallprodukte bei irgendeiner anderen Schöpfung. Auch giftige Tiere sind bei der Erschaffung des Menschen von Hachäkyum geschaffen worden. Es gibt also keine Aufteilung von Mächten in einen guten und in einen bösen Gott.

Alle Götter und Wesenheiten sind miteinander durchdrungen und haben ihren festen Platz. Die Menschen müssen zum Beispiel auch durch Krankheiten oder Schlangenbisse reduziert werden, damit die Menge von Menschen, die der Wald ernähren kann, ohne daß er zerstört wird, konstant bleibt.

W.W.: Sehen es die Lakandonen so, daß die Götter sie alles gelehrt haben, zum Beispiel wie man Pflanzen anbaut und wie man Krankheiten heilt?

C. Rätsch: Die Lakandonen haben verschiedene Quellen ihres Wissens. Zum einen haben die Götter den Urahnen bestimmte Dinge beigebracht, zum Beispiel verschiedene Rituale und Zaubersprüche zur Krankenheilung, auch wie man bestimmte Pflanzen nutzt; zum anderen haben einige der Urahnen durch ihren Bewußtseinszustand, der als besonders gradlinig bezeichnet wird, Dinge erdacht und entdeckt, die sie dann ihren Stammesbrüdern und -schwestern mitgeteilt und gezeigt haben.

Dann gibt es eigentlich noch einen vierten Schöpfergott, der auch aus einer Hyazinthenblüte stammt, das ist Mensäbäk, und das bedeutet der Pulvermacher. Er hat ein Pulver, das er auf die Wolken streut, wodurch es dann regnet. Er gilt als der Schöpfergott aller anderen Indianer. Die Lakandonen unterteilen die Menschen eigentlich in drei Gruppen: in die echten Menschen, die sie selber sind, in die anderen Indianer und in die Weißen jenseits des Meeres. Dieser Mensäbäk hat die anderen Indianer auch sehr viel gelehrt, und die Lakandonen wissen, was dies gewesen ist. Durch Kontakt mit den anderen Indianern haben sie diese Dinge gelernt und erinnern sich an dieses tradierte Wissen. Sie können also sagen, daß eine Heilpflanze von ihren Urahnen, ihren eigenen Göttern oder von den anderen Indianern entdeckt worden ist.

Auf dem Weg zu den Göttern vergeht keine Zeit

W.W.: Du schreibst, daß die Götter die Welt der Lakandonen erdacht haben, daß sie ihnen die Augen zum *Sehen* gegeben haben, daß sie also früher alles hellsichtig haben wahrnehmen können. Kannst Du diese Gabe der Hellsicht beschreiben, und ist sie noch heute bei den Lakandonen vorhanden?

C. Rätsch: Das Wichtigste an dieser Hellsichtigkeit ist, daß man die Wege in den Himmel findet, also daß man die Fähigkeit besitzt, auf einem Weg von der Erde zu den Göttern zu gehen. Dieser Weg sieht in der Wahrnehmung derjenigen, die ihn *sehen* können, wie ein ganz normaler Dschungelpfad aus, hat aber die Besonderheit, daß, wenn man ihn entlanggeht, keine Zeit vergeht. Also wer diesen Pfad betritt, ist im nächsten Moment schon im Himmel bei den Göttern. Ein weiteres *Sehen* ist das *Sehen* von Seelen oder Seelenteilen. Nach der Auffassung der Lakandonen besitzt der Mensch verschiedene Seelen und mehrere Bewußtseinsstrukturen: eine Hauptseele im Herzen und vier weitere in den Extremitäten, und zwar genau an den Pulsstellen. Dort, wo es pocht, da sitzt die Seele. Gewöhnliche Menschen können diese Seelen nur dann sehen, wenn sie träumen, die Hellsichtigen aber können sie auch ansonsten wahrnehmen.

W.W.: Haben die Lakandonen heute noch die Gabe der Hellsicht?

C. Rätsch: Sie selbst sagen, daß diese Gabe heute niemand mehr besitze, aber von dem Dorfältesten, der heute schon weit über hundert Jahre alt ist, glaube ich, daß er diese Gabe zumindest teilweise noch besitzt. Er sagt, daß sein Vater diese Gabe noch relativ gut besaß, sein Großvater noch sehr gut, denn dieser konnte noch die Wege zu den Göttern finden. Er erklärt das Verlieren dieser Gabe damit, daß immer mehr Menschen in den Regenwald gehen und das natürliche Gefüge des Waldes stören, und durch die vielen Fremdeinflüsse – Zerstörung des Regenwaldes, Wilddiebe, Siedlungen – verlieren die Lakandonen eine gewisse zeremonielle Reinheit, die nötig ist, um *sehen* zu können. Sie haben durch das heutige eher hektische Leben nicht mehr die Zeit und Ausdauer, sich den Zeremonien, die manchmal vierzig bis sechzig Tage lang dauern, zu widmen. Sie haben nicht mehr die Geduld, auch nicht mehr das Interesse. Die Möglichkeit, sich für so lange Zeit im Wald zurückzuziehen, ohne daß jemand kommt, ist auch kaum noch gegeben. So erklärt der Dorfälteste den Rückgang dieser Gabe.

Kindertötung aus ökologischen Überlegungen

C.P.: Dann unterliegen die Lakandonen den gleichen Zivilisationsschäden wie alle anderen Menschen auch.

C. Rätsch: Ja, sicher. Indem die Populationsdichte steigt, nehmen die Schäden zu. Deswegen haben Regenwaldvölker sehr viele Verfahren zur Populationskontrolle, was sich zum Beispiel durch Abtreibung oder Kindertötung äußert. Kindertötung ist bei fast allen Regenwaldvölkern etwas völlig Normales.

W.W.: Wann wird ein Kind getötet?

C. Rätsch: Kinder werden immer dann getötet, wenn sie mißgebildet sind; wenn man einen physisch sichtbaren Schaden sieht, wird das Kind sofort getötet. Die Lakandonen sagen, daß ein mißgebildeter Mensch im Regenwald nicht überleben kann.

C.P.: Wie geschieht denn das?

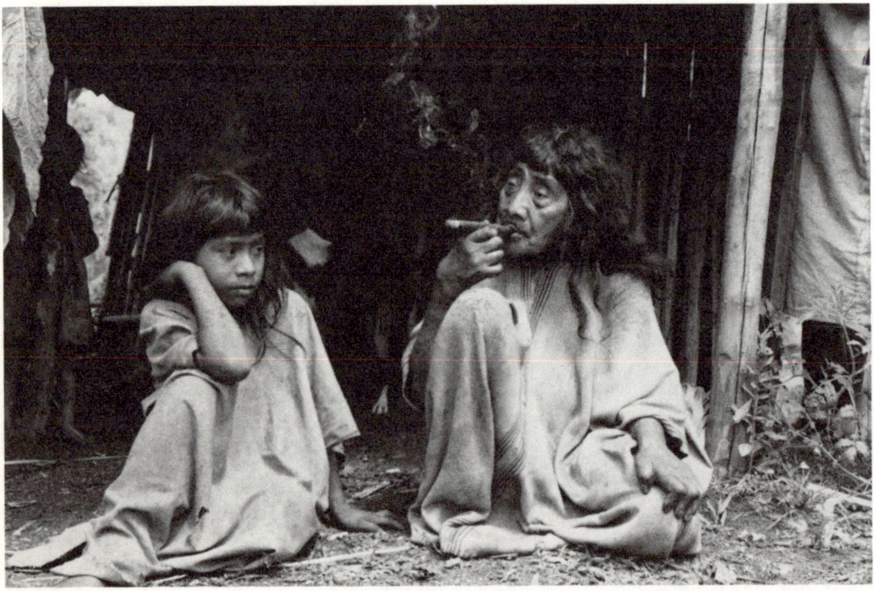

Der Dorfälteste Chan K'in Ma'ax

Ein Lakandone zieht Rinde vom Balché-Baum ab

C. Rätsch: Das Kindertöten wird Umdrehen genannt, d.h. daß die Hebamme das Kind gleich nach der Geburt mit dem Kopf in den Sand drückt, bis es erstickt ist. Diese getöteten Kinder werden auch nicht begraben wie andere Kinder, die zum Beispiel kurz nach der Geburt sterben. Von der Mythologie her ist es so, daß ein Kind, das deformiert geboren wird, diese Deformation als Zeichen der Götter trägt, daß die Götter diese Seele im Himmel behalten wollen. Wenn man also ein deformiertes Kind nicht tötet, dann vergeht man sich praktisch gegen die Götter, indem man ihnen die Seele vorenthält. Dadurch entsteht auch überhaupt gar keine Trauer, weil es etwas vollkommen Normales ist. Wenn hingegen ein Kind einige Stunden nach der Geburt stirbt, wird es sehr stark betrauert und wird wie alle anderen Menschen auch in einer bestimmten rituellen Form bestattet.

Fernerhin werden alle Mehrlinge getötet, gebärt eine Frau Zwillinge, so wird nur das erste Kind behalten und das zweite getötet. Bei Drillingen werden die beiden letzten getötet. Man tut dies, weil es heißt, daß eine Frau nur in der Lage sei, ein Kind zur Zeit aufzuziehen. Es kommt auch vor, wenn in einer Familie bereits drei Mädchen bzw. Jungen geboren worden sind und nun ein viertes Kind mit dem gleichen Geschlecht hinzukommt, daß dann auch dieses getötet wird. Dies tut man mit der Begründung, daß ein Ausgleich zwischen Männern und Frauen vorhanden sein muß. Nach dem Prinzip der Lakandonen müssen alle Menschen verheiratet werden, so daß es auch zu Mehrehen kommt, d.h. daß eine Frau oft mehrere Männer hat bzw. ein Mann mehrere Frauen. Jeder Mensch wird verheiratet, weil man nach der Tradition der Lakandonen nur zu zweit im Wald überleben kann. Es sind also ungeheuer ausgeklügelte ökologische Überlegungen, die hinter dem für uns barbarisch klingenden Kindertöten verborgen sind.

„Die Geister wollten mich in die Unterwelt locken“

W.W.: Für die Lakandonen besteht der Mensch aus sechs Teilen; welche sind das und welche Aufgabenbereiche haben diese?

C. Rätsch: Zum einen ist es der physische Körper, der allen anderen Teilen Herberge gibt. Was wiederum diesen physischen Körper funktionstüchtig erhält, sind die fünf Seelen, die dafür sorgen, daß der Körper vom Blut durchströmt wird. Dann hat der Mensch ein Bewußtsein, das sich ein paar Zentimeter hinter der Nasenwurzel in der Mitte des Kopfes befindet, also bei der Hypophyse. Fernerhin ist der Mensch mit einem Tiergeist verbunden, einem Tier, das eigentlich in dem Wald wohnt und das mit dem Menschen schicksalhaft verbunden ist. Was diesem Tier passiert, das geschieht auch dem Menschen. Dieses Tier vererbt sich genauso, wie sich der Mensch vererbt, und ist auch ein wichtiger Zusatz zum Namen des Menschen, um zu wissen, ob man sich mit diesem Menschen verheiraten kann oder nicht. Ein weiterer Seelenteil des Menschen sind die vier nichtstofflichen Geister, die an den vier Pulsstellen des Menschen sitzen. Diese Geister sind eine Art Totengeister, die den Menschen mit der Totenwelt verbinden und die auch nach dem Tod des Menschen den physischen Körper verlassen und drei Tage durch das Dorf spuken. Diese Geister wissen dann, daß sie noch drei Tage Zeit haben, bevor sie in die Unterwelt hinab müssen, möchten dort aber nicht allein hingehen und kommen deswegen nachts an die Türen der besten Freunde und Verwandten und klopfen dort an und versuchen, die entsprechenden Geister aus den Lebenden herauszulocken, damit diese mit ihnen zusammen in die Unterwelt gehen.

Wenn jemand stirbt, so muß man an diesem Ort bzw. in diesem Haus drei Tage ein Feuer brennen lassen, denn durch das Feuer werden diese Geister abgehalten. Ich selbst habe in diesem Zusammenhang etwas sehr Interessantes erlebt. Es war ein Mann gestorben, und ich sollte die ganze Nacht das Feuer in Gang halten, schlief aber irgendwann ein. Als ich aufwachte, sah ich, daß das Feuer ausgegangen war, und hörte in dem Moment, wie jemand laut an die Tür klopfte. Da ich aber wach war und gerade das Feuer wieder schüren wollte, konnte ich sehr schnell zur Tür gehen und sah, daß dort wirklich kein Mensch gewesen ist. Ich berichtete es den Lakandonen am nächsten Tag, die mir sofort bestätigten, daß dies einer der vier Geister des verstorbenen Mannes gewesen sei, der mich besuchen wollte, um mich in die Unterwelt zu locken.

Im Grunde genommen ist der Mensch mit seinen verschiedenen Teilen mit allen Bereichen der Welt verbunden: Der physische Leib ist mit der Erde verbunden, das Bewußtsein des Menschen ist mit dem Bewußtsein der Götter verbunden, durch die Totengeister ist man mit der Unterwelt verbunden, der Tiergeist mit allen Tieren und die Seele mit allen anderen Seelen.

Für die Lakandonen ist es nicht nur so, daß nur die Menschen eine Seele haben, sondern auch die meisten Tiere, Pflanzen und Steine. Selbst Tränke, die man hergestellt hat, können eine Seele haben. Was bei uns als animistisches Weltbild bezeichnet wird, kommt bei den Lakandonen sehr stark zum Tragen. Wenn man sich das Weltbild dieser Menschen anschaut, so sieht man, daß es ein viel holistischeres als das unsere ist, denn der Mensch hängt mit allen verschiedenen Regionen des Universums zusammen.

Aus diesen komplexen Zusammenhängen stammt das Wissen, sich so oder so verhalten zu müssen, damit die Ökologie des Waldes nicht zerstört wird. Wir tendieren ja immer dazu, die Regenwaldbewohner als primitiv oder steinzeitlich zu bezeichnen, aber ich denke, daß eigentlich wir die Primitiven sind, weil wir ein derartig eingeschränktes Bewußtsein von uns selbst innerhalb dieser Welt haben, die Indianer dagegen ein unglaubliches Wissen über alle ökologischen Zusammenhänge. Auch stellt ihre Mythologie eine Bewußtseinsmatrix dar, die ein Handeln begünstigt, daß der Mensch als Teil des Waldes mit ihm als Gesamtes überleben kann.

Wenn das Bewußtsein des Himmels in Unordnung gerät

W.W.: Der Schöpfergott Hachäkyum wird ja auch als das Bewußtsein des Himmels bezeichnet. Welche Verbindung gibt es zwischen dem Bewußtsein des Himmels und der Ökologie, und inwieweit sind die Menschen für den schlechten Zustand des Bewußtseins des Himmels verantwortlich?

C. Rätsch: Für die Lakandonen ist der Zustand des Regenwaldes ein Spiegel des Bewußtseins des Himmels. Wenn sie also beobachten, daß irgend etwas nicht stimmt, daß zum Beispiel kein Regen fällt, obwohl es regnen müßte, oder daß plötzlich irgendwelche Tiere massenhaft sterben, dann heißt es, daß im Bewußtsein des Himmels etwas nicht in Ordnung ist und daß man nun als Mensch die Aufgabe hat, das Bewußtsein des Himmels wiederum zu verändern. Der Mensch muß dieses Bewußtsein des Himmels wieder harmonisieren, so daß sich dadurch der natürliche Spiegel in der Welt wieder normalisiert. Und um das Bewußtsein des Himmels zu verändern, muß man das Bewußtsein des Menschen verändern, weil letztlich die Bewußtseine aller Menschen zusammenfließen und in dem Bewußtsein des Himmels kulminieren.

Das Balché-Ritual

W.W.: Wie machen dies die Lakandonen?

C. Rätsch: Dafür gibt es ein bestimmtes Ritual, nämlich das *Balché-Ritual*. Im Zentrum dieses Rituals steht ein Trank, Balché genannt. Dieser Trank wird aus Wasser, Honig und der Rinde eines Baumes, der ebenfalls Balché heißt, hergestellt. Dieser Trunk wird ausschließlich für Rituale hergestellt, wird also nicht für den alltäglichen Genuß gebraut. Da es bei den Lakandonen keinen spezialisierten Schamanen, Medizinmann oder Priester gibt, kann dieser Trank von jedem gebraut werden. Spezialisten gibt es bei ihnen übrigens überhaupt nicht, auch keinen Häuptling, keine politische, keine religiöse Führung und auch keine medizinische Elite. Es ist eine

Das Balché-Kanu

vollständig anarchische Gesellschaft, mit dem Ziel, daß jeder Haushalt über sämtliche Fähigkeiten selbst verfügt.

Das Brauen dieses Trankes ist reine Männersache. Angeblich ist das Brauen für die Frauen zu gefährlich, da das Brauen ein Verwandlungsprozeß sei, der für die Gebärmutter der Frau gefährlich werden könne. Man sagt, daß die Frau Uteruskrämpfe bekommen bzw. gebärunfähig werden könne. Ein Mann, dessen Frau gerade schwanger ist, darf diesen Trank auch nicht brauen, denn durch die Berührung mit diesem Mann könne die Frau eine Fehlgeburt bekommen.

W.W.: Wie läuft dieses Balché-Ritual ab?

C. Rätsch: Derjenige, der meint, daß ein derartiges Ritual nötig sei, weil das Bewußtsein das Himmels wieder harmonisiert werden müsse, bestimmt den Zeitpunkt für die Balché-Zeremonie. Meistens ist dies der Dorfälteste. Der Trank ist im Prinzip ein Opfertrank, der den Göttern dargebracht wird, damit sie sich wieder gut fühlen, im Himmel tanzen, Freude haben und lachen können. Dadurch erhalten Sie ein gutes Bewußtsein, und durch dieses gute Bewußtsein normalisiert sich wiederum die Ökologie des Regenwaldes.

Derjenige, der diesen Zeitpunkt für die Balché-Zeremonie festsetzt, kann jemanden zum Brauen des Trankes bestimmen. In der Zeit, in der ich es mehrere Male erlebt habe, hat der Dorfälteste seinen Sohn oder auch mich dazu bestimmt. Alles läuft dabei sehr rituell ab. Zunächst geht man an einen Ort, an dem der Balché-Baum wächst und holt ein paar frische Rindenstücke. Dazu wird ein Stamm abgehauen, der mit einem anderen Stück Holz geklopft wird, bis sich die Rinde löst und man sie vom Stamm abziehen kann. Diese Rinde bringt man dann mit in das Götterhaus, vor dem ein Kanu steht, das ausschließlich zum Brauen dieses Trankes geschnitzt worden ist. In dieses Kanu füllt man mit einem speziellen Krug Wasser einer jungfräulichen Quelle bzw. eines jungfräulichen Baches.

W.W.: Was heißt das?

C. Rätsch: Das ist eine Quelle bzw. ein Bach, der oberhalb jeder menschlichen Siedlung entspringt. Vor allem will man vermeiden, Wasser zu nehmen, das von schwangeren Frauen berührt worden ist. Hierbei sehen wir wieder den engen Zusammenhang der Schwangerschaft und Empfängnis mit dem Balché-Ritual. Derjenige, der den Trank braut, muß auch in der Nacht zuvor sexuell abstinent sein. Die Lakandonen sind nicht so brutal wie andere Völker, wo dieser Zeitraum oft viele Wochen einnehmen muß. Bei den Lakandonen jedenfalls ist dies sehr angenehm. Man soll dazu auch in seiner eigenen Hängematte schlafen, und wenn man ganz rituell rein sein will, nimmt man ausschließlich eine Hängematte, die nur zum rituellen Schlafen im Götterhaus benutzt wird, und schläft diese Nacht im Götterhaus.

Man bittet die Tiere und Pflanzen um ihr Gift

Jedenfalls wird dieses Wasser geholt und in einen Krug gefüllt – der heißt *Bor*, das ist der gleiche Name wie derjenige des Gottes des Rausches –, und dann kippt man das Wasser in das Kanu. Dann nimmt man Honig, am besten von wilden Bienen, und fügt davon eine bestimmte Menge hinzu. Anschließend setzt man sich an das Kanu und beginnt einen sehr langen Zauberspruch zu rezitieren, mit dem man alle giftigen Pflanzen und Tiere des Waldes herbeiruft, und bittet die Seelen dieser Tiere und Pflanzen, daß sie ihr Gift in dieses Wasser geben, damit der Trank sehr schön stark wird und die richtige Färbung bekommt. Und das sind Hunderte von Tier- und Pflanzenarten.

W.W.: Werden die alle einzeln aufgerufen?

C. Rätsch: Ja, alle werden in diesem Zauberspruch aufgerufen. Und es heißt nicht nur: „Wespen kommt und gebt mir euer Gift ...", sondern jede einzelne Wespenart wird aufgerufen; ferner jede einzelne Hummelart, jede Skorpionart, die giftigen Baumfrösche, die psychedelisch wirkenden Kröten, Tabakpflanzen und vieles mehr. Mit diesem Spruch macht man den Trank stark.

W.W.: Wird dieser Spruch von einem Menschen gesprochen, nur gedacht oder sprechen ihn viele im Chor?

C. Rätsch: Er wird von einem einzigen rhythmisch singend rezitiert, und zwar von demjenigen, der für die Dauer der gesamten Zeremonie der Herr der Balché genannt wird. Den ganzen Spruch zu rezitieren, dauert etwa 20 Minuten. Man muß also dafür ein sehr gutes Gedächtnis haben.

W.W.: Konntest Du die Sprüche gut behalten?

C. Rätsch: Ja, ich konnte sie mir relativ gut merken, da ich ganz systematisch nach der lakandonischen Taxanomie die ganzen Tier- und Pflanzennamen gelernt, sie auch

Das Götterhaus

kennengelernt habe und deswegen wußte, wie sie aussehen. Ich hatte alle Tiere als Bilder im Kopf, und je besser man diese Bilder im Gedächtnis hat, desto einfacher ist es, diesen Spruch zu rezitieren. Das ist auch der Sinn des gesamten Spruches: Dadurch, daß man die Bilder der verschiedenen Tiere denkt, schafft man sie und schafft die Seelenwesen, die man braucht, um den Trank stark zu machen.

Im Götterhaus geht die Post ab!

Dieser Spruch wird zweimal rezitiert, dann legt man die Rinde des Baumes, der schon oft zum Brauen benutzt worden ist, in diese Lösung. Man benötigt sie, weil auf der getrockneten, schon gebrauchten Baumrinde Hefekulturen leben, die im Trockenzustand nicht aktiv sind, die aber, wenn sie in eine Flüssigkeit gegeben werden, aus dem Honig den Zucker herausholen, wodurch CO_2 und Alkohol entstehen. Dieser Gärvorgang dauert zwischen einem und drei Tagen, je nachdem, wieviel Honig man hineingegeben hat. Dadurch entsteht letztendlich ein leicht alkoholischer Met. Der Alkohol, der entsteht, dient dazu, die nichtlöslichen Stoffe aus der Baumrinde herauszulösen. Die Wirkstoffe dieser Rinde sind zum einen stark antibiotisch wirksam, man trinkt also ein pharmakologisch nachgeprüftes Antibiotikum, ferner kommen aus der Baumrinde Bitterstoffe, die dazu beitragen, daß der Trunk nicht umschlägt. Außerdem kommt noch eine Stoffgruppe darin vor, die chemisch Longystiline genannt wird, die eine psychoaktive Wirkung haben. Die äußert sich so, daß es eigentlich mehr in die Richtung der empathogenen Drogen gehört, mit anderen Worten: Der gefühlsmäßige Bereich des Menschen wird dadurch aufgeschlossen. Dies ist ein Stoff, den ich so empfunden habe, daß er sehr stark das Herz öffnet und freundschaftliche Gefühle stimuliert und freisetzt.

W.W.: Wieviel trinkt man von diesem Balché-Trank?

C. Rätsch: Um die richtige Dosis zu bekommen, muß man eine enorme Menge des Trankes zu sich nehmen; und diese wirksame Dosis beginnt bei 10 Litern und ist bei 20 Litern am höchsten. 20 Liter sind etwa zwei Kisten Bier.

W.W.: In welcher Zeit trinkt man diese Menge?

C. Rätsch: Meistens beginnt das Trinken morgens um 5 Uhr. Man beginnt morgens, weil der Trank in der Nacht abgekühlt und reif geworden ist. Dann wird er geopfert, und durch das Opfern wird die Seele des Trankes frei, geht zu den Göttern und manifestiert sich dort in ihrem Bewußtsein. Wenn diese Opferhandlung vollzogen worden ist, bläst man in eine Schneckentrompete, und jeder, der diesen Schall der Schneckentrompete hört, weiß: Aha, im Götterhaus geht die Post ab!

W.W.: Man trinkt diesen Trank also nur im Götterhaus?

C. Rätsch: Ja, ausschließlich. Wer teilnehmen will, geht zum Götterhaus. Zwang besteht nicht. Das paßt auch wieder zu dieser anarchischen Gesellschaftsstruktur: Niemandem wird es aufgezwungen, dazu sind sie zu freiheitsliebend.

Wer also ins Götterhaus geht, meist sind dies nur Männer, setzt sich dort in einen Kreis. Neben dem Götterhaus, das nur für die Männer ist, gibt es eine Zeremonialküche. Dort sitzen die Frauen und trinken Balché. Der Herr der Balché schenkt immer den Trunk aus, und zwar sowohl den im Kreis sitzenden Männern als auch den in der

Zeremonialküche sich befindenden Frauen. Allerdings sind dies nur ältere Frauen, die an diesem Trank teilnehmen, weil die in der Rinde befindlichen Wirkstoffe bei einer schwangeren Frau eine Abtreibung verursachen können.

Es ist aber alles nicht so furchtbar ernst getrennt, die Männer johlen, die Frauen johlen Witze herüber, es ist ein ungeheuer lustiges Treiben.

C.P.: Was machen die denn da, es wird ja wohl kaum eine Party sein?

C. Rätsch: Doch, es ist schon eine Art Party, allerdings mit sozialtherapeutischer Wirkung.

C.P.: Was wird denn da sozialtherapiert?

C. Rätsch: Alle trinken gemeinsam die gleiche Menge, so daß der Bewußtseinswandel des einzelnen immer in der gesamten Gruppe stattfindet. In dieser Zeit des Bewußtseinswandels ist es normal, daß Geschichten aus der Mythologie und von den Urahnen erzählt werden. Man singt auch Gesänge aus der Urzeit und erzählt sich besonders komische Geschichten aus dem Alltag, so daß alle mit Lachkrämpfen auf dem Boden herumstrampeln.

Der Höhepunkt des Amüsements

Dann beginnen die körperreinigenden Wirkungen. Man muß unglaublich oft pinkeln; aber nicht nur das, denn dieser Trank wirkt auch als Laxans, also man entleert seinen Darm bis zum letzten Krümel, so daß man total durchgespült wird. Außerdem kotzt man unglaublich häufig und schwitzt aus allen Poren. Aber dadurch, daß diese Balché so antibiotisch ist, hat sie eine ungeheuer reinigende und entkeimende Wirkung. Etwa nach einer Stunde beginnt dieser Dauerlauf, so daß ständig jemand aus diesem Kreis austritt und wieder zurückkommt. Je mehr die Berauschung zunimmt, desto mehr torkeln auch die Menschen, wodurch es zu sehr witzigen Situationen kommt, zum Beispiel daß jemand aus Versehen in die Göttertöpfe fällt, manche liegen vor dem Götterhaus in einer riesigen Kotzlache, andere fallen ins Gebüsch. Besonders delikat ist das Klo, was nur aus einem Baumstamm, dem sogenannten Donnerbalken, besteht. Man hockt sich auf den Baumstamm und scheißt nach hinten runter. Auf diesem Balken sitzt man barfuß drauf, und weil man nach vorne pinkelt, ist dieser Stamm oft sehr glitschig, so daß es manchmal vorkommt, daß man nach hinten in die ganze Scheiße reinfällt. Das ist dann natürlich der Höhepunkt des Amüsements.

Wenn man das von außen sieht, denkt man mit Sicherheit, das sei eine wildgewordene Barbarenhorde, die im Delirium ausflippt. Aber in dieser Phase passieren zugleich auch die sozialtherapeutisch wichtigsten Dinge, weil in dieser Zeit die empathogene Wirkung der Longystiline zuschlägt und die Menschen unglaublich rührselig werden. Sie umarmen und beweinen sich gegenseitig, drücken ihre Freude und ihr Glück darüber aus, daß man sich kennt, zusammen in einem Dorf lebt usw., d.h. es werden die ungeheuer wichtigen Freundschafts- und Familienbande positiv ausgesprochen und verstärkt. Dadurch hat dies eine sehr starke Wirkung und etwas Verbindendes.

Dann ist es so, daß, wenn Menschen Streit miteinander gehabt haben, sie sich zum Höhepunkt der deliranten Phase zusammen in die Mitte setzen müssen, wo sie dann besonders große Schüsseln mit dem Trank vorgesetzt bekommen, die sie beide gleichzeitig austrinken müssen. Sie müssen dann so lange miteinander trinken, bis sie gemeinsam kotzen und sich wieder umarmen und der Streit vorbei ist.

C.P.: Nur das, oder müssen sie auch ihren Streit besprechen und klären?

C. Rätsch: Nein, das ist nicht das Entscheidende. Sie werden auf die Basis zurückgeworfen und stellen dann fest, daß sie sich ja eigentlich doch mögen, weil sie miteinander verwandt sind usw. Der Streit ist dann wie ausgekotzt, versickert und vergessen.

W.W.: Bleibt denn dieser Versöhnungszustand erhalten, wenn der Rausch vorüber ist?

C. Rätsch: Der bleibt.

C.P.: Die Konflikte sind dann wirklich geebnet?

C. Rätsch: Ja, ich habe das einige Male miterlebt. Es ist im Grunde auch kein Alkoholrausch, auch wenn das von außen so aussehen mag, sondern der gesamte Trank hat eine äußerst stimmungsaufhellende Wirkung. Von außen versteht man sowieso gar nichts. Deswegen muß man die Zeremonie wirklich auch selber erleben, um sie beurteilen zu können. Für mein Verständnis von Ethnologie sollte man solche Zeremonien auch nicht von außen mit dem Notizblock beschreiben, sondern man sollte sie miterleben.

Mit den Zaubersprüchen wird die Wirklichkeit verändert

W.W.: Zaubersprüche sollen die Wirklichkeit verändern: die bestehende soll verändert werden, die gewünschte soll eintreten. Wie ist das gemeint?

C. Rätsch: Genauso wie Du es gesagt hast. Die bestehende Wirklichkeit, die sich zum Beispiel in einem Beinbruch oder in einem Hautausschlag manifestiert, will man nicht haben, und der Wunsch besteht, ein gesundes Bein und eine gesunde Haut zu bekommen. Der Wunsch zum Gesundwerden wird symbolisch durch den Zauberspruch beschrieben. Der Zauberspruchtext beschreibt immer die Krankheit, die Ursache, wie man als Zauberspruchrezitierender diese Ursache behebt und wie dadurch der gesunde Zustand wieder hergestellt ist. Das ist die linguistische Grundstruktur dieser Sprüche.

W.W.: Wie werden diese Sprüche weitergegeben?

C. Rätsch: Sie werden mündlich durch dreimaliges Wiederholen weitergegeben, meistens am Götterhaus zu einer bestimmten Stunde am Nachmittag.

W.W.: Kann jeder jeden Spruch lernen?

C. Rätsch: Im Prinzip ja, man sagt allerdings, daß man dazu ein festes und mutiges Bewußtsein haben müsse, denn wenn man einen Spruch nicht richtig lernt, zieht man die Krankheitsursachen, gegen die der Spruch eigentlich wirken soll, auf sich. Wenn man also nicht alle Tier- und Pflanzennamen, die mit einem Spruch angerufen werden, behalten kann, kann sich die Wirkung des Spruches in ihr Gegenteil verkehren. Es gibt zum Beispiel einen Zauberspruch für eine sanfte Geburt, der so wirken soll, daß der Kopf des zu gebärenden Kindes bei der Geburt zusammenschrumpft. Diesen Spruch lernen Frauen nie, denn wenn sie eine Kleinigkeit des Spruches vergessen würden, so bekämen sie eine Fehlgeburt. Deswegen lernen diesen Spruch fast nur ältere Männer.

Dann gibt es Zaubersprüche, die mit Kinderkrankheiten zu tun haben, die weitgehend von den Frauen gelernt werden, andere sind wiederum für die Männer wichtig. Natürlich ist es von Individuum zu Individuum unterschiedlich, wie viele Sprüche jeweils bei den einzelnen gegenwärtig sind. Ich selbst habe über dreißig Zaubersprüche gesammelt, aufgezeichnet, gelernt und übersetzt. Allerdings gibt es niemanden in dem ganzen Dorf, der sämtliche Sprüche kennt.

W.W.: Sorgt man denn auch dafür, daß ein Spruch nicht ausstirbt, dadurch bedingt, daß ihn niemand mehr lernt?

C. Rätsch: Es ist schon so, daß die älteren Menschen des Dorfes die jüngeren animieren, die Sprüche zu lernen. Die jungen Leute haben auch vor den Zaubersprüchen Angst, denn sie sind ein reales Mittel zur Wirklichkeitsveränderung, weil man aus lakandonischer Sicht mit Kräften zu tun hat, die stark beeinflussend sind.

Das Lied der Schnecken

W.W.: Gibt es Tiere, deren Verhalten auch mit den Zaubersprüchen beeinflußt werden kann? Wie ist es zum Beispiel mit dem Lied der Schnecken, das die Lakandonen denken, um damit die nahrhaften Schnecken hervorzulocken?

C. Rätsch: In den Bächen und Flüssen gibt es eine relativ große Süßwasserschnekke, die von den Lakandonen gegessen wird. Ich habe mich früher immer gewundert, daß einige Lakandonen an einem einzigen Vormittag ganze Säcke voll mit diesen Schnecken sammeln, denn wenn man in die Flüsse hineinschaut, dann sieht man zwar hie und da vereinzelte Schnecken, aber niemals eine derartig große Menge. Deswegen habe ich sie gefragt, wie sie es bewerkstelligen, so viele zu sammeln. Das sei ganz einfach, wurde mir geantwortet, man setze sich einfach an den Fluß und denke den Zauberspruch für die Schnecken. Durch den schöpferischen Prozeß des Denkens wird vor die Schnecken im Wasser ihre Lieblingsnahrung hingezaubert. Natürlich kann man das nicht sehen, aber die Schnecken nehmen es wahr, deswegen kommen sie hervorgekrochen, und man braucht sie nur noch einzusammeln.

W.W.: Also man zaubert den Schnecken eine Wirklichkeit vor, die real nicht vorhanden ist, für die Schnecken aber Realität hat?

C. Rätsch: So ist zumindest die lakandonische Theorie. Ich selbst bin zumindest so weit, daß ich sie nicht in Frage stelle, sondern sie als die realistischste Beschreibung dessen betrachte, was sich dort ereignet. Und es passiert auf jeden Fall etwas, was sich obendrein tradiert hat, denn die Lakandonen machen dies seit Jahrhunderten, vielleicht seit Jahrtausenden. Weil natürlich niemand die Wirkung der Sprüche so gut kennt wie die Lakandonen selbst, ist ihre Theorie selbstverständlich die maßgebliche.

W.W.: Hast Du den Zauberspruch mit den Schnecken auch selber ausprobiert?

C. Rätsch: Nein, diesen nicht, aber einen anderen, der mit einem sehr dramatischen Erlebnis verbunden gewesen ist. Das war auch ein Einschnitt in meinem wissenschaftlichen Denken und hat mir klargemacht, daß alle sogenannten wissenschaftlichen Theorien über Magie im Grunde genommen Schwachsinn sind.

Das zerhackte Bein

W.W.: Was hat sich denn dort ereignet?

C. Rätsch: Eines Nachmittags habe ich einen meiner Lehrer gebeten, mir den Zauberspruch zum Blutstillen beizubringen. Dieser Zauberspruch heißt auf deutsch: das zerhackte Bein. Bevor mir mein Lehrer den Zauberspruch beibrachte, fragte er mich, ob ich ihn auch wirklich lernen wolle. Natürlich bejahte ich es, denn ich hatte ja ein Tonband, und habe deswegen niemals etwas vergessen. Auch diesen Zauberspruch habe ich aufgenommen, bin dann in meine Hütte gegangen, habe den Text transkribiert, übersetzt und dort, wo ich noch Probleme mit manchen Vokabeln hatte, habe ich noch einmal meinen Lehrer gefragt. Ich habe mich also den gesamten Nachmittag und auch den Abend mit diesem Spruch intensiv beschäftigt.

Am nächsten Tag sind wir mit der gesamten Familie – ich wohnte im Haus des Dorfältesten – auf das Feld gegangen, auf dem Mais, Bohnen, Kürbisse, Tomaten und Tabak wachsen, um dort zu arbeiten. Im übrigen habe ich ständig sämtliche Arbeiten mitgemacht, denn das ist die einzige Methode, um die Kultur dort wirklich kennenzulernen. Im Zuge dessen wollte ich ein kleines Stück des Feldes, das mittlerweile zugewachsen war, roden, nahm meine Machete und wollte einen Baum durchhauen, hatte allerdings nicht gesehen, daß dieser längst völlig morsch war. Die Machete ging durch ihn durch wie Butter und anschließend in mein Bein. Ich mußte mich sofort hinsetzen, denn das Blut floß in Strömen heraus. Die Kinder, die dabei waren, waren ganz aufgeregt, setzten sich neben mich, aber ich wußte nicht, was ich machen sollte. In dem Moment fiel mir der Spruch zum Blutstillstand ein und ich probierte ihn aus.

Zuerst habe ich dreimal auf die Wunde gespuckt, was man machen muß, damit die Wirklichkeiten durchlässig werden. Dann habe ich diesen Spruch immer wieder gedacht bzw. im Denken rezitiert. Tatsächlich hörte das Blut ziemlich gleich auf zu fließen, und die Kinder, die um mich herum saßen, wollten es zuerst nicht glauben. Wenig später kam auch der Dorfälteste und sah, daß ich mir in das Bein gehauen hatte und ordnete daraufhin sofort an, daß alle zurück ins Dorf zu gehen hätten. Das ist dort Sitte, weil bei ihnen der Glaube lebt, daß, wenn sich an einem Tag einer bei der Feldarbeit in das Bein haut, sich am selben Tag ein zweiter in das Bein hauen werde. Ich humpelte dann in das Dorf zurück und sah bereits, wie der Lehrer, der mir den Spruch beigebracht hatte, am Dorfausgang stand und mich angrinste und von weitem zurief: „Na, hat Dich der Spruch versucht?“ Als ich erstaunt zurückfragte, antwortete er mir: „Das habe ich Dir vorsichtshalber nicht gesagt, denn wenn man den Spruch lernt, wird man sich am nächsten Tag in das Bein hauen, denn dadurch wird man geprüft, ob man den Spruch auch wirklich kann.“

Das war schon ein gewaltiger Hammer für mich, und ich mußte mich erst einmal besinnen, mit welchen Kräften ich eigentlich umgegangen bin. Für mich war es die Wende, denn von dem Moment an hatte ich das Gefühl, die Bedeutung dieser Sprüche wirklich einschätzen zu können. Seitdem ist es für mich hundertprozentig klargeworden, daß diese Sprüche eine Wirkung haben, die man ihnen nicht absprechen kann, denn ich habe sie nicht nur am eigenen Leib, sondern auch an anderen Menschen erlebt. Die Lakandonen sind alles andere als abergläubisch, sie sind reine Empiriker; wenn etwas nicht funktioniert, dann machen sie es nicht wieder. Sie wissen zwar auch um Heilkräuter, die bei ihnen im Wald wachsen, wenden sie aber kaum an, da für sie nur die Zaubersprüche und die Götter heilen. Die Heilkraft der Zaubersprüche wird also sehr viel höher eingeschätzt als die von Pflanzen.

W.W.: Hat der Zauberspruch selbst die heilende Wirkung, oder wird die Heilung durch einen Gott bewirkt, der im Moment des rezitierten Zauberspruches eingreift?

C. Rätsch: Mit dem Zauberspruch verändert man das Seelengefüge in der unsichtbaren Welt, und dadurch wird eine Veränderung in der sichtbaren Welt bewirkt. Bestimmte Krankheitsursachen haben eine Seele, und mit einem Zauberspruch greift man diese Seele und verändert sie. Wenn diese Seele zum Beispiel heiß und feurig ist und einen Hautausschlag bildet, ruft man mit dem Zauberspruch Hagelkörner herbei und reibt die Krankheitsursache mit diesen weg. Man kann auch ein Tier wie einen schamanischen Hilfsgeist hervorrufen, das dann eine Aktion ausführt, die zur Heilung führt. Es gibt auch zwei, drei Zaubersprüche, mit denen man die Gottheiten des Waldes – also nicht die großen Gottheiten, sondern eher kleine – herbeiruft, um zu helfen, aber in erster Linie sind die durch die Zaubersprüche herbeigerufenen Hilfsmittel Hagelkörner, eine Kalklauge sowie die Seelen von bestimmten Tieren und Pflanzen.

W.W.: Es gibt ja auch Zaubersprüche zur Heilung von gebrochenen Knochen. Hast Du diesen Zauberspruch erlebt, und funktioniert er wirklich?

C. Rätsch: Erlebt habe ich ihn, aber es ist natürlich nicht so, daß nach Anwendung des Zauberspruches der Knochen sofort wieder zusammengeklebt werden würde, sondern es heißt, daß mit diesem Zauberspruch der Heilungsprozeß des Knochens wieder angeregt und beschleunigt wird. Genaueres kann ich hier aber nicht darüber sagen.

Wenn sich die Echse im Magen verbeißt

W.W.: Die Lakandonen kennen auch die Besessenheit, daß durch die Wahrnehmung bestimmter Pflanzen und Tiere deren Seele in den Menschen schlüpft und dort eine Krankheit anrichtet. Welche Tiere und Pflanzen sind das, und welche Krankheit wird dadurch bewirkt?

C. Rätsch: Es gibt zum Beispiel eine Echse, dessen Seele in einen hineinschlüpft, wenn man diese Echse wahrnimmt. Diese Seele kann sich in den Gedärmen oder im Magen des Menschen verbeißen, wodurch ein Durchfall mit Blut entsteht. Hierzu gibt es nun verschiedene Möglichkeiten der Heilung. Am besten ist es, wenn der, der den Zauberspruch kennt, die Seele dieser Echse in einer Art Exorzismus aus dem Körper vertreibt und fernerhin eine entsprechende Echse einigermaßen gefahrlos fängt, sie in gelöschten Kalk schmeißt und im Feuer verbrennt. Meist wird der Spruch nach dem Verbrennen der Echse rezitiert, denn dadurch hat man zum einen erreicht, daß durch die Wahrnehmung dieser Echse die Krankheit nicht wieder auftaucht, und zum anderen hat man die Seele der Echse vertrieben. Sie kann dann nicht wieder in einen anderen Menschen hineinschlüpfen, weil ihr Körper, der wahrgenommen werden muß, nicht mehr vorhanden ist.

W.W.: Welche Bedeutung haben die Träume bei den Lakandonen?

C. Rätsch: Das sind für sie die Erlebnisse der Seele des Menschen, und zwar sagen die Lakandonen, daß die Seele den Körper in dem Moment verläßt, in dem man schläft, und in die gewöhnlich unsichtbare Welt reist. Die Seele ist ohnehin Bestandteil der Seelenwelt und ist in dem Moment, in dem der Körper schläft, in der Seelenwelt frei beweglich. Was die Seele dann in dieser unsichtbaren Welt erlebt, erfährt der Mensch als Traum. In dieser Traumwelt ist es so, daß man dort zwar Seelen von Tieren und Menschen erlebt, allerdings immer in verwandelter Gestalt. Sieht man zum Beispiel im Traum einen Spinnenaffen, so bedeutet das nicht, daß man die Seele eines Spinnenaffen gesehen hat, sondern die Seele eines Menschen, dessen Tierseele der Spinnenaffe ist. Wenn man dann zum Beispiel sieht, daß dieser Spinnenaffe eine Verletzung oder eine Krankheit hat, dann prophezeit das, daß ein Mensch, dessen Tiergeist der Spinnenaffe ist, in der nächsten Zeit entsprechend erkranken wird.

W.W.: Nun werden ja verschiedene Menschen den Spinnenaffen als Tiergeist haben. Weiß man denn, um welchen Menschen es sich konkret handelt?

C. Rätsch: Nein, das weiß man nicht, es sei denn, der Tiergeist hätte ganz besondere Charaktermerkmale eines ganz bestimmten Menschen.

W.W.: Gibt es weitere Bedeutungen, die man in ein geträumtes Tier hineinlegt?

C. Rätsch: Das ist ganz unterschiedlich. Sieht man im Traum zum Beispiel einen Papageien, so bedeutet das den Tod oder ein Begräbnis, das in Kürze kommen wird, weil der Papagei traditionell ein Vogel der Unterwelt ist. Das kann man schon in der alten Maya-Ikonographie sehen, wo die Papageien ebenfalls immer mit der Totenwelt verbunden gewesen sind. Das Interessante ist, daß viele Tiere eine Bedeutung haben, die mit der alten Maya-Ikonographie übereinstimmt.

W.W.: Die Lakandonen sind auch Jäger. Sie bereiten sich auf ihre Jagd unter anderem so vor, daß sie einen Monat auf Sexualität verzichten, um *sehen* zu können.

Wer Wild *sehen* will, müsse sich in eine dunkle Höhle begeben, in der ein Jaguarschädel liegt. Was muß er in dieser Höhle tun?

C. Rätsch: Es gibt ein Jagdritual, für das man in diese dunkle Höhle gehen muß, in der eben besagter Jaguarschädel liegt. Das Prinzip ist, sich in dieser Höhle eine bestimmte Zeit aufzuhalten. Sie bietet einen sehr starken Reizentzug, denn dort ist es vollkommen finster, und man hört auch die gesamten Dschungelgeräusche kaum noch. Deswegen kann man hier in eine Art Trancezustand verfallen, wodurch man dann *sehen* kann, wo sich bestimmtes Jagdwild aufhält. Das ist eine Methode, die früher sehr häufig angewendet wurde, heute nicht mehr so sehr. Denn das Gebiet, in dem sich heute noch Wild aufhält, ist durch die Waldzerstörung auf ein Minimum zusammengeschrumpft.

Eine andere Methode ist auch noch die Traumdeutung. Bestimmte Traumsymbole deuten dann auf eine erfolgreiche Jagd hin, zum Beispiel Metall. Sieht man in einem Traum Metall, so wird man am nächsten Tag auf Jagd gehen und hat dann auch entsprechend Glück. Wenn ich mit auf die Jagd gegangen bin, habe ich immer meine Träume erzählt, die mir dann anschließend gedeutet worden sind, zum Beispiel wurde mir prophezeit, daß ich einen Affen oder zwei Papageien oder ähnliches erlegen werden würde. Das ist dann auch tatsächlich eingetreten. Träumt man dagegen vor einem Jagdausflug von Tabak, so deutet das auf Schlangen hin, eine brennende Zigarre auf eine sehr giftige Schlange. Normalerweise wird man dann nicht auf diesen Jagdausflug gehen.

W.W.: Welche Beziehung haben die Lakandonen zum Tod, und gibt es für sie eine Wiederverkörperung?

C. Rätsch: Der Tod wird im Prinzip nicht gefürchtet, zumindest der normale Tod nicht. Unter normalem Tod wird der verstanden, der schicksalhaft durch die Götter bewirkt wird, also ein Tod, der nicht durch Mord, Selbstmord, Krankheit oder Unfall eintritt. Ich habe die Lakandonen immer wieder gefragt, ob sie Angst vor dem Tod hätten, was sie immer verneint haben. Angst vor Schlangen haben sie allerdings, und zwar deswegen, weil sie durch den Biß sterben können. Diesen Tod fürchten sie also sehr. Wer Selbstmord macht, dessen Seele wird nicht in die Unterwelt gehen, sondern in einen Steinhaufen einfahren und sich mit viel Glück in ein Huhn verwandeln. Eine Wiedergeburt kennen sie dagegen nicht.

W.W.: In was für ein Reich gehen sie dann nach dem Tode ein?

C. Rätsch: Die Seele geht zuerst in die Unterwelt, wo sie genau betrachtet wird, ob der Mensch zum Beispiel ein Tabu gebrochen hat, wie etwa einen Menschen zu töten oder einen heiligen Baum zu fällen, Wild zu schießen, um es anschließend verrotten zu lassen. Dergleichen sieht man an der Seele in der Unterwelt, und entsprechend wird sie dann gemartert. Diese Marter ist allerdings keine Bestrafung, sondern eine Läuterung, die Seele wird durch heiße oder kalte Prozeduren gereinigt. Ist die Seele dann geläutert, so übergibt sie der Herr des Todes *Sukunkyum,* dem Gott der Unterwelt, der sie dann als Hilfsgeister an die Götter, die gerade danach Bedarf haben, verteilt. Und da bleiben sie dann bis zum Ende der Welt.

Alle Fotos in diesem Interview: Christian Rätsch

America – Home of the Brave

VERNICHTUNG UND LAGE DER NORDAMERIKANISCHEN UREINWOHNER

Bernd Hansen

Zu den Indianern Nordamerikas gibt es eine unübersehbare Fülle von Publikationen. Von älteren romantischen Romanen wie „Lederstrumpf" von James Fennimore Cooper (1789–1851) oder den realitätsfernen Wildwestbüchern Karl Mays (1842–1912) über wissenschaftliche Werke, historische Reisebeschreibungen und Selbstzeugnisse bis hin zu kämpferischen und idealistischen Büchern ist alles im Übermaß vorhanden. Ein neuer Publikationsschub begann ungefähr Ende der sechziger Jahre, als Unmut über eingerostet-konservative Nachkriegsaufbau- und Wirtschaftswunderhochgefühle sich in kritischen Formulierungen, sozialistischen Idealen und außerparlamentarischen Aktionen Luft machte. Eine Reihe von Büchern erschien, die sich ernsthaft mit der Situation der Indianer Nordamerikas auseinandersetzte. Vieles stammt aus primären Quellen aus den USA, ist hier selten übersetzt erschienen und auch im Original schwer zu bekommen, doch auch aus sekundären Recherchen erschienen in Deutschland ganz passable Publikationen.

Mit der materialistischen Müdigkeit und dem hoffnungslosen Kampf gegen die ungerechte Verteilung der Güter und der Macht – auch zwischen Ländern und Nationen – begann Mitte bis Ende der siebziger Jahre eine Suche nach Spiritualität, die von New Age-Aposteln vereinnahmt und in eine diffuse Bewegung umgelenkt wurde. Hier wurde die Spiritualität der Indianer vermarktet. Teilweise wurden Bücher publiziert, die wahllos alles durcheinander zitierten, was von Häuptlingen, Medizinmännern, Schamanen etc. zur Natur, zum Geist und zur Relation des indianischen Menschen zur – wie auch immer – begriffenen Göttlichkeit irgendwo und irgendwann gesagt wurde. Kein New Age-Blatt ohne entsprechende Sprüche und Angebote, keine Großveranstaltung ohne Schwitzhüttenzeremonien für verspannte Großstädterinnen oder selbstverfahrene midlifekrises-gebeutelte Pädagogen, angeboten von „Burning Spear", Medizinmann „Harte Lanze" oder Schamane „Brünstiger Elch". Trommel dich frei beim Mondenschein!

Im Umfeld des Kolumbusjahres 1992, das immer kritischer betrachtet wird, gibt es wieder eine Menge Neuerscheinungen und Neuauflagen guter Bücher, die Wissenschaftliches interessant und lesbar bringen. Oft ist allerdings zu bemerken, daß ein Autor vom anderen abkupfert und so immer wieder scheinbar neue Bücher entstehen (vgl. das Zitat von Vine Deloria).

Ich möchte hier einiges aphoristisch herausgreifen und vertiefen. Über den Leidensweg der indianischen Nationen von 1492 an, über die Chronologie ihrer Vernichtung und Unterdrückung gibt es so viel an Literatur, daß hier nur weniges gebracht werden kann, zumal die Fakten Bibliotheken füllen. Seriös publizierte indianische Selbstzeugnisse zu diesen Geschehnissen sind – ob älter oder aus der Red Power-Bewegung stammend – am wichtigsten, doch leider nur mühsam oder gar nicht zu bekommen, da sie in der BRD oft gar nicht erschienen sind.

Die Indianer – gibt's die?

Indianer als solche, mit einem in etwa geeinten Selbstbewußtsein, gibt es heute vielleicht eher als früher. Doch *den* Indianer schlechthin gab es nie. Es gab Ureinwohner in Nord- und Südamerika mit über 2.000 verschiedenen Sprachen und ebenso viele Völker aller Schattierungen, Kulturstufen und Lebensauffassungen. Unter diesen Völkern waren Nomaden- und Jägervölker, seßhafte Städte-, Dorf- oder Pueblobauer, auch riesige Völker, die wohlorganisiert waren und reich an kunsthandwerklicher Tradition. Doch auch arme, am Hungertuch nagende Gemeinschaften gab es. Matriarchalische sowie patriarchalische Strukturen waren vorhanden. Es gab friedvolle Völker neben aggressiven und kriegerischen.

In der Mythologie wird es ganz verzwickt: Es gab nichts, was es nicht gab. Monotheistische Auffassungen lebten neben pantheistischen. Todesauffassungen, Seelenwanderungsüberzeugungen, Tabus, Riten, Zauber und Geisterrufen in dem Leben der Indianer füllen in all ihrer Unterschiedlichkeit Bibliotheken.

Zaubermal der Mangan-Indianer. Von Carl Bodmer (1809–1893)
Zu den Gemälden und Zeichnungen von Carl Bodmer siehe den Abschnitt Winnetou Superstar

Zaubermal der Mangan-Indianer. Von Carl Bodmer

Mondtanz. Historisches Foto von Edward S. Curtis

Primitive Stämme, von den Erstentdeckern als elendste Kreaturen der Schöpfung bezeichnet, wurden eher dem Affen als dem Menschen nahestehend angesehen (die „Diggerindianer" des Great Basin). Mark Twain beschreibt die Gosiute:

„Sie erzeugen nichts. Sie kennen keine Dörfer und keine Zusammenkünfte in Stammesgemeinden, ihr einziger Schutz vor dem Schnee besteht aus einem über einen Strauch geworfenen Fetzen, obwohl sie eine der unwirtlichsten Einöden bewohnen, die man auf dieser Erde finden kann. Die Buschmänner und unsere Gosiute stammen ohne Zweifel von demselben Gorilla oder Känguruh oder von derselben norwegischen Ratte ab, oder auf welches Tier auch immer die Darwinanhänger sie zurückführen mögen." (Mark Twain, zit. nach: Farb, S.35)

Desweiteren existierten auch organisierte, fast demokratische Stammesgemeinschaften wie der Irokesenbund „Hodesaunee", der aus Mohawk, Oneida, Onondaga, Cayuga, Seneca und ab 1722 noch den Tuscarora bestand und der einerseits Stämme, wie zum Beispiel die Delaware, schützte, andere hingegen, wie die Algonkin, fast verdrängte. Hodesaunee entstand ca. 1451, wie die Irokesen behaupten, oder 1570, wie die Weißen behaupten, als Sammlung gegen die Algonkin-Stämme, im Kampf um die besten Jagdgründe.

Bei der Gründung von Hodesaunee spielte der fast mythische Hiawatha eine Rolle. Im Zeichentrickfilm wurde dieser viel später von Walt Disney verwurstet: Disneyland als Geschichtsüberblick! So brauchen es allzu viele Menschen!

Es gab andere Indianernationen, die ein Klassensystem hatten. Bei den Natchez hieß dessen unterste Schicht tatsächlich „die Stinker". Im Gegensatz zum Kastensystem wurden diese Klassen hier allerdings miteinander verflochten, durch die Ehe zum Beispiel, und nicht voneinander getrennt. Der Sohn der „Großen Sonne" mußte als „Sonne" eine „Stinkerfrau" heiraten, die „Edlen" stiegen ab, die „Stinker" auf. Unterworfene Mitglieder anderer Völker wurden zu neuen „Stinkern", wenn diese zahlenmäßig auszugehen drohten.

Unter den indianischen Völkern gab es Kriege, Gewalt, Haß – aber auch Austausch und Verbindungen, wie überall in der Welt auch, nur *den* Indianer gab es nicht. Er wurde von den weißen Eroberern kreiert, die Land, Bodenschätze und Sklaven wollten („Indianer halten länger als Neger", so die Franzosen über die Pawnee) und die daher keinesfalls bereit waren, sich mit gleichberechtigten Menschen auseinanderzusetzen und die verschiedenen Nationen zu respektieren. Im Amerikanischen gibt es nicht einmal einen sprachlichen Unterschied im Wort zwischen Indern *(Indians),* die Kolumbus 1492 bei seiner, alle Vernichtung in Gang setzenden Landung entdeckt zu haben glaubte, und Indianern *(Indians,* allerhöchstens *Red Indians).* Aber das Benutzen und gegenseitige Ausspielen der verschiedenen Indianernationen durch die jeweiligen Einwanderer wurde perfekt betrieben.

Die meisten geläufigen Stammesnamen sind englisch veränderte Verballhornungen der Namen, die sich die Stämme selbst oder anderen Stämmen gaben und die meist „Volk" bedeuteten und erst später erweitert wurden: So wurde *Chiluk-ki,* das Höhlenvolk, zu *Cherokee,* oder *Hopitu*, die friedlichen Leute, zu *Hopi. Sha hi'ye na* wurde zu *Cheyenne* und bedeutet „Sprecher einer unverständlichen Sprache". Dieser Name wurde ihnen von den Sioux gegeben. So sind uns fast alle Namen nur in der entstellten Form und ohne ihre ursprüngliche Bedeutung geläufig.

Wunsch, Indianer zu werden

„Wenn man doch ein Indianer wäre, gleich bereit, und auf dem rennenden Pferde, schief in der Luft, immer wieder kurz erzitterte über dem zitternden Boden, bis man die Sporen ließ, denn es gab keine Sporen, bis man die Zügel wegwarf, denn es gab keine Zügel, und kaum das Land vor sich als glattgemähte Heide sah, schon ohne Pferdehals und Pferdekopf." (Kafka, S.34 f.)

Wer verspürte, zumal in der Kindheit, nicht schon mal den Wunsch, Indianer zu werden? Doch als diese Zeilen Franz Kafkas 1913 zum ersten Mal publiziert wurden, waren die Indianer Nordamerikas schon größtenteils ihrer Identität beraubt, wenn nicht sogar vernichtet. Und überhaupt: Die rennenden Pferde, die zweifelsohne in erster Linie mit Indianern assoziiert werden, wurden gewissermaßen importiert – als einziger Import von den Weißen, der zu einem verändernden Kulturfaktor wurde. Die Pferde, bei den Cheyenne im 18. Jahrhundert von den Spaniern eingeführt, änderten deren Kultur grundlegend: Das Dorfleben wurde zu einem Nomaden-, einem Jägerleben, das den Bisonherden folgte. Dadurch änderte sich der gesamte Lebensstil und somit auch die Bekleidung, der Schmuck usw.

Die Paiute des Great Basin hingegen verspeisten ihre ebenfalls von den Spaniern erhaltenen Pferde. Aber das sich von Neumexiko her ausbreitende Pferd, eben aus spanischen Siedlungen, einte viele Stämme sprachlich und kulturell zur „Präriekultur". Die Indianer der Western und gängigen Indianer- oder Wildwestliteratur leiten

Tollkühne rennende Bisonjagd. Von Carl Bodmer

sich hiervon ab. Ihre Vernichtung wurde seit der vehementen Landnahme um ca. 1850 rasant betrieben.

1913 war von der Freiheit auf dem rennenden Pferde nicht mehr viel übrig. Die Landschaft war auch in der Tat keine glattgemähte Heide – aber auch keine Prärie mehr! Die Indianer wurden in Reservate gesteckt, und diese lagen immer möglichst so, daß die dorthin vertriebenen, deportierten Ureinwohner, sofern sie dieses überhaupt überlebten, in fremde Umgebung kamen: Fischer in die Wüste, Waldindianer in die Steppe usw. Und wenn diese, meist für die Weißen wertlosen Flecken doch irgendwann Bedeutung für die Weißen erlangten, sei es durch entdeckte Bodenschätze, sei es aus militärischen oder strategischen Gründen, ging die Vertreibung weiter.

Eine jeweilige Etappe der Landnahme – Siedler standen seit Wochen bereit – ging tatsächlich mit einem Startschuß vonstatten! Die Gewalt der Menschen des weißen Wilden Westens war brutaler und verachtender als die kulturell eingebundene Grausamkeit der Indianer mit Skalpieren und Martern und dem Sich-Abhärten gegen Schmerz. Letzteres diente ihnen als Schulung und war so auch Teil des Einweihungsweges. Das Skalpieren wurde durch die Weißen übernommen. Sie erfanden Skalpprämien, was bei Skalpjägern dazu führte, auch Frauen und Kinder zu skalpieren, denn das war eine gute und risikolose Einnahmequelle. Der Krieg der Weißen gegen die Indianer, besonders durch die Armee der USA, richtete sich sehr viel öfter gegen Frauen und Kinder, ungeschützte Dörfer als gegen die Krieger. Doch dieses war zu Kafkas Zeit schon längst gelaufen.

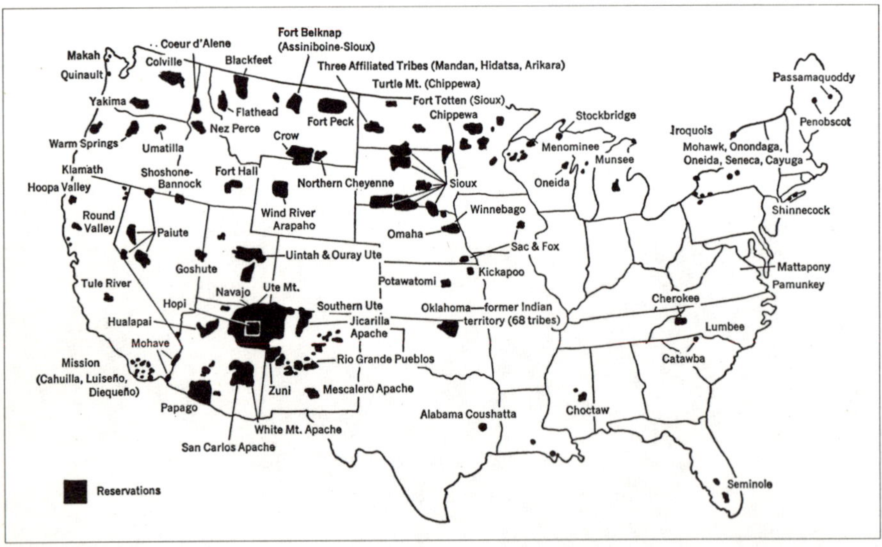

Reservatsland der Indianerstämme in den USA
(Karte und Tabelle aus: Biegert, Claus: Seit 200 Jahren ohne Verfassung. Reinbek 1976)

Reservatsland

Die auf der Landkarte eingetragenen Reservatsgrenzen täuschen: Reservatsland ist nicht immer Indianerland. Gut ein Viertel der 258 Reservate – darunter die größten wie San Carlos, Flathead, Cheyenne River, Pine Ridge, Wind River – sind aufgeteilt in Land, über das die Regierung frei verfügen kann und Land, das an weiße Farmer und Industriekonzerne verpachtet ist.
Maßangaben in acre: 1 acre = 1 Morgen = 0,41 ha, 1 ha = 10000 m²
G = Gesamtfläche, R = in Regierungsbesitz, N = nicht in indianischer Hand, an Weiße verpachtet

Fond Du Lac Reservation, Michigan	G	40000
(Chippewa)	N	18633
Nett Lake Reservation, Minnesota	G	105284
(Chippewa)	R	5
	N	63500
White Earth Reservation, Minnesota	G	835200
(Chippewa)	R	28555
	N	779084
Flathead Reservation, Montana	G	1243968
(Salish, Kootenai)	R	1017
	N	629922
Fort Berthold Reservation, North Dakota	G	980500
(Mandan, Hidatsa, Arikara)	R	174
	N	563023
Fort Totten Reservation, North Dakota	G	244507
(Devils Lake Sioux)	R	1800
	N	192794
Umatilla Reservation, Oregon	G	245799
(Cayuse, Wallawalla, Umatilla)	N	159537
Pine Ridge Reservation, S. Dakota/Nebraska	G	2778710
(Oglala Sioux)	R	48231
	N	1269158
Yankton Reservation, South Dakota	G	434932
(Yankton Sioux)	N	400000
Chehalis Reservation, Washington	G	4215
(Chehalis)	N	2566
Skokomish Reservation, Washington	G	4987
(Skokomish)	N	2066
Swinomish Tribal Community, Washington	G	7063
(Swinomish)	N	3692
Lac Du Flambeau Reservation, Wisconsin	G	73800
(Chippewa)	R	40
	N	33281
Stockbridge-Munsee Reservation, Wisconsin	G	15327
(Mahican, Munsee)	R	13077

Winnetou Superstar

Zu Karl Mays Zeiten (1842–1912) war dies noch anders. Als er sich Winnetou am Schreibtisch ersann, publizierte ein Völkerkundebuch folgendes:

Diese Namen sind „... durch ihre häufigen Kämpfe mit den Europäern bekannt geworden; hier treffen wir die Algonkin-Lenape, die Delawaren, Irokesen, Sioux oder Dacota, Affiniboins, Winebagoes, Blackfeet (Schwarzfüße), Pawnees, Cherokees, Seminoles usw. Die neumexicanische Gruppe endlich umfaßt in der Gegenwart jene Wüstenräuber, worunter die Apaches und Comanches die gefürchtetsten sind.

Diese Indianerbevölkerung ist in stetiger Abnahme begriffen, welcher auch die Civilisation keine Schranken setzt. Die Cherokees (14.000), die Creeks (12.294), die Choctaws (12.500) und die Chickafaws (4.500), welche das Indianer-Territorium bewohnen und sich in Folge der von ihnen angenommenen civilisirten Lebensart in guten Umständen befinden, unterscheiden sich von den von der Jagd lebenden Indianern nur darin, daß ihre Abnahme nicht mit derselben Schnelligkeit vor sich geht, wie die der wilden Indianer. Die Tage der in den Vereinigten Staaten lebenden Indianer sind offenbar gezählt. Trotz der neuen Stämme, die durch Erwerbung von Texas, Neu-Mexico, Californien und Aljaska zu den Vereinigten Staaten geschlagen sind, ist die Gesamtzahl der Indianer jetzt nicht größer als die Zahl der im Jahre 1845 in dem damaligen Gebiete der Vereinigten Staaten lebenden. Die Wahrheit ist nämlich, daß nicht 'selbst die Civilisation' ihrer Abnahme keine Schranken setzt, sondern die Civilisation eben diese Abnahme verursacht, denn mehr oder weniger stemmen sich alle Indianer hartnäckig gegen dieselbe. Der rothe Mann will von der Cultur der Blaßgesichter, die in sein Land gekommen sind, absolut nichts wissen und deßhalb muß er untergehen. Die Rothhäute erliegen übrigens nach und nach nur jenem Naturgesetze, nach welchem auch die Raubthiere dort verschwinden müssen, wohin die Frieden, Wohlstand und geregelte Verhältnisse fördernde Cultur dringt. Und wahrhaftig Raubthiere sind diese Indianer, man kann sie füglich nicht anders bezeichnen. So wenig es möglich ist, den Wolf derartig zu zähmen, daß die Blutgier nicht mehr in ihm erwacht, so wenig kann es gelingen, den Indianer zu civilisiren, ihm Geschmack für die geregelte Thätigkeit eines betriebsamen Staatsbürgers beizubringen, ihn überhaupt als Arbeiter oder Landbebauer dauernd an die Scholle zu fesseln." (Hellwald, S.117 f.)

Indem die Indianer beim Folgen der Büffelherden die „... Poststraßen passiren, begehen sie ihre Barbareien an Emigranten, Handelsleuten, Ansiedlern, brennen sie die Farmen nieder, stehlen Hornvieh, Maulthiere und Pferde, zerstören Poststationshäuser. Diese Indianer gehören meist den vereinigten Banden der Sioux, Kiowas, Chevanees, Arapahoes, Crows und Comanches an, diebische, verrätherische, grausame Stämme, welche von jeher den 'Blaßgesichtern' feindselig waren und es auch wohl so lange bleiben werden, bis die letzten ihrer Glieder den letzten Athemzug verhaucht haben. Seit Beendigung des Bürgerkriegs sind diese Rothhäute gefährlicher als je geworden, und namentlich vor einigen Jahren wütheten sie, ohne von den Weißen dazu provocirt worden zu sein, mit bestialischer Grausamkeit, tödteten ganze Familien, überfielen Auswandererzüge, beraubten und vernichteten wiederholt die Post der Vereinigten Staaten.

Solchen Thatsachen gegenüber sind alle philanthropischen Bedenken thöricht, welche von Zeit zu Zeit im Congresse zu Washington laut werden, sobald dort eine Motion energische Maßregeln gegen die braunen Barbaren des W. verlangt, und es ist zu beklagen, daß die Regierung nicht längst die Angelegenheit durchgreifend in die Hand genommen hat. Allein die Politik der Vereinigten Staaten gegen die Indianer war und ist eine durchaus verkehrte. Die Regierung hat nämlich fast mit allen Indianerstämmen Verträge abgeschlossen und liefert ihnen, um sie in Frieden zu erhalten, Rationen, Kleider, Decken und sonstige Bedürfnisse. Diese Verträge sind aber nichts als ein Mittel, den Indianern Sand in die Augen zu streuen." (Ebd., S.119 f.)

„Die Ausrottung der Rothhäute wird übrigens ganz systematisch und geschäftsmäßig betrieben. Die in den noch von Indianern durchschweiften Gebieten liegenden Ansiedlungen der Weißen ernähren sich vornehmlich vom Verkaufe des 'Feuerwassers' an den rothen Mann, der wie die meisten Naturkinder leidenschaftlich diesem Getränke ergeben ist, welches seine physische Constitution von Grund aus zerstört. Gehen aber einmal die Geschäfte schlecht, so fängt man wohl auch mit den benachbarten Indianern Streit an, den man bald zu einem Indianerkriege aufzubauschen versteht. Kommt es mit einem solchen vom Zaune gebrochenen Streite einmal wirklich so weit, so haben die Weißen, welche natürlich die Lieferungen für die Armee zu besorgen haben, das höchste Interesse daran, daß der Krieg ja nicht zu bald zu Ende gehe und ihnen damit die gute Gelegenheit zu ausgezeichneten Geschäften voreilig verkümmert werde.

Trifft für viele der verderblichen Indianerkriege die Schuld die Weißen, so führt doch andererseits das Naturell des Indianers selbst unstreitig zu zahlreichen Conflicten. Wir lernen den nordamerikanischen Indianer als einen eigenartigen Menschen erkennen, der *anders fühlt und anders denkt* als wir, der das Leben der europäischen Cultur in Folge seiner Racenanlage schlechterdings gar nicht erfassen und begreifen *kann*. Unter seinen Charakterzügen der für uns abstoßendste ist seine unmenschliche Grausamkeit. Von Jugend auf gewöhnt sich der Indianer, die größten körperlichen Qualen zu erdulden ohne die leiseste Klage zu äußern; sein Gefühl für fremden Schmerz ist völlig abgestumpft und das fremde wie das eigene Leben besitzt in seinen Augen nur geringen Werth. Diese Geringschätzung des Lebens ist an und für sich eines der größten Hindernisse für die Gesittung, welche eben dem Menschenleben den höchsten Werth zuerkennt. Sie ist es, welche auch die angeblich civilisirten Indianer stets in die alten Gräuel zurückfallen läßt." (Ebd., S.123 f.)

Die in den Zitaten zum Ausdruck kommende Einstellung gegenüber den Indianern – made in USA 1875, übersetzt und nach Deutschland importiert – läßt keine Zweifel. Wir schreiben etwa die Zeit des 100jährigen Jubiläums der Unabhängigkeit der USA; die Niederlage Custers 1876 bei Little Big Horn war hier noch nicht erfaßt, sonst wäre die Indianerkritik sicher noch härter ausgefallen. Bei Hellwald wird von 378.577 Indianern ausgegangen, davon werden 25.731 als integriert bezeichnet. 75.000 kommen mit den Inuit in Alaska dazu.

Damals gab es keine „Gesellschaft für bedrohte Völker" oder „Amnesty International", die geschäftsmäßige Ausrottung der Ureinwohner wurde einfach hingenommen oder sogar gebilligt. Kurz nach der Entstehung der obigen Aussagen schuf Karl May den Winnetou. Die Weltauflage seiner nordamerikanischen Indianer- bzw. Westernbücher beträgt heute über 26 Millionen. Mir stellt sich die Frage, ob seine Amerika-Schilderung, seine Bilder und Klischees der Indianer, Kämpfe usw. für Kinder nicht auch schädlich sein können. Einerseits bringen uns seine Romane, seine USA-Sicht made in Radebeul, den Indianern zweifellos näher, und es könnte daraus echtes Interesse wachsen – doch die Verfälschungen und Einseitigkeiten sind meines Erachtens gravierend. So wie in den Vereinigten Staaten das Motto „Nur ein toter Indianer ist ein guter Indianer“ Gültigkeit hatte, ist bei Karl May abzuleiten: „Nur ein germanisierter christlicher Indianer ist ein guter Indianer.“ Zudem diente Karl Mays Winnetou-Ikone als Ventil für seine homoerotischen Phantasien.

„Beredt auch waren die leicht beweglichen Flügel seiner sanftgebogenen, kräftigen Nase, denn in ihren Vibrationen sprach sich jede Bewegung seiner Seele aus ... seine Stimme besaß, wenn er freundlich sprach, einen unvergleichlich ansprechenden, anlockenden, gutturalen Timbre, den ich bei keinem anderen Menschen gefunden habe, und welcher nur mit dem liebevollen, leisen, vor Zärtlichkeit vergehenden Glucksen einer Henne, die ihre Küchlein unter sich versammelt, verglichen werden kann.“ (Karl May, zit. nach: Hetmann/Keil, S.22)

Arno Schmidt (u.a. „Tagebuch eines Fauns“, „Zettels Traum“) sammelte diese und andere Stellen und kommentierte sie – nicht ohne klammheimliche Freude. Zudem wurde Winnetou von Karl May alias Old Shatterhand, alias Charly, erfolgreich christianisiert, und an anderer Stelle eines Romans heiratet ein Häuptling der Navajo eine ordentliche, fleißige und saubere deutsche Frau, deren gemeinsamer Sohn die Forsthochschule zu Dresden besucht. Horrido! Feindliche Indianer sind demnach folgerichtig weniger edel, sondern verschlagen, faul und schmutzig. Winnetou entstand allerdings nach dem verklärten Vorbild eines existierenden Indianers, des Mandan-Häuptlings Mato-Tope (siehe Abbildung nächste Seite).

Prinz Maximilian zu Wied reiste in den Jahren 1832 bis 1834 durch den sogenannten Wilden Westen. Der Maler Carl Bodmer begleitete ihn und schuf einzigartige, authentische Bilder aus dem Leben der von ihnen besuchten Indianer, hauptsächlich der Mandan. Er begeisterte sich als 23jähriger so sehr für sie und ihre Lebensart, daß er für immer dort bleiben wollte. Doch er kehrte mit dem Prinzen zu Wied noch einmal nach Europa zurück. In dieser Zeit wurden die Mandan ausgerottet, und Bodmer betrat – verbittert – den amerikanischen Boden nie wieder. Der Reisebericht Maximilians zu Wied mit den Bildern Carl Bodmers ist ein hochinteressantes Dokument, und es beweist, daß ein guter Kontakt und Austausch mit den Indianern möglich war, wann immer Europäer als wirklich Interessierte kamen und sich als Gäste begriffen. An diesem und anderen authentischen Reiseberichten bediente sich Karl May, um seine künstliche Wildwestwelt zu schaffen.

Der Herzog Paul Wilhelm von Württemberg bereiste in den Jahren 1822 bis 1824 zum für ihn ersten Mal Nordamerika und veröffentlichte umfassende Berichte über seine Reise. Er adoptierte den Sohn einer Indianerin, die einer Expedition als Führerin diente. Von Württemberg nahm ihn als 18jährigen mit nach Europa, wo dieser allerdings keine Forsthochschule besuchte, doch eine Schuldbildung durchlief. Mit seinem Adoptivvater kehrte er, Baptiste Charbonneau, genannt Pomp, dann 1829 wieder in seine Heimat zurück, um dort ein bekannter und berühmter Pelzjäger zu werden. Paul Wilhelm von Württemberg hatte Kontakt zu etlichen Indianervölkern, und lernte so

Häuptling der Mandan Mato-Tope in Kriegsbemalung. Von Carl Bodmer

Zeichnung Mato-Topes; sein Zweikampf mit einem Cheyenne-Häuptling 1833 unter Anleitung Carl Bodmers entstanden

auch die ganze Zwiespältigkeit des Verhältnisses der Ureinwohner zu den Blaßgesichtern kennen, die auch als Nahrungskonkurrenten zum Problem wurden.

„Der Mangel an Nahrungsmitteln ist bei diesen Indianern manchmal so groß, daß sie allerlei Sachen verschlingen müssen, die der menschlichen Natur zuwider zu sein scheinen. Oft verzehren sie gegerbtes oder getrocknetes Leder, Heuschrecken, Holzrinde und allerlei Wurzeln. Unter den letzteren sind die Zwiebel eines Allium und die Knolle einer Psoralea, Assiniboi genannt, welch letztere ziemlich selten ist, viel Nahrungsstoff enthält und ein feines Stärkemehl liefert, dessen sich im höheren Norden die Pelzhändler auch als Nahrungsmittel bedienen. Die Sioux bereiten außer dem an der Luft getrockneten Fleisch auch viel Pemmikan oder Pimetegan, der in ledernen Säcken aufbewahrt wird. Der Pemmikan ist zu Pulver gestoßenes, getrocknetes Fleisch – im hohen Norden auch von Fischen –, das, mit dem Fett der Bisons vermischt, eines der gewöhnlichsten Nahrungsmittel der Indianer und der Pelzhändler abgibt." (Württemberg, S.377 f.)

Nahrungsmangel, wie der hier geschilderte, hatte seine Gründe meistens in dem Übermaß an Fremden, an Siedlern, die in das Indianerland hereinbrachen und bei der Jagd zu Nahrungskonkurrenten wurden. Das führte logischerweise zu Spannungen und scharfen Auseinandersetzungen (siehe den Abschnitt „Feuerroß").

Feuerwasser

„Wir wissen, daß es schädlich für uns ist, zu trinken. Wir wissen es; aber wenn (eure) Leute uns (Alkohol) verkaufen, sind wir ihm so verfallen, daß wir es nicht fertig bringen, ihn abzulehnen. Wenn wir ihn trinken, macht er uns wild; wir wissen nicht, was wir tun; wir tun einander Gewalt an, wir werfen uns gegenseitig ins Feuer. Durch Branntweintrinken sind sieben Stämme unseres Volkes umgekommen."

(Delaware 1698 zu Kolonisten in New Jersey. Zit. nach: Nostitz, S.31)

Der Alkohol wurde schon früh als Waffe zur inneren, seelischen Zerstörung der Indianer eingesetzt. Wie bei allen Naturvölkern (ob nun Inuit, Aborigines, Maori oder andere) wirkte er auch hier verheerend und bildet auch in der heutigen Zeit immer noch ein Hauptproblem der übriggebliebenen Indianervölker. Großteile der Stammeseinkommen werden für Alkoholika ausgegeben oder gehen durch Geldbußen für Alkoholtäter oder durch den Verdienstverlust während der Haftstrafen verloren. Die Betreuung von Trinkern, die Verköstigung von Strafgefangenen, die Fürsorge für Kinder der Einsitzenden etc. verschlingen weiteres Geld. Indianer werden etwa zehn mal so häufig verhaftet wie Weiße, und der Zusammenhang zwischen Tat und Alkohol liegt anteilig bei drei Viertel (ein Drittel bei Weißen, ein Viertel bei Schwarzen). Verbote von Alkohol für Indianer brachten nur illegalen Händlern Profit.

„Wie unendlich der Genuß geistiger Getränke die Indianer demoralisiert, läßt sich heute an jenen Völkern erkennen, die entfernt von den Weißen leben. Sie sind noch viel besser und unverdorbener als diejenigen, die auf ihren Jagdzügen oder zum Tauschhandel die Städte und Niederlassungen der letzteren berühren und dort vom Genuß des Branntweins nicht abgehalten werden können. Reisende, die den Indianer nur trunken in den Handelsfaktoreien oder in Gesellschaft ebenso entwürdigter Menschen europäischer Abkunft gesehen haben, geben uns aus diesem Grund ihre parteiischen und teilweise unrichtigen Beobachtungen preis und modeln die an ganz gesunkenen und verworfenen indianischen Haufen gemachten Bemerkungen in eine bildliche Skizze aller Urvölker Nordamerikas um ...

Leider beherrschte viele indianische Stämme die unglückliche Neigung zum Trunk so heftig, daß der Whisky – durch die Gewinnsucht ihrer Nachbarn ihnen im Überfluß zugeführt – nicht nur die Ursache ihrer Erniedrigung, sondern auch ihres völligen Verderbens geworden ist. Der Indianer, der ein würdevolles, ernsthaftes Wesen mit ruhiger und kalter Überlegungskraft als Symbol männlicher Stärke betrachtet, ist betrunken ganz das Gegenteil. Die wilde Leidenschaft verleitet ihn leicht zu jeder Handlung, und sein ohnehin kriegerisches Gemüt läßt ihn in roher Tapferkeit die Waffe gegen den Freund führen, dessen Leben er nüchtern mit dem letzten Blutstropfen verteidigt hätte. Der Wilde, dem nichts heiliger als der Friede unter Stammesgenossen ist, mit denen er gesellschaftlich zusammenlebt, büßt auf das strengste jede selbst im Trunk geschehene Störung der Ruhe in der Mitte von Blutsverwandten, und ein unvermeidlicher Tod ist das freiwillige und gewisse Sühneopfer dessen, der im Rausch den Freund getötet hat.

Dieser Zug im Charakter der Indianer beweist deutlich, wie sehr sie die Folgen der Ausschweifung verabscheuen, und nur Verführung und dargebotene Gelegenheit konnte die nun schon gesunkenen Horden dahin führen, einem Glas Branntwein alles aufzuopfern. Leider sah ich nur zu deutlich die Beweise davon bei den Nationen, die an die weiße Bevölkerung grenzen, oder in den nordwestlichen Staaten – wie Illinois und Missouri – herumstreifen und nur durch die immer fortgesetzten Ermahnungen der amerikanischen Intendanten in Schranken gehalten werden können, während weiter entfernt viele rote Völkerschaften noch mit Stolz ihre Nationalität und moralische Freiheit behaupten.“ (Württemberg, S.193 f.)

Die Störung oder Zerstörung der sozialen bzw. geistigen Ordnung, somit der Umwelt und Innenwelt, ließen den Alkoholismus erst zu. Es ist müßig, die Thesen aufzuzählen, die begründen wollen, warum Indianer dem Alkohol „über die Maßen“ verfallen bzw. verfielen und wieso sie ihn in der Tat schlechter vertragen als Weiße. Das Problem, systematisch von den Weißen verursacht und aufgebaut, besteht.

Die aus den Stammes- und Familienverbänden gelösten Indianer in den Städten haben aufgrund ihrer Anpassungsschwierigkeiten (= Seelenfremdheit) noch stärker mit dem Alkoholproblem zu tun. Die hohe Selbstmordrate ist ebenfalls auffällig und scheint in einer ursächlichen Beziehung zum Alkoholismus zu stehen. Es gibt heute unter den Indianern diverse Selbsthilfeorganisationen und Ideen, um Alkoholkranken zu helfen, doch die Kluft zwischen hartem Alkoholmißbrauch und Alkoholkritik ist hier – wie zum Beispiel auch in allen nordischen Ländern – extrem tief und schwer zu überbrücken. Zudem bedingt die Hoffnungslosigkeit der Zustände in Indianer- und Stammesgebieten, wie zum Beispiel eine Arbeitslosenquote von bis zu 75 %, die Flucht in den Alkohol.

Fritz Scholder: Indian with beer-can

Feuergeist

„Nach seinem Tod erfuhr ein zum Christentum bekehrter Indianer eine bittere Enttäuschung. An der Himmelspforte fertigte Petrus ihn kurz ab: 'Dieser Ort ist nur für die Weißen geschaffen', sagte er. 'Für die Roten gibt es bekanntlich die Ewigen Jagdgründe.' So machte der Eingeborene kehrt und begab sich zum Jenseits der Uramerikaner. Aber auch hier fand er keinen Einlaß. 'Für Christen ist hier kein Platz', bedeutete man ihm, 'für sie gibt es doch den Himmel.' Allerorten abgewiesen, kehrte der rote Christ auf die Erde zurück und entsagte der Religion des weißen Mannes, um bei seinem nächsten Tod nicht abermals unangenehme Überraschungen erleben zu müssen."

(Agitation der Chippewa und Ottawa im 19. Jahrhundert gegen die intensive christliche Missionsarbeit. Zit. nach: Feest, S.249)

Dem Feuerwasser stellte sich oftmals der Feuereifer der Missionare entgegen. Der Alkoholismus der Ureinwohner behinderte den Weg in die christliche Zivilisation. Missionare wurden zu Kämpfern gegen den Alkohol (bei den Indianern!) und befürworteten – wie in der Regel in allen Erdteilen – die seelische, menschliche Unterdrükkung und den Zwang in allen anderen Bereichen. Kirche und Schule wurden Instrumente des Zerbrechens von Persönlichkeiten, christliche Religion wurde auch hier zum Zwangsinstrument, obwohl Siedler und Einwanderer oft aus religiösen, geistigen Gründen aus Europa in die Neue Welt emigrierten, um der Unterdrückung und dem Zwang zu entkommen. Nie wollte man sehen und wahrhaben, daß der Glaube der Indianer – wie verschieden untereinander auch immer – allgemeine Lebensform ist, während es die Religion bei uns in der sogenannten Alten Welt nicht mehr ist oder nie war! Der Hopi Don C. Talayesva erzählt:

„Ich wuchs in dem Glauben auf, daß die Weißen böse, hinterlistige Leute wären. Die meisten von ihnen waren offenbar Soldaten, Regierungsbeamte oder Missionare und zu einem großen Teil überdies Zwieherzer. Die Alten sagten, sie besäßen gefährliche Waffen, wären widerstandsfähig und besser als wir gegen böse Geister und Hexenpfeile geschützt. Auch als große Lügner waren sie bekannt. Sie schickten Negersoldaten mit Kanonen gegen uns, begaunerten unsere Kriegsführer, daß sie sich ergaben, ohne zu kämpfen, und brachen dann ihre Versprechungen. Wie die Navajo waren sie stolz und liebten es, den Herrn zu spielen, und mußten tagtäglich ermahnt werden, die Wahrheit zu sagen. Ich wurde angehalten, ihnen zu mißtrauen und Alarm zu geben, sobald ich einen kommen sah ...

Einige Jahre, bevor ich geboren ward, hatte die Regierung in der Keams Canyon-Agentur eine Internatsschule eingerichtet. Lolulomai, unser Dorfvogt, hatte zuerst keine Kinder aus Oraibi dorthin schicken wollen, doch kamen die Ältesten aus den anderen Dörfern zu ihm und überredeten ihn, Bekleidung, Werkzeuge und andere Sachen anzunehmen und die Kinder hingehen zu lassen. Die meisten Leute waren damit nicht einverstanden und weigerten sich, mitzumachen. Mehrfach kamen Truppen nach Oraibi, um die Kinder mit Gewalt zu holen, und führten sie auf Wagen mit sich fort. Die Leute erzählten, was für ein schrecklicher Anblick es wäre, wenn die Negersoldaten kämen und den Eltern ihre Kinder entrissen. Einige Jungen entwischten nachher wieder aus Keams Canyon und kamen zu Fuß nach Hause, eine Entfernung von ungefähr sechzig Kilometern.

Einige Jahre später wurde eine Tagesschule in Neu-Oraibi am Fuße der Mesa eröffnet, wo es damals nur einen Handelsposten, ein Postamt und ein paar Gebäude der Regierung gab. Einige Eltern durften ihre Kinder in diese Schule schicken. Als meine Schwester dort eintrat, schnitt die Lehrerin ihr das Haar ab, verbrannte alles, was sie anhatte, kleidete sie völlig neu ein und gab ihr den neuen Namen Nellie. Meine Schwester mochte aber nicht zur Schule gehen, blieb nach ein paar Wochen dort weg und versuchte, sich außer Sichtweite der Weißen zu halten, die sie womöglich mit Gewalt wiedergeholt hätten. Nach ungefähr einem Jahr wurde sie an die Quelle von Neu-Oraibi geschickt, um in einem geweihten Flaschenkürbis Wasser für den Ooqolbund zu holen, und dabei wurde sie vom Schulleiter erwischt; er erlaubte ihr zwar, das Wasser zum Dorf hinaufzubringen, zwang sie aber, nach Beendigung der Zeremonie wieder in die Schule zu kommen. Da hatten die Lehrer ihren alten Namen Nellie vergessen und nannten sie Gladys. Obwohl mein Bruder zwei Jahre älter war als ich, brachte er es doch fertig, noch ein ganzes Jahr über meinen Schuleintritt hinaus der Schule fernzubleiben; aber er mußte sich vorsehen, daß ihn die Weißen nicht zu Gesicht bekamen. Als er schließlich in Neu-Oraibi eingeschult wurde, schnitt man ihm das Haar ab, verbrannte seine Kleider und nannte ihn Ira." (Talayesva, S.86 f.)

Don C. Talayesva, der Hopi-Sonnenhäuptling "Sitzende Rispe" aus Oraibi

„Innerhalb kurzer Zeit wurde ich zweimal bestraft. Einmal schlug ich einen Jungen, der mich zuerst gestoßen hatte; aber die Lehrerin hatte erst hingesehen, als ich ihn wiederschlug. Darauf stellte sie mich in die Ecke, und ich mußte den linken Arm eine volle halbe Stunde hoch über den Kopf halten. Das war eine harte Mühe. Ein andermal redete ich zuviel mit einem Tischnachbarn, und da ließ Frau De Vee uns beide ein Stück Kernseife kauen, bis uns der Schaum zum Munde herauskam. Sie sagte, wir hätten einen dreckigen Mund. Die Seife war scharf und machte den Mund so wund, daß wir zwei oder drei Tage nur unter Schmerzen essen konnten. Als diese Lehrerin krank wurde und die Schule verlassen mußte, war ich froh." (Ebd., S.101)

„Ich erzählte den Missionaren, daß wir Jauneta oft ermahnt und zu unseren Hopigöttern um ihre Gesundheit gebetet hätten. Sie entgegneten: 'Wenn sie auf die Straße des Christentums gelangt und ihr Herz Jesu Christo schenkt, dann wird ihr Name in das Buch des Lebens unseres Herrn eingeschrieben sein. Hast Du niemals die Geschichte von Nikodemus gehört, einem Herrscher unter den Juden, der in der Nacht zu Jesus kam und erfuhr, daß er, um gerettet zu werden, wiedergeboren werden müßte?' – 'Ach ja', erwiderte ich, 'das hat man mir im CVJM beigebracht, bevor ihr geboren wart.' Da fragte mich die Frau, ob mein Name im Buche des Herrn stände. 'Ich glaube nicht', antwortete ich. 'Als ich aus Sherman zurückkam, prüfte ich unsere eigene Religion und fand sie gut genug. Nun bin ich fünfzig und werde nie das Christentum annehmen.' Die Missionare predigten mir eine Menge Bibelkram vor, aber ich erwiderte nur immer: 'Das habe ich schon gewußt, als ihr noch gar nicht geboren wart!' Als sie fortgingen, lachte ich und meinte, ich würde sie wohl ein wenig besser behandelt haben, wenn sie mir nicht mit ihrer Predigt so von oben herab gekommen wären ...

Manchen Leuten mögen andere Götter helfen, aber meine einzige Hoffnung auf ein gutes Leben ist bei den Göttern meiner Väter. Niemals werde ich sie verlassen, selbst wenn ihre Zeremonien vor meinen Augen aussterben und alle ihre Heiligtümer verfallen.

Wenn die Missionare mir das Evangelium predigten, wurde ich fast immer schläfrig; oft hatte ich ein Gefühl der Übelkeit im Magen und das Bedürfnis, mich zu erbrechen. Ich versuchte dann, den Gesprächsgegenstand zu wechseln, eine mich fesselnde Beschäftigung zu finden, oder ich ging einfach fort – es sei denn, sie hätten mich geärgert. Dann deckte ich sie mit Bibelzitaten zu und versuchte, sie mit Schlagworten aus ihrem eigenen heiligen Buche zu fangen. Im ganzen mögen die Mormonenprediger ein besseres Benehmen haben als die Protestanten, aber auf die Nerven fallen können sie einem auch." (Ebd., S.392 ff.)

Der hier zitierte Don C. Talayesva stammte aus Oraibi*, der ältesten ohne Unterbrechung bewohnten Stadt der Vereinigten Staaten. Sie liegt in Arizona. Nicht nur hier wurden die Eltern gezwungen, ihre Kinder in die Schulen der Weißen zu schikken. Das Fortnehmen der Kinder von ihren indianischen Eltern war tatsächlich amerikanische Politik. Sie wurden auch mit Gewalt in die Schulen gebracht, die ihnen den weißen Zivilisationsgeist eintrichtern sollten, nach dem Motto: „Aus der Barbarei in

*Näheres zu Talayesva, Oraibi und die hier angeschnittene Problematik des Schulzwangs siehe den Artikel von Heino Gehrts: „Die Spaltung von Oraibi".

die Zivilisation". Es wurde mit Repressionen und Strafen erzogen, dies war bei den Indianern fast unbekannt. Auf militärische Art wurde gegen alles Traditionelle vorgegangen und die jeweilige Identität der Herkunft und Zugehörigkeit ausgemerzt. Die Missionare und Regierungsbeamten versuchten auch, die indianischen Sprachen zu verbieten. Doch die Zwangsintegration erwies sich als Fehlschlag, denn die eben geschilderten Maßnahmen wie auch spezielle Drillschulen und Camps (zum Beispiel für die Lakota) trugen nur zur Vernichtung der Indianer insgesamt bei, indem sie seelisch und als Folge davon auch physisch zerstört wurden. Dieses Zerstörungswerk setzte sich bis heute fort. Die folgenden Zitate stammen von einem Odawa aus den siebziger Jahren dieses Jahrhunderts.

„Ich glaube, die westeuropäische Kultur wird auf dem amerikanischen Kontinent nie überdauern können. Ich glaube, sie ist nur eine vorübergehende Modeerscheinung – wie der Hoolahoop oder das Skateboard. Ich glaube auch, daß die Völker, die auf dem amerikanischen Kontinent leben, irgendwann Amerikaner werden; das werden sie müssen, um in Amerika überleben zu können. Das bedeutet aber, daß sich auf dem amerikanischen Kontinent eine wahrhaft *amerikanische* Kultur entwickeln wird – und sich schon heute entwickelt – eine Kultur, die weder aus Europa importiert, noch von der aus Europa importierten Kultur abgeleitet ist. Es bedeutet, daß die Söhne und Töchter der Einwanderer, die über vierhundert Jahre lang darum kämpften, den amerikanischen Kontinent in Besitz zu nehmen, von eben diesem Amerika in Besitz genommen werden; die Nachfahren derer, die versuchten, Amerika zu erobern und zu unterwerfen, werden von Amerika erobert und unterworfen werden. Es bedeutet auch, daß das widerspenstige Land, das die Pioniere gerodet und verflucht haben, von den Großenkeln dieser Pioniere geliebt, respektiert und verehrt werden wird. Und die einheimischen Lebewesen dieses Landes werden auch geliebt und gefördert werden – einschließlich des ursprünglichen amerikanischen Menschen: des Indianers.

Das ist Glaube. Mein Glaube. Es ist nicht der Glaube der Kirche. Es ist der Glaube an das Leben, nicht an ein Leben nach dem Tode. Außerdem ist es Optimismus. Was jedoch die Zivilisation angeht, bin ich nicht optimistisch. Optimist bin ich, soweit es die Menschen und das Leben betrifft.

Das Leben ist heilig. Und Leben geschieht auf wunderbare Weise jeden Tag, nicht nur an Sonntagen. Menschen sind heilig, Menschen sind Wunder, und auch sie 'geschehen' jeden Tag. Für mich fügt sich das alles zu einer Religion zusammen, einer Religion, die eine vollkommene Lebensweise ist. Unteilbar. Heilig. Und wenn die Christen einen Teil des Lebens 'weltlich' nennen, dann ist das eine faule Ausrede, ein billiger Trick ...

Du weißt, ich wurde in die Kirche hineingeboren, die heilige christlich-katholische Kirche. Ich hatte nie die Möglichkeit, zu ihr zu gehen; sie kam zu mir. Ihre Repräsentanten waren in mein Dorf eingedrungen und hatten sich dort schon hundert Jahre, bevor ich geboren wurde, etabliert. Da schwirrten aber keine mohammedanischen Missionare herum, die sich selbstlos der Aufgabe gewidmet hätten, uns Wilde zu bekehren – oder Buddhisten, oder Hindus. Und das ist etwas, über das man ruhig einmal nachdenken sollte.

In der Reservatsschule bekam ich von Anfang an viel mehr Religion als Unterricht mit. Wir verwendeten mehr Zeit darauf, den Katechismus auswendigzulernen, als wir je mit Schreiben und Mathematik verbrachten. Ein großer Teil der Schule bestand darin, den Gottesdienst zu besuchen. Wir gingen geschlossen als Klasse, und wenn wir in die Kirche kamen, wurden alle Jungen vorne auf die eine Seite gesetzt, alle Mädchen auf die andere. Da war dann eine dieser Schwestern, oder was sie war – eine Lehrerin – mit einer kleinen Holzklappe. Wenn das Ding 'Klapp' machte, standen wir auf. Beim nächsten Mal setzten sich alle hin oder knieten oder so. Wir alle gehorchten dieser Klappe wie ein Haufen dressierter Seehunde. Wir haben da drinnen funktioniert wie am Schnürchen ...

Ich hatte keine Ahnung, was sich in der Kirche abspielte, ich saß halt da. An der Kirche interessierte mich am meisten, wie ich Meßdiener werden konnte – da rauf zu gehen und mit dem Priester zu arbeiten. Ich glaube, mir kam es so vor, als spielten die aufregenden Dinge sich dort ab ...

Als ich in späteren Jahren anfing, einige Erfahrungen mit den religiösen Praktiken der Indianer zu machen, wurde mir klar, daß meine kindlichen Gefühle bei der Messe im großen und ganzen richtig gewesen waren. Ich habe niemals an einer indianischen religiösen Zeremonie teilgenommen, bei der nicht alle Anwesenden als *aktive* Teilnehmer einbezogen worden wären. Bei den Indianern sind religiöse Führer nicht als Priester ausgebildet. Sie sind einfach Leute, die sich dazu berufen fühlen, eine Zeremonie auszuführen, in der *andere* einen tiefen religiösen Inhalt erkennen. Das ist der Maßstab ihrer Eignung, dieses Erkennen. Dennoch sind sie nur Leute aus der Gemeinschaft. Keine Titel, keine besondere Amtstracht. Sie sind einfach nur John, Henry oder Fred. (Genauso ist es mit unseren Ärzten.) Vielleicht wird die Kirche überleben, aber nur, wenn sie erkennt, daß wir vor Gott alle gleich sind; wenn sie einem jeden, der sich dazu getrieben fühlt, die Freiheit einräumt, eine Messe zu zelebrieren oder einen Gottesdienst zu halten – und das *auf seine eigene Weise*. Einen anderen wirklichen Eignungsnachweis gibt es nicht ...

Na, ich hielt jedenfalls an dieser Religion fest, obwohl ich schließlich immer weniger daran glaubte. Es war der reine Hohn: Die Priester selbst befolgten nichts von dem, was sie predigten. Ich hörte sie etwas sagen, aber in der Praxis taten sie es nicht. Das machte mich wirklich stutzig. Denn da waren diese anderen Religionen, und ich dachte: 'Also, ist das nicht komisch, da gehören doch Leute zu diesen anderen Religionen, und unsere soll angeblich alles haben. Wie kommt es, daß sie das nicht wissen?' Da gab es diese vielen Protestanten, und meine Religion ließ mich auf sie herabsehen. Katholizismus ist die einzig und allein wahre Religion: Das wurde mir beigebracht. Dann fand ich mit der Zeit heraus, daß es massenweise Leute mit unterschiedlichen Glaubensrichtungen gab, die ebenfalls dachten, daß ihre eigene die einzig wahre Religion sei. Und da fing ich mich dann an zu fragen, wie es denn überhaupt verschiedene 'einzig und allein wahre' Religionen geben könne, die noch dazu allesamt christlich waren.

Natürlich steckte diese ganze Geschichte von Himmel und Hölle in mir drin; dieses Zeug hatten sie mir in der Schule eingetrichtert. Mir war klar, daß ich von Priestern und Nonnen schlecht behandelt wurde, aber dennoch war da eine Bindung, weil ich zugleich dachte, es wäre eines der schlimmsten Dinge überhaupt, jemand zu sein, der nicht katholisch wäre. Sie sprachen immer von den Indianern, die in der alten Zeit noch keine Christen gewesen waren, und ich dachte dann: 'Ach, du lieber Gott, das muß ja furchtbar gewesen sein, denn guck' dir nur an, was man so alles durchmachen muß, um Christ zu sein. Mein Volk muß sehr schlecht gewesen sein; es waren alles Wilde.' Aber all diese Vorstellungen stammten von der Kirche. Ich bin damals nie darauf gekommen, mir klarzumachen, daß ich immer dann am glücklichsten war, wenn ich einfach mit unseren Leuten zusammen und eben der heidnische Wilde war, oder als was man uns sonst sah." (Pelletier/Poole, S.59 ff.)

Ab 1933 trat nur für eine kurze Zeit eine Änderung in der Indianerpolitik ein. Unter John Collier – Indianerkommissar der Bundesregierung – wurde mit dem „Indian New Deal" ein Versuch unternommen, die Indianer und ihre Kultur – in Maßen – zu retten. 1934 nahmen 195 Stämme die Selbstverwaltung ihrer kommunalen Angelegenheiten an. 77 Stämme verwarfen den Plan, der auf der Gewährung der Bürgerrechte für alle Indianer 1924 beruhte. Denn das hieß nicht, daß sie die Bürgerrechte auch wirklich hatten oder sie gefragt wurden, ob sie die in dieser Form auch wollten – alles stammte aus weißen Köpfen. So wurden 1940 immer noch die Wahlrechte der Indianer beschnitten bzw. gar nicht erst gewährt. Die Reformen von Collier wurden schließlich 1947 durch Kongreßbeschluß unterbrochen, die Stämme aufgelöst und der Rechtsschutz der Territorien aufgehoben. Bodenschätze und Landinteressen wurden wieder mal vorrangig.

1970 wurden diese Beschlüsse wiederum unter Nixon auf Druck der Indianer aufgehoben, doch waren diese untereinander gespalten und verunsichert, auch dank der Taktik der Weißen, sich nun schon seit Hunderten von Jahren der Feindschaft der Indianer untereinander zu bedienen und diese zu schüren. In der Regel lief dies nach dem Prinzip Zuckerbrot und Peitsche, doch statt des Zuckerbrotes gab es allenfalls Alkohol für die Indianer und statt der Peitsche gab es Kanonen- und Gewehrkugeln – Feuerzauber.

Feuerzauber

Das „Barbarische" der Indianer und deren Naturglauben dienten – wie überall, wo der weiße Zivilisierte zum Eroberer wurde – als Vorwand für Expansion und Völkermord unter dem Banner des Christentums. 1492 gab es fünf Millionen Ureinwohner in Nordamerika, andere Schätzungen sprechen von 9,8 bis 12,5 Millionen Indianern und Eskimos. 1890 waren es noch ca. 250.000, die in den Reservaten den American Way of Life unter Zwang eingetrichtert bekamen und ihn imitieren sollten, und wenn dies nicht gelingen würde, dann sollten sie eben tatsächlich aussterben. So war es wirklich geplant!

1887 setzte eine Politik der Zerteilung des indianischen Grund und Bodens ein, den die Indianer allerdings nie als ihren Besitz betrachtet haben, weil man die Erde nicht besitzen kann. Doch Regierung und Armee sahen das anders. Sie hatten mit dem BIA (dazu später) die Rechtsgewalt über alles Land und alle Angelegenheiten der Indianer. Seit Beginn der geschriebenen und dokumentierten Geschichte Nordamerikas, somit der weißen Geschichte, wurden mit den verschiedenen Indianerstämmen bzw. deren Vertretern 389 Verträge geschlossen und, sobald es opportun erschien, immer wieder gebrochen und verändert: Tausende von Statuten, Gerichtsurteilen und Gerichtsentscheidungen – selbst Stammesverfassungen wurden von weißen Bundesgerichten erstellt – über die Seelen der Ureinwohner hinweg, immer den Eroberern zum Vorteil.

„Die Friedensverträge, die die Institution der Indianer-Reservationen begründeten, waren nur ein Schritt im unnachsichtigen und schonungslosen Prozeß, in dem eine höhere Kultur und eine erheblich zahlreichere Volksmasse sich eines an Naturschätzen überreichen Landes bemächtigte. Gebrochene Versprechungen, Bestechung, Einschüchterung waren nur zufällig; der Untergang der Steinzeitkultur war unvermeidlich. Die entscheidende Prozedur wurde 1831 vom Obersten Richter Marshall im Falle der Cherokees in einem Urteil für die Zukunft festgelegt: Indianer sind keine amerikanischen Bürger, sie genießen nicht die Vorteile des legalen Verfassungssystems, sind aber deshalb auch nicht an die Pflichten und Gesetze dieser Verfassung gebunden. Sie sind binnenländisch abhängige Nationen, bilden aber keine fremden Staatswesen, sondern nur sozialpolitisch unabhängige Gesellschaftsgruppen." (Der Historiker Michael S. Kennedy, zit. nach: Stammel, S.33)

Aber in den Kriegen der Einwanderer untereinander, wie zum Beispiel der Engländer gegen die Franzosen, durften Indianer mitmischen. Als Scouts waren sie für die Weißen unentbehrlich, und leider ließen sie sich ge- und mißbrauchen, indem auch ihre Erbfeindschaften ausgenutzt wurden. Bei ihnen war noch kein Bewußtsein davon vorhanden, daß es immer gegen die indianische Rasse insgesamt ging.

Nach der Unabhängigkeit der USA 1776 wurde dies ganz offensichtlich: Geeint wurde gegen die Indianer vorgegangen. 1876 gab es nur noch ca. 44.000 Indianer auf nordamerikanischen Boden. Die Kriege der Armee gegen die Indianer hatten ihren Höhepunkt um die Mitte des letzten Jahrhunderts bis ca. 1890. Das Vorgehen der Armee, wohl ausgerüstet mit Feuerwaffen kleineren und größeren Kalibers, richtete sich sehr oft gegen Frauen und Kinder, gegen Alte. Vernichtungszüge gegen die Wohnstätten der Ureinwohner, deren Krieger nicht da waren, wurden wiederholt und

Kind in Kindertrage der Prärie-Indianer. Historisches Foto

Indianerfrauen auf winterlichem Zug. Von Carl Bodmer

bis zur Vernichtung aller Anwesenden ausgeführt. Selten protestierte jemand dagegen, noch seltener wurden die Vergehen aktenkundig, nie wurde geahndet oder verhindert. Ebenso trugen seit 1492 Erniedrigungen, Aushungern und zum Teil geplante Infektionen der Indianer mit Krankheiten (die Pockenepidemien 1738 und 1857) zur Dezimierung der indianischen Bevölkerung bei. Noch 1901 wurde sie – inzwischen wieder auf 890.000 angewachsen – durch Hunger und Epidemien auf 270.000 dezimiert. Eine Volkszählung 1960 ergab in den USA die Zahl von 591.699 Indianern, ohne Mischlinge gezählt. In Kanada wurde die Zahl von 250.000 Indianern und Eskimos angenommen.

Die immer wieder getäuschten Indianer reagierten mit Rache und Grausamkeiten gegen Weiße, ob nun Soldaten- oder Siedlerfamilien; was Wunder bei dem Verhalten der Eroberer, die ihre Heimat überschwemmten, sich das Land ohne Rücksicht aneigneten und veränderten, Zwang und Unterdrückung ausübten, das Wild schossen oder vertrieben, den Büffel ausrotteten, nicht zuletzt auch für den Eisenbahnbau.

Feuerroß

Die Central Pacific Railroad, von Kalifornien nach Osten bauend, und die von Omaha am Missouri nach Westen bauende Union Pacific Railroad sollten sich treffen und vereinen. Diese privaten Eisenbahngesellschaften bekamen laut Gesetz von 1864 pro Meile fertiggestellten Schienenstranges ca. 52 km^2 Land beiderseits des Stranges geschenkt. Die Planung dieser transkontinentalen Eisenbahnlinie begann schon ca. 1832. Andere Gesellschaften, wie die Northern Pacific Railroad vereinnahmten ebenfalls viel Land. Da Büffelherden die Gleise kreuzten, wurden diese im Auftrag niedergemetzelt. Buffalo Bill (William F. Cody) war einer dieser illustren Büffelschlächter.

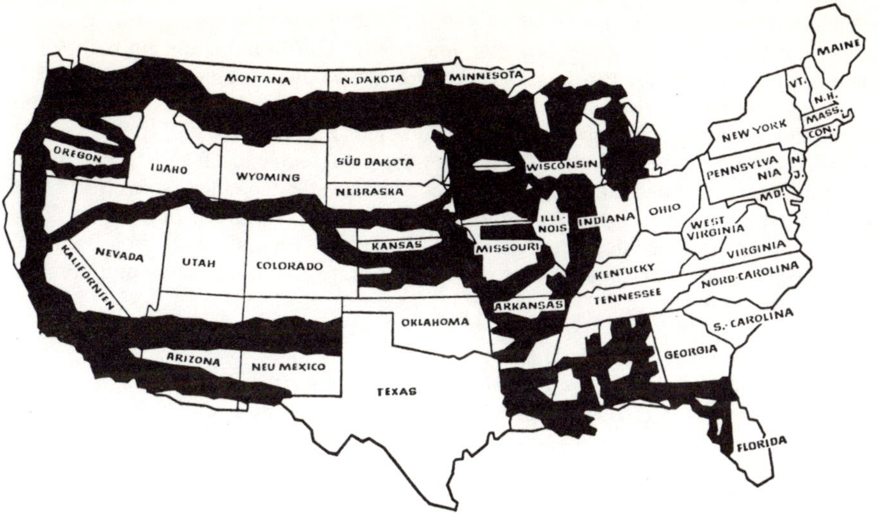

Landschenkungen der US-Regierung an die Eisenbahngesellschaften 1860–1872

Buffalo Bill

Im Gefolge der Verkehrs- und Verbindungserleichterungen breiteten sich Siedlungen und Städte noch schneller im wildleerer werdenden Land aus. Die Schwellen- und Schienenleger übten in ihrem immer größer werdenden Territorium Polizeigewalt aus und wurden zu einer Armee. Auch dadurch entstanden Kriege mit den Indianern. Der Sioux-Häuptling Red Cloud stellte sich der durch den Eisenbahnbau forcierten Landnahme entgegen. Er organisierte Guerilla-Kriege, die teilweise sehr erfolgreich waren und sein Ansehen steigen ließen. Sein Vertrauen in Verträge und Verhandlungen mit den Weißen war berechtigterweise gänzlich geschwunden.

Doch die Überlegenheit der Weißen durch ihre gute Bewaffnung, durch vielschüssige Gewehre forderte immer wieder hohe Opfer. Außerdem waren die Weißen letztendlich in der Überzahl, angeheizt durch die Prämie von 25 Dollar pro Indianerskalp mit Ohren. Am 4. November 1868 wurde mit Red Cloud und 125 Häuptlingen und Führern etlicher Sioux-Stämme ein Vertrag geschlossen, der ihnen viele

Rechte zubilligte und Frieden schaffen sollte. Dieser Frieden wurde allerdings wegen Wirtschaftsinteressen wieder gebrochen, und der Bruch führte bereits ein halbes Jahr später erneut zum Krieg. Ein Besuch Red Clouds und einer Delegation der Sioux in Washington, zwar gefeiert, änderte nichts an der Politik des Verrats. Außerdem begriffen die Weißen nicht, daß die Indianer zu keiner Zeit Beauftragte, Herrscher oder Häuptlinge hatten, die für sie *alle* hätten sprechen und entscheiden können. Die individuelle Vielfalt und Unabhängigkeit der Stämme standen einer Gesamtrechtsverbindlichkeit entgegen, ausgenommen die „zivilisierten" Nationen, fünf an der Zahl. Red Cloud beeindruckte den „großen Vater", Präsident Grant, doch der von Bank und Bahn ausgehende Zugzwang forderte weiteren Kampf und die Fortsetzung der Vernichtung der Indianer.

„Die Versprechen des weißen Mannes:
Die Weißen haben uns viel versprochen, mehr als ich aufzählen kann, aber gehalten haben sie nur ein Versprechen: Sie schworen, unser Land zu nehmen, und sie haben es genommen.
Red Cloud, Oglala-Häuptling"

(Hetmann/Keil, S.44)

Sioux-Häuptling Red Cloud

Ein Sieg, der die endgültige Niederlage besiegelte

Lieutenant Colonel G.A. Custer nahm in den Indianerkriegen des 19. Jahrhunderts eine besondere, aber doch typische Stellung ein. Als totalitär und psychopathisch geschilderter Befehlshaber von Soldaten versuchte er immer wieder, an der Vernichtung der Indianer zu arbeiten. Mit einer Armee, deren Desertationsrate bis zu 40 Prozent betrug, deren Soldaten hoffnungslos geknebelt, versoffen und sexuell unterdrückt waren (eine hohe Rate von Homosexualität untereinander und irrsinniges Vergewaltigen von Indianerfrauen nach Siegen oder bei Überfällen sind dokumentiert), zog er als Killer im Sold durch die Plains, erreichte Heldenstatus trotz manipulierter Goldfunde in den Black Hills-Indianergebieten und wurde General. Als seine und andere Truppen die Black Hills mit Gewalt erobern wollten, geriet er in einen Hinterhalt und die Truppen wurden in der legendären Schlacht von Little Big Horn restlos vernichtet. Vom 25. bis 26. Juni 1876 besiegten die Sioux unter Crazy Horse und Sitting Bull die US-Armee wie nie zuvor und nie wieder. Daß dieses 100 Jahre nach der Unabhängigkeit geschah, machte die Vergeltung um so grausamer und endgültiger.

George Armstrong Custer

Nicht einmal die „zivilisierten" Indianer blieben von nun an vor der Vernichtung bewahrt. Dazu gehörten auch die Cherokee, die sich bereits seit 1790 den Lebensformen der weißen Sieger unterordneten und seßhafte Farmer geworden waren. Sie wohnten in Orten mit Schulen, Kirchen, Mühlen und gängigen Handwerkerläden. Aber auch sie hatten schon ihre einschlägigen Erfahrungen gemacht. Der Removal-Act von 1830 zwang alle Indianer im Osten, ein neues Gebiet westlich des Mississippi aufzusuchen. 77 Millionen Acres Land wurden geräumt. Ca. 80.000 Indianer wurden – unter Präsident Monroe – umgesiedelt. Die zivilisierten „Musterindianer" der Cherokee waren davon auch betroffen und wurden mit Waffengewalt vertrieben. Die Vertreibung ging als „Zug der Tränen" in die Erinnerung ein. Tausend Meilen mußten bewältigt werden, über 4.000 Cherokee kamen dabei um, während die Weißen sich ihres Besitzes bemächtigten oder ihn plünderten. Die Cherokee verhungerten derweil auf dem Zug, wurden mißhandelt und waren ohne medizinische Versorgung.

Geschichte ist für Indianer keine Datensammlung, sie ist gegenwärtig und nachfühlbar!

In der großen Prärie, von Kanada bis zum Golf von Mexiko, gab es 1877 keine freien Indianer mehr. Die Büffel waren verschwunden. Am 15. Dezember 1890 wurde Sitting Bull, der alte Kämpfer gegen Custer, aus Kanada wieder heimgekehrt, von Indianerpolizisten erschossen. Derzeit kam ein Geistertanz auf, der in Büffellederhemden zelebriert wurde, und verbreitete sich von den Cheyenne zu den Sioux, die in den engen Reservaten anfingen zu revoltieren. Eingewanderte Mormonen sahen in den Indianern die Nachfahren der vor 2.500 Jahren gefangenen hebräischen Stämme,

Autobiographisches Bild Sitting Bulls. Er skizzierte Ereignisse aus seinem Leben

Der Hunkpapa Sioux-Häuptling und Medizinmann Sitting Bull

Der tote Häuptling Big Foot, nach der Schlacht von Wounded Knee

und sie erwarteten die Wiederkunft des Messias 1890, am 85. Geburtstag des Sektengründers Joseph Smith. Wovonka, ein „Indianerprophet“, fiel im Jahre 1890 in Trance und kreierte den Geistertanz: für die Seelen der verstorbenen Indianer, um diesen ein neues Leben auf der Erde zu ermöglichen. Das Geistertanzhemd sollte gegenüber Kugeln immun machen. Am 29. Dezember 1890 tanzten sich die Sioux in Stimmung, während Soldaten sie umzingelten und Kanonen aufstellten. Als der erste Schuß von den aufgepeitschten, scheinbar unverwundbaren Sioux abgegeben wurde, begann ein Gemetzel, das auch vor den sich ergebenden Indianern nicht halt machte. Viele Frauen und Kinder wurden ebenfalls niedergemetzelt, ohne eine Chance zur Flucht oder zur Gegenwehr zu haben. Nach diesem Massaker von Wounded Knee war der langsame Tod der indianischen Nationen zum bitteren Ende gekommen.

Die Letzten

Der Norweger Helge Ingstad, der ca. 1960 die Entdeckung Nordamerikas durch die Wikinger nachwies, war 1935 in den USA, um die letzten wilden Apachen zu finden: einige wenige, die die Jagd auf sie überlebt haben sollten. Sie waren Nachfahren des legendären Mangas Colorado, der die Apachen in Neumexiko einte (1851). Unter ihm begann ein versteckter Krieg gegen alle Eindringlinge, ob nun Weiße oder Mexikaner. Cochise, Geronimo, Victorio sind Namen, die bekannt sind. 1885 schafften es 42 Apachenkrieger unter Geronimo, Mangas (Mangas Colorados Sohn), Nana und anderen, sich ein Jahr lang gegen 3.000 amerikanische Soldaten, 500 Apachenkundschafter und mexikanische Truppen sowie die ganze Zivilbevölkerung des Südwestens und

Victorio

Nachez, Sohn des Cochise

Mangas, Sohn des Mangas Colorado

Geronimo

des nördlichen Mexiko zu behaupten. Sie zogen die Flucht aus der Reservation, das konspirative Kämpfen in Freiheit der Demütigung und Ermordung in der Gefangenschaft vor. Diese paar Apachen setzten das ganze Land für eine lange Zeit in Angst und Schrecken, berechtigterweise, da ihren Racheakten eine lange Reihe von Gewalttaten gegen ihr Volk vorausgegangen war. Cochise und Mangas Colorado verbündeten sich erst 1860 nach wiederholtem Verrat und Mord an den Indianern gegen die Weißen. Auch hier hatten Skalpprämien für die erbarmungslose Jagd auf die Indianer, auch auf Frauen und Kinder, gesorgt.

Ein Leutnant Maus schaffte es 1886, die Apachen wiederholt mit General Crook verhandeln zu lassen. Geronimo ergab sich, wurde von Soldaten betrunken gemacht und floh schließlich erneut bis zur endgültigen Kapitulation am 4. September 1886. Geronimo mit seinen verbliebenen 35 Apachen waren die letzten freien Indianer der USA. Helge Ingstad sprach fünfzig Jahre später mit einigen Überlebenden von ihnen. Auch damals trugen etliche Indianer immer noch die „Namen", die die weißen Soldatenführer ihnen gegeben hatten: A2, A51 – Nummern, welche sie an Namensstelle annehmen mußten!

Im Jahre 1911 tauchte in Kalifornien ein halb verhungerter Mensch auf. Es war Ishi, ein Indianer, wirklich der allerletzte frei lebende Indianer der Vereinigten Staaten, der mit den letzten Überlebenden seines Stammes jahrelang aus Angst vor

Ishi, kurz nach seinem Auftauchen 1911

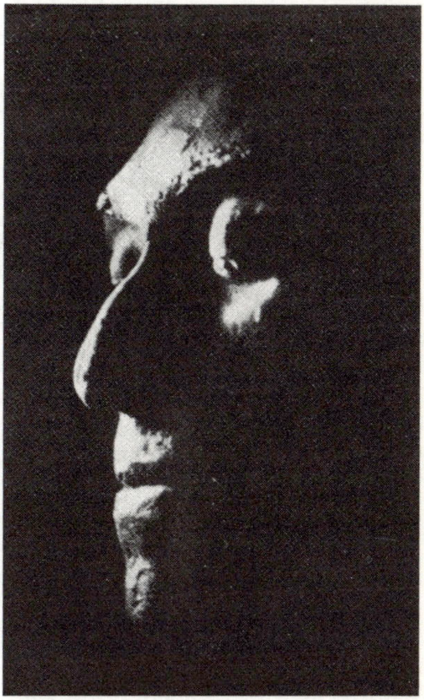

Ishis Totenmaske

den Weißen im Verborgenen gelebt hatte. Er lebte unter ganz primitiven, steinzeitlichen Verhältnissen und wurde für Ethnologen zu einem begehrten Studienobjekt. Er suchte krank und schwach, als einsamer Überlebender, die Zivilisation auf und starb dort 1916, nachdem er den Weißen und seinen weißen Freunden alle Stätten seines Lebens und die Stätten des Todes, ebenso die Kultstätten seines Naturglaubens gezeigt und erläutert hatte. Er hatte ein reiches Wissen von Pflanzen und Tieren, war handwerklich sehr geschickt in der Herstellung aller möglichen Werkzeuge aus Stein und Knochen, konnte viel über die Sitten seines Stammes sowie nie gehörte Sagen und Tiergeschichten erzählen. Er schien etwas wie ein Kaspar Hauser der Indianer zu sein.

Von BIA, AIM, Red Power, Äpfeln und Radieschen

BIA steht für Bureau of Indian Affairs, ein dem Innenministerium unterstellter Verwaltungsapparat, der auf den Territorien der Indianerreservationen den größten Arbeitgeber darstellt. Von jeher vertritt das BIA allerdings die Auffassung: „Nur ein weißer Indianer ist ein guter Indianer!“ Alles, was sich an indianischem Selbstbewußtsein gegen die Wirtschaftsinteressen der Weißen richtet, wird vom BIA unterwandert. In dem BIA werden die Interessen des Weißen Amerika, teilweise von Roten, vertreten. Und diese Indianer, die die Interessen der Weißen vertreten, werden von den „echten Indianern“ als weiße Männer mit roter Haut bezeichnet oder als „Äpfel“ oder „Radieschen“. Die sind zwar außen rot, aber innen weiß.

Der systemkonformen Unterdrückungsmaschine des BIA setzten sich in neuerer Zeit das AIM – American Indian Movement – und die Bewegung des Red Power entgegen. Ab Ende der sechziger Jahre machte ein wachsendes indianisches Nationsbewußtsein von sich reden, teilweise mit spektakulären Aktionen.

Die ehemalige Gefängnisinsel Alcatraz in der Bucht von San Francisco wurde am 20. November 1969 von Indianern besetzt. Dieses Gefängnis, 1963 aufgegeben, befand sich auf etwa 60.000 m^2 ehemaligen indianischen Territoriums. Jedes Indianerland, das nicht genutzt wurde, war aufgrund von Verträgen wieder an die Indianer zurückzuführen. Darauf beriefen sich die Besetzer. Die Indianer hielten 1.1/2 Jahre lang die Insel besetzt und wurden dann mit Gewalt weggebracht. Ihrem Rückkaufgesuch für 24 Dollar in Glasperlen und Tuchstoff wurde nicht nachgegeben; dieses war der Preis, den die holländischen Siedler einst für Manhattan gezahlt hatten. Doch diese Aktion brachte die Indianer ins Gespräch und schaffte Verbindungen untereinander.

„The Trail of Broken Treaties“, der Pfad der gebrochenen Verträge, wurde im wichtigen Wahljahr 1972 begonnen. Er war ein großer Demonstrationszug, der von mehreren Städten der Westküste nach Washington führen und dabei alle in der indianischen Leidensgeschichte wichtigen Orte berühren sollte. Verschiedene Gruppen sollten sich am 23. Oktober in St. Paul/Minnesota auf der Jahrestagung des AIM treffen, danach sollten verschiedene Aktionen in der Bundeshauptstadt Washington stattfinden. Ein 20-Punkte-Programm der Indianer sollte mit diesem Marsch bekanntgemacht werden, alte Verträge sollten überprüft, unseriöse Bedingungen aufgedeckt werden. Die Indianer, die auf sich aufmerksam machen wollten, liefen auf, wurden provoziert und mit lächerlichen Äußerlichkeiten konfrontiert. Es gab angeblich keine Unterbringungsmöglichkeiten, es gab angeblich kein Essen oder wenn, dann schlechtes. Die Indianer wurden aufs Dümmste hingehalten und Verhandlungen unmöglich gemacht. – Richard Nixon wurde dann Präsident der Vereinigten Staaten, bekannt auch unter der Bezeichnung „Tricky Dicky“.

Wounded Knee II

Die für die Indianer historische Stätte Wounded Knee im Pine Ridge-Reservat im US-Bundesstaat South Dakota trat 1973 in die Schlagzeilen. Am 28. Februar 1973 erschienen dort Aktivisten der AIM und holten sich Gewehre aus den Handelsposten,

Apfel und Radieschen. Fritz Scholder: Stars-and-Stripes-Indian

Blackfoot-Indianerin. Foto von Edward S. Curtis

Geronimo und Nachez. Foto von Edward S. Curtis

forderten eine Untersuchung der Regierung zur Lage der Indianer und eine Prüfung der Verträge sowie der Landbesitzverhältnisse. Sie riefen den Belagerungszustand aus und nahmen Geißeln, die sie allerdings bald wieder freiließen. Sie hoben Schützengräben aus und hißten ein Banner in den Farben der Minderheiten der Vereinigten Staaten: Rot für Indianer, Schwarz für Schwarze, Gelb für Chinesen und Japaner, Grün für Italiener und Mexikaner.

US-Marshalls riegelten das Gebiet ab, das FBI wurde eingeschleust und auch hier als der Agent provocateur aktiv. Die Besetzung und die teilweise bewaffneten Auseinandersetzungen zogen sich bis April hin. Es wurde geschossen, und es starben Indianer. Der AIM-Führer und Oglala-Sioux Russell Means erreichte zumindest sein Ziel, daß die Indianer mit dieser Aktion in die Schlagzeilen kamen. Doch in Wounded Knee fand auch eine Vertiefung der Spaltung der Indianeraktivisten statt: BIA gegen AIM.

Nach der Besetzung von Wounded Knee setzte eine Massenverhaftung unter den Indianern, teilweise auch unter nichtbeteiligten, ein. Es wurde gegen 265 Indianer Klage erhoben, 7 Millionen Dollar wurden für die Recherchen der Anklage ausgegeben, es kamen 315.981 Beweisstücke zusammen. Die Verteidiger der Indianer wurden ständig von FBI-Agenten beschattet. Man setzte Zeugen unter Druck, hörte Telefone ab, überall waren Spitzel im Einsatz. Auch wenn Prozesse gegen die AIM-Führer und Drahtzieher der Besetzungsaktion stattfanden, auch wenn auf den AIM-Führer Russell Means zweimal Attentate verübt wurden, auch wenn in den USA die ganzen Aktionen sehr kritisch, ablehnend und rassistisch betrachtet wurden, haben die Indianer es geschafft, sich mit dieser und anderen Aktionen ins Gespräch zu bringen und teilweise auch Anerkennung zu erhalten. Denn die Krieger wurden auch zu Rechtsanwälten, denen die Weißen nichts mehr voraus hatten – außer der Macht durch Masse, Wirtschaft und Waffen.

Indianer – das grüne Gewissen der USA

Gegenwärtig sind Indianernamen oder ist Indianisches in den Vereinigten Staaten noch in den Namen vieler Städte, Orte oder auch Staaten zu finden. Ansonsten gibt es indianische Namen auf Produkten, oder die Indianer dienen als grünes Gewissen. Aber lieber nur via Video oder Fernsehapparat; am besten in der Kneipe beim Bier betrachtet. Nur zu nah herankommen sollen sie nicht. „Keep America beautiful", und ein altes Indianergesicht erscheint vor einer Landschaft, in der Müll liegt, und guckt klagend. Eine Automarke heißt Pontiac nach einem Häuptling der Ottawa, der um 1762 gegen die Engländer kämpfte, weil er sie als größere Gefahr betrachtete als die Franzosen, mit denen er sich verbündete. Viele Sportclubs tragen im übrigen auch indianische Namen. Indianer müssen für das Bild sportlicher Betätigung und der Gesundheit herhalten, obwohl ihre Lebenserwartung im Durchschnitt allerhöchstens 45 bis 49 Jahre beträgt. Campinganhänger heißen Apache oder Navajo, Maismehl trägt Indianernamen oder auch eingefrorene Erbsen.

Ronald Reagan hielt 1980 in Moskau eine Rede, die wirklich an platter Dummheit und Realitätsferne nichts zu wünschen übrig ließ. Für ihn sind die Indianer keine

Minderheit mit unterdrückten Rechten, sondern Leute, die keinen Grund haben, sich zu beschweren, und denen es gut geht:

„Lassen Sie uns ein paar Worte über die Indianer in unserem Land sagen. Wir haben viel Land zur Verfügung gestellt, die sogenannten Konservate *(preservations)*, nein, es heißt wohl Reservate. Von Anfang an haben sie beteuert, an ihrem überkommenen Lebensstil festzuhalten, dort draußen in der Wüste, in der Prärie usw. Also haben wir ihnen Reservate eingerichtet, dazu ein Büro für indianische Angelegenheiten, das sich um sie kümmert. Wir haben Schulen dort, und sie haben natürlich das Recht, die Reservate zu verlassen und mit uns zusammen amerikanische Bürger zu sein. Viele tun das auch, aber manche bevorzugen diesen älteren Lebensstil, und wir haben alles getan, damit sie sich dabei wohlfühlen, aber vielleicht hätten wir nicht nachgeben sollen, als sie verlangten, ihren primitiven Lebensstil beizubehalten. Vielleicht hätten wir besser sagen sollen: Nein, schließt euch uns an, werdet Bürger."

„Wirkliches Interesse" kommt den Indianern eigentlich nur aus den völkerkundlichen Abteilungen der Museen entgegen.

„Es heißt, daß es in jedem Leben dunkle Zeiten gibt. Manche Menschen haben schlechte Horoskope, andere wetten auf dem Viehmarkt; die amerikanische Politik hatte George Wallace. Aber von allen Völkern in der Geschichte hat die Indianer der schwerste Fluch getroffen. Die Indianer haben Völkerkundler.

In jedem Sommer, wenn die Schulen geschlossen sind, eilt ein Strom von Emigranten in das Land der Indianer. Der Oregon Trail war niemals so voller Menschen wie die Route 66 und die Fernstraße 18 im Sommer. Aus allen Felsspalten des Ostens brechen sie hervor, als folgten sie einem urzeitlichen Wandertrieb und strömen zu den Reservationen.

Es sind die Völkerkundler! – die prominentesten Vertreter der Gelehrtengemeinschaft, die das Land der Freien, die Heimat der Tapferen* heimsuchen. Ihr Ursprung ist ein Mysterium, das im Nebel der Geschichte verborgen ist.

Die Indianer sind überzeugt, daß alle alten Kulturen des Nahen Ostens Völkerkundler hatten, weil sie alle untergegangen sind. Sie sind auch überzeugt, daß Kolumbus Völkerkundler bei sich hatte, als er auf die Neue Welt stieß. Wie sonst hätte er so viele falsche Schlüsse darüber ziehen können, wo er sich befand?

Wenn aber auch ihr Ursprung im Dunkel liegt, so können Völkerkundler in den Reservationen doch sehr leicht ausfindig gemacht werden. Man gehe in eine Ansammlung von Menschen; dort suche man sich einen langen, hageren Weißen heraus, der Bermuda-Shorts trägt, sowie einen wehenden Mantel der US Army des 2. Weltkrieges, einen australischen Buschhut und Tennisschuhe. Dazu kommt noch ein vollgepackter, großer Rucksack, der unordentlich über den Rücken gehängt ist. Er wird ausnahmslos eine dünne, sexy wirkende Frau mit strähnigem Haar bei sich haben, die ein Vokabular benutzt, in dem selbst die Präpositionen aus elf Silben bestehen. Und üblich sind natürlich auch eine Kamera, ein Tonbandgerät, ein Fernrohr und eine Schwimmweste, was alles an der überlangen Figur hängt.

Diese seltsame Kreatur kommt in die Indianerreservationen, um Beobachtungen zu machen. Während der Wintermonate werden aus diesen Beobachtungen dann Bücher,

---

*Diese Bezeichnungen Amerikas entstammen der amerikanischen Nationalhymne.

mit denen weitere Völkerkundler ausgebildet werden können, so daß sie noch nach vielen Jahren in die Reservationen kommen können und die Beobachtungen bestätigen können, und weitere Bücher schreiben können. Zusammenfassungen erschienen dann in den Gelehrten-Journalen und wirken als Katalysatoren, um weitere Völkerkundler zu inspirieren, in kommenden Sommern die große Pilgerfahrt zu machen ... und so weiter ... und so weiter ...

Die Zusammenfassungen werden dann noch weiter kondensiert. Einige davon werden an Regierungsbehörden geschickt, um die Forschungen des vergangenen Sommers zu rechtfertigen. Andere werden an Organisationen verschickt, die eine weitere Expedition in den Westen im kommenden Sommer bezahlen sollen. Die Verteilung dieser Berichte an die Behörden und Organisationen erfolgt im Winter.

Das einzige Problem ist nur, daß niemand die Zeit hat, sie zu lesen. Also werden hochdotierte Beamte eingesetzt, um sie zu entschlüsseln. Weil aber diese Beamten komplexe Theorien nicht verstehen, reduzieren sie die Berichte auf die bestmöglichen Slogans. Diese Slogans werden dann Konferenzthemen, wenn im nächsten Frühjahr die Expeditionen geplant werden. Und sie werden zu Schlachtrufen, wenn sich im folgenden Sommer zufällig zwei opponierende Gruppen von Völkerkundlern in einem Reservat begegnen.

Im Jahre 1969 wurden 10 Millionen Dollar zum Studium der Indianer ausgegeben.
Davon ging nichts an irgendeinen Indianer."

(Aus: Deloria, Jr, Vine: Custer Died for Your Sins.)

Der Indianer in der Vitrine

Es gibt in den USA über 10.000 organisierte Amateurarchäologen, die sich um die amerikanische Wirklichkeit, somit um die indianische Vergangenheit, kümmern. Es wird in den Vereinigten Staaten an 137 Universitäten und Colleges Archäologie gelehrt. Es gibt 536 Museen, die ständige Ausstellungen zeigen, die die Geschichte der Indianer von den ersten Anfängen bis heute darstellen. Teilweise haben sie bis zu 2 Millionen Exponate. Vieles ist so verpackt und verstaut, daß keiner mehr etwas davon weiß, oder die Sachen sind nicht mehr auffindbar oder auch zerstört! Es gibt tatsächlich über 20.000 oder 30.000 Publikationen über archäologische Dinge oder anderes, was den nordamerikanischen Indianer betrifft. Dem toten Indianer und den Dingen, die ihn umgaben, wird viel Interesse entgegengebracht, dem wahren Verlauf der Geschichte wenig.

1492 war Nordamerika ein dünn besiedeltes Land mit Ureinwohnern, die sich ihrer Lebensumgebung gut angepaßt hatten. Sie lebten auf der Erde und mit ihr, lebten von ihren Pflanzen und Tieren, bekriegten sich zwar teilweise untereinander, vernichteten sich aber nicht total und hatten ein positives Gefühl für ihre Umgebung, die sie in ihren Kulten ehrten und benannten: Manhattan leitet sich aus einem Indianerwort ab, es bedeutet so viel wie „wunderbarer Himmel". Zu dem ist es, besonders von diesem Ort aus, heute weit. Der Blick auf ihn ist verbaut, die schmutzigen Wolken verhüllen ihn.

Literatur:

Baumann, Peter/Schließler, Martin: Amerikas indianische Seele. Die Bilderwelt des Roten Mannes. Düsseldorf/Wien/New York [2]1987

Bernatzik, Hugo A. (Hg.): Die neue große Völkerkunde. Völker und Kulturen der Erde in Wort und Bild. Bd. 3, Frankfurt a.M. 1954

Biegert, Claus: Seit 200 Jahren ohne Verfassung. 1976: Indianer im Widerstand. Reinbek 1976

Ceram, C.W.: Der erste Amerikaner. Reinbek 1972

Deloria, Jr, Vine: Custer Died for Your Sins.

Deloria, Jr, Vine: We Talk, You Listen. New York 1970

Dockstader, Frederick J.: Indian Art of the Americas. Museum of the American Indian, New York 1973

Farb, Peter: Die Indianer. Entwicklung und Vernichtung eines Volkes. Frankfurt a.M. 1990

Feest, Christian F.: Das rote Amerika. Nordamerikas Indianer. Wien 1976

Hansen, Walter: Die Reise des Prinzen Wied zu den Indianern. Nach Originalberichten des Prinzen Maximilian zu Wied. Gütersloh 1979

Hellwald, Friedrich von: Die Erde und ihre Völker. Bd. 1, Stuttgart [2]1877

Hetmann, Frederik/Keil, Alfred: Indianer heute. Bericht über eine Minderheit. Weinheim/Basel 1979

Ingstad, Helge: Die letzten Apachen. Berlin 1940

Kafka, Franz: Erzählungen. Frankfurt a.M. 1983

Läng, Hans: Kulturgeschichte der Indianer Nordamerikas. Göttingen [5]1991

Nostitz, Siegfried von: Die Vernichtung des roten Mannes. Dokumentarbericht. Düsseldorf/Köln 1970

Pelletier, Wilfried/Poole, Ted: Frei wie ein Baum. Ein Indianer erzählt sein Leben. Düsseldorf/Köln 1973

Pope, Saxton: Jagen mit Bogen und Pfeil. Dorsten 1985

Schomaekers, G.: Der Wilde Westen. Echzell 1972

Stammel, H.J.: Die Sioux. Amerika und seine Indianerpolitik. München 1979

Talayesva, Don C.: Sonnenhäuptling Sitzende Rispe. Ein Indianer erzählt sein Leben. Kassel 1964

Württemberg, Paul Wilhelm von: Reise nach dem nördlichen Amerika in den Jahren 1822–1824. München o.J.

„Can the Red Man Help the White Man?“

AMERIKANER – INDIANER – DEUTSCHE

Hans-Diedrich Fuhlendorf*

Der folgende Text ist in der letzten Maiwoche des Jahres 1992 geschrieben worden. Er stellt die überarbeitete Fassung des Inhalts eines Seminars dar, das ich am 1. Februar 1987 in Flensburg gehalten habe. Der Doppeltitel gibt einen Hinweis auf die Fragen, die behandelt werden sollen: Welches Verhältnis besteht zwischen den Amerikanern und den Indianern, zwischen den Deutschen und den Indianern, zwischen den Amerikanern und den Deutschen? Gibt es zur Beurteilung dieses jeweiligen Verhältnisses geisteswissenschaftliche Gesichtspunkte? Wie spiegelt sich in der Presse die gegenwärtige Gesamtkrise? Kann indianische Geistigkeit bei der Lösung der schwierigen Probleme, vor die sich die hochentwickelten Industriegesellschaften gestellt sehen, eine Hilfe sein, und wenn ja, unter welchen Bedingungen? Aus dem Artikel wird wohl hervorgehen, daß ihm umfangreiche Vorarbeiten zugrunde liegen, die einmal Antwort auf die Frage geben sollen: Wie kann sich Europa in ein richtiges Verhältnis zu Amerika setzen?

Was die Form meines Artikels betrifft, bitte ich zu beachten, daß ich aufgezeichnete Aussagen von älteren Indianern wiedergebe, daß die Texte, die mir vorliegen, in englischer Sprache verfaßt sind und daß die Übersetzungen von mir stammen. Anführungsstriche sind nur sparsam verwendet. Aussagen, die nicht ich mache, sondern die von anderen stammen, werden meistens durch einen entsprechenden Einleitungssatz gekennzeichnet oder sonstwie kenntlich gemacht. Alle Zitate, die dem von Sylvester M. Morey herausgegebenen Buch „Can the Red Man Help the White Man?“ entnommen sind, werden nur durch Seitenangabe nachgewiesen. Bei den sonstigen Zitaten wird die Quelle jeweils genannt und im Literaturverzeichnis vollständig aufgeführt. –

Ende Juni 1968 kam eine Reihe von Indianern, denen die spirituellen Überlieferungen ihres jeweiligen Stammes noch vertraut waren, aus verschiedenen Teilen der Vereinigten Staaten nach Denver, Colorado, um fünf Tage lang mit Dr. Franz Winkler und Sylvester M. Morey die Frage zu erörtern, ob der rote Mann dem weißen Mann helfen könne. Wie war es zu dieser Tagung gekommen? Welche Sorgen erfüllten die beiden Vertreter der anthroposophischen Arbeit in Amerika, Dr. Franz Winkler und Sylvester M. Morey? Warum ist es wichtig zu beachten, daß die Tagung gerade im Jahr 1968 stattfand? Welche Bedeutung hat das, was die Menschen damals bewegte, für uns heute? Beantworten wir die Fragen der Reihe nach.

Sylvester M. Morey war Jahre vorher darauf gekommen, daß die intuitive Weisheit der Indianer wesentliche Beiträge zur amerikanischen Kultur geleistet hatte. Das

---

*Hans-Diedrich Fuhlendorf: geboren 1924 in Neumünster. Studium der Romanistik und Anglistik in Kiel, Paris und Perugia in den Jahren 1946–1952. Begegnung mit der anthroposophisch orientierten Geisteswissenschaft 1947. 26jährige Tätigkeit als Fremdsprachenlehrer an der Freien Waldorfschule Rendsburg. Seit 1952 Darstellung der Ergebnisse geisteswissenschaftlicher und zeitgeschichtlicher Studien in Vorträgen und Seminaren. Buchveröffentlichung: Rückkehr zum Paradies oder Erbauen des Neuen Jerusalem? Flensburg 1992.

Ergebnis längerer Studien hatte er am 18. Januar 1961 in der Waldorf School, Adelphi University, unter dem Titel „American Indians and Our Way of Life" vorgetragen. Ganz besonders hatte ihn interessiert, wie sich die Irokesen zu einem Bund zusammengeschlossen hatten und wie aus der Art des Zusammenschlusses Anregungen für die Vereinigung der dreizehn englischen Kolonien ausgegangen waren. Im Jahre 1967 erfuhren er und Dr. Winkler, daß der Commissioner of Indian Affairs in Washington, Robert L. Bennett, ein Angehöriger des Stammes der Oneida sei. Dies ist einer der Stämme, die die berühmten „Fünf Nationen der Irokesen" bildeten. Der Commissioner wurde gebeten, *Indian elders*, indianische Stammesälteste, auszuwählen, die an einer vom Myrin Institute finanzierten Tagung teilnehmen könnten, auf der über die intuitiven Fähigkeiten der Indianer ein Gedankenaustausch durchgeführt werden sollte.

Dr. Winkler wurde zu diesem außergewöhnlichen Schritt durch die Erfahrungen bewogen, die er fast täglich in seiner Arztpraxis machte. Er war besonders mit der Drogensucht unter Jugendlichen konfrontiert, die für ihn Ausdruck einer tiefen Krise war, die nicht nur die amerikanische Gesellschaft erfaßt hatte. Könnte nicht die unter älteren Indianern noch lebendige intuitive Weisheit bei der Lösung einiger Jugendprobleme eine Hilfe sein, so fragte er sich.

1968

Wie schon erwähnt, fand die Tagung Ende Juni 1968 statt. Werfen wir jetzt einen Blick auf die Zeitereignisse und beschränken uns bei dieser Übersicht nicht auf die Vereinigten Staaten. Meine Darstellung folgt im wesentlichen den Angaben in der „Chronik des 20. Jahrhunderts", Gütersloh 1988.

Am 5. Januar 1968 wurde Dubcek Parteichef der Kommunistischen Partei der Tschechoslowakei. Eine Entwicklung begann, die bald darauf der „Prager Frühling" genannt wurde. Es herrschte eine Aufbruchsstimmung. In einem Ostblockland, das unter kommunistischer Herrschaft in eine Stagnation geraten war, schien sich eine Öffnung zu Freiheit, Demokratie, Menschlichkeit anzubahnen.

In Polen verlief die Entwicklung anders. Als in Warschau und Krakau Tausende von Studenten demokratische Freiheiten für das Land forderten und Arbeiter ihre Forderungen zu unterstützen begannen, gingen Ordnungskräfte am 8. März hart vor und verhafteten 1208 Personen.

Im April erlitt die von Martin Luther King begründete gewaltlose Bewegung zur Besserung der Lage der Farbigen in den USA einen gewaltigen Rückschlag. Martin Luther King wurde durch Gewehrschüsse tödlich verletzt.

Am 11. April, am Gründonnerstag, schoß ein dreiundzwanzigjähriger Anstreicher auf dem Kurfürstendamm in Berlin mit einem Revolver auf Rudi Dutschke, den Führer des Sozialistischen Deutschen Studentenbundes. Dutschke wurde schwer verletzt. Es kam daraufhin in vielen Städten der Bundesrepublik zu Demonstrationen und zu blutigen Zusammenstößen mit der Polizei. Es waren vor allem die Studenten, die die Berichterstattung eines Teiles der Presse über die unruhige Jugend für das Klima der Gewalt verantwortlich machten.

Am 5. Mai brach in Frankreich das Chaos aus. Im Studentenviertel von Paris, dem Quartier Latin, kam es zu einer Straßenschlacht zwischen der Polizei und Studenten, die gegen die Schließung der Fakultät Nanterre der Pariser Universität protestierten. Die Auseinandersetzungen zwischen der Polizei und Demonstranten in verschiedenen Universitätsstädten in Frankreich erreichten zum Teil bürgerkriegsähnliche Ausmaße.

Am 11. Mai demonstrierten deutsche Studenten gegen eine Notstandsverfassung, die vom Bundestag verabschiedet werden sollte. Für die Notstandsverfassung ergab sich am 30. Mai eine ausreichende Mehrheit.

Am 5. Juni wurde Robert Kennedy, der für das Amt des Präsidenten der USA kandidieren wollte, in Los Angeles durch Schüsse schwer verletzt. Am nächsten Tag erlag er seinen Verletzungen.

Dies sind also einige jener Ereignisse aus dem ersten Halbjahr 1968, die weithin Aufmerksamkeit fanden. – Aus dem zweiten Halbjahr sei nur berichtet, daß dem „Prager Frühling" am 20. August durch den Einmarsch der Truppen der UdSSR, Polens, Ungarns, Bulgariens und der DDR ein gewaltsames Ende bereitet wurde.

Der Krieg in Vietnam wurde 1968 mit großer Härte und Erbitterung fortgesetzt. Die Bilder der Kriegshandlungen erschienen jeden Abend zur besten Sendezeit auf den Bildschirmen der Fernsehgeräte in Amerika. Viele Familien hatten ihre Söhne auf dem fernen Kriegsschauplatz, und die Sorge um deren Schicksal beunruhigte sie Tag und Nacht.

Schon ab 6. Februar 1967 war ein Mittel eingesetzt worden, dessen Verwendung in weiten Teilen der Welt kritisiert wurde: Flugzeuge der US-Luftwaffe versprühten über dem südlichen Teil der entmilitarisierten Zone zwischen Nord- und Südvietnam sogenannte Pflanzenschutzmittel, um den Dschungel zu entlauben. Die furchtbaren Folgen dieser Maßnahme, entsetzliche Fehlgeburten und Mißbildungen von Neugeborenen, wurden in den vergangenen Jahren öfter im Fernsehen dokumentiert.

Während der Tagung kam einer der Indianer, der dem Stamm der Navajo angehörte und selbst kein Englisch sprach, so daß seine Beiträge übersetzt werden mußten, auf den Vietnamkrieg zu sprechen. Er sagte dazu: „Weil die Menschen ganz allgemein ihren Schöpfer aus dem Bewußtsein verloren haben – den Großen Geist, der diese Welt lenkt –, darum wird dieser Krieg geführt, darum sind sogar einige von unseren Leuten, unsere Enkel, dort drüben auf den Schlachtfeldern in fremden Ländern." (S.62)

Im Jahre 1968 veröffentlichte der amerikanische Völkerkundler Peter Farb sein Werk „Man's Rise to Civilization", das ins Deutsche übersetzt den Titel trägt: „Die Indianer – Entwicklung und Vernichtung eines Volkes". Darin heißt es gegen Schluß:

„Heute werden die Vereinigten Staaten auf allen Seiten von Schwierigkeiten bedrängt, von Veränderungen, die die ganze Gesellschaft in ihren Grundfesten erschüttern. Ein Leitgedanke dieses Buches besteht darin, daß die Erfahrungen, die der Mensch im Laufe von mehr als 25.000 Jahren auf dem amerikanischen Kontinent gesammelt hat, dem modernen Amerika als Spiegel dienen könnten. Denn um die Veränderungen zu begreifen, von denen die Religionen in den USA heute erschüttert werden, muß man die Heilsbewegungen verstehen und wissen, wie religiöse Praktiken in den verschiedenen gesellschaftlichen Organisationen entstanden sind. Um die Unzufriedenheit in den amerikanischen Großstädten zu verstehen, muß man um das komplizierte Gewebe wissen, das ein Individuum an die Gesellschaft bindet. Das Verlangen nach Halluzinationen, das viele Studenten zur Droge greifen läßt, ist leichter zu begreifen, vergleicht man es mit der Suche der Indianer nach Visionen. Aus diesem 'Experiment in freier Wildbahn' kann man viel über Wissen, Glauben, Kunst, Gesetz und Moral lernen.

Und doch haben wir es zugelassen, daß diese Kulturen zugrunde gingen, und haben zu diesem Untergang bewußt beigetragen." (Farb, S.339 f.)

Das Buch von Peter Farb erschien zu einem „Zeitpunkt, da die Macht der Vereinigten Staaten durch einen hoffnungslosen Krieg im Dschungel Vietnams in Frage gestellt wird." (Ebd., S.339)

Ein weiteres grundlegendes Buch über die Indianer erschien auch im Jahre 1968. Es ist das Werk von Alvin M. Josephy, Jr, mit dem Titel „The Indian Heritage of America", wobei das Wort *heritage* Erbschaft, Erbe bedeutet. Das vierte Kapitel trägt die Überschrift: „The White Man's Debt to Indians", übersetzt: „Was der weiße Mann den Indianern verdankt". Ich werde darauf noch näher eingehen. –

Nachdem wohl deutlich geworden ist, wie bestimmte Kräfte, die den Verlauf unseres Jahrhunderts bestimmen, einen besonderen Ausdruck im Jahre 1968 gefunden haben, wie da, von einem Gesichtspunkt aus gesehen, eine altgewordene Welt in Konflikt mit Bestrebungen, Hoffnungen, Sehnsüchten hauptsächlich junger Menschen gerät, sei jetzt auf die Frage eingegangen, welche Bedeutung das, was die Menschen damals bewegte, für uns heute hat. Die Antwort wird nicht in wenigen Sätzen gegeben werden können, es werden auch Sachverhalte zur Sprache kommen müssen, die ungewöhnlich, ja vielleicht sogar befremdlich wirken.

Gehen wir von der Persönlichkeit des Dr. Winkler aus und von den Beobachtungen, die er gemacht hatte. Franz Winkler wurde in Österreich geboren, studierte an der Wiener Universität und erwarb dort den Doktorgrad. Er kam vor dem Zweiten Weltkrieg in die Vereinigten Staaten und eröffnete im Jahre 1941 eine Arztpraxis in New York City. Eingehend beschäftigte er sich mit der Geisteswissenschaft Rudolf Steiners und veröffentlichte das Ergebnis seiner Studien 1960 in seinem Buch „Man – The Bridge Between Two Worlds". Am ersten Tag der Tagung erzählte er den indianischen Teilnehmern, was seine Liebe zu den Indianern erweckt hatte, nämlich die Lektüre von Karl Mays Winnetou, die, wie er sagte, in den Herzen vieler junger Mitteleuropäer eine unauslöschliche Begeisterung hervorgerufen habe. In den Vereinigten Staaten dagegen sind die Werke von Karl May, Lebenszeit 1842–1912, fast unbekannt geblieben; Winnetou ist überhaupt erst 1977 ins Englische übersetzt worden. Die Gesamtauflage der Karl May-Bücher betrug 1968 insgesamt 43 Millionen Exemplare.

Bevor wir auf den Inhalt der Tagungsbeiträge näher eingehen, wollen wir uns einen knappen Überblick darüber verschaffen, welches Bild von Deutschland und den Deutschen gegenwärtig in den Vereinigten Staaten gezeichnet wird, dann die Sorgen über die gegenwärtige Gesamtverfassung Amerikas dokumentieren und schließlich Ausführungen Rudolf Steiners zur Erhellung des Hintergrundes heranziehen.

Deutschland – ein Riese auf tönernen Füßen?

„Germany – New Muscle, Old Fears" heißt es am 13. April 1992 auf der Titelseite von *Time International*. Auf Seite 11 derselben Ausgabe ist eine Farbfotografie zu sehen, die zwei Köpfe der Pferde der Quadriga vom Brandenburger Tor von unten hell angeleuchtet zeigt, dahinter, aus Metall, der eine Krone tragende Adler mit ausgebreiteten Schwingen auf einem Lorbeerkranz, der das Eiserne Kreuz umrahmt. Der dazu gehörige Artikel lautet „Flexing Its Muscles“ – (Deutschland) läßt die Muskeln spielen. Der erste Absatz bringt, ins Deutsche übersetzt, folgenden Text: „Für viele Menschen in Europa gleicht das heutige Deutschland einem Kind von ungeklärter Herkunft, das, als es ganz klein war, liebevoll in eine Familie aufgenommen wurde: Das Kind war brav, gehorsam und fleißig, aber Freunde und Nachbarn machen sich Sorgen, daß schlimme Erbanlagen unter einem wohlerzogenen Äußeren verborgen sein könnten, und das um so mehr jetzt, da das Kind erwachsen ist.“

Dem Thema Deutschland widmet das andere international weit verbreitete amerikanische Nachrichtenmagazin *Newsweek* am 11. Mai 1992 zwei Aufsätze: Der eine, mit dem Titel „The Myths About Germany. It isn't a dwarf, but it isn't a giant either“ (Deutschland ist kein Zwerg, aber es ist auch kein Riese), ist von Scott Sullivan verfaßt und findet sich auf Seite 35; gleich auf der nächsten Seite ist ein Artikel von Theo Sommer mit der Überschrift „A Juggernaut? Not Germany“ – „Aber Deutschland ist doch kein *juggernaut!“* Was heißt denn das? Seltsam anmutende Übersetzungen bieten die Wörterbücher: *juggernaut:* der Moloch, (blutrünstiger) Götze; im übertragenen Sinn: unwiderstehliche Gewalt.

Wie sind diese Bedeutungen zu erklären? The Concise Oxford Dictionary gibt die Antwort: In der Hindi-Sprache lautet das Wort *Jagannath*, und dieses stammt vom Sanskritwort *Jagannatha* = Herr der Welt. Dies ist die Bezeichnung eines Bildnisses des Krischna, das in einem feierlichen Umzug auf einem gewaltigen Wagen transportiert wurde, von dessen Gewicht sich, so erzählt man, immer wieder Anhänger haben zermalmen lassen.

Ein *juggernaut* sei Deutschland nach Theo Sommer also nicht. Dann aber vielleicht ein *behemoth*? So heißt es nämlich in dem Artikel auf Seite 35: „A behemoth's image: There is considerable empirical evidence to support the image of the German behemoth“. Daß das Bild von Deutschland als *behemoth* stimmt, ließe sich hinreichend beweisen, steht in *Newsweek* zu lesen. Was ist denn nun aber ein *behemoth*? Dadurch, daß ein solches Bild vor dem Leser hingestellt wird, soll doch eine bestimmte Wirkung auf ihn ausgeübt werden. Das Wort findet sich in der Bibel, und zwar im 40. Kapitel des Buches Hiob, Vers 15. Das an dieser Stelle im hebräischen Text stehende Wort *behemoth* wird ins Deutsche mit Nilpferd übersetzt:

„Sieh doch das Nilpferd, welches ich erschuf wie dich, es nährt sich von Gras gleich einem Rind! Sieh seine Stärke in seinen Lenden, seine Kraft in den Muskeln des Leibes! Seinen Schweif läßt es hängen wie eine Zeder, seiner Schenkel Sehnen sind straff verflochten. Seine Knochen sind wie eherne Röhren und seine Gebeine wie Eisenbarren.“

Wie hatte es doch in *Time* am 13. April geheißen? „Flexing Its Muscles“. In *Newsweek* haben wir am 11. Mai das Bild von *behemoth*; von *behemoth* heißt es im Buch Hiob: „Sieh ... seine Kraft in den Muskeln des Leibes!“

Das ist aber noch nicht alles, was sich über *behemoth* sagen läßt. In der apokalyptischen Literatur wird *Behemot* zum Drachen der Endzeit in der Wüste, zum Chaos-Ungeheuer (Stubhann, Matthias [Hg.]: Die Bibel von A–Z. Erlangen o.J., S.79). Wird damit den Deutschen eine bestimmte Rolle in den endzeitlichen Kämpfen zugeschrieben?

An die in meinem Buch „Rückkehr zum Paradies oder Erbauen des Neuen Jerusalem?“ (Flensburg 1992) aufgeführten Bilder erinnert man sich auch, wenn dann weiter in *Newsweek* von Deutschland gesagt wird: „But the giant does have clay feet.“ – „Aber der Riese steht doch auf tönernen Füßen.“ Ist er also doch nicht so gefährlich? – Fragen an Deutschland, Fragen an uns.

Amerika – „vaterlos, führerlos“

Brauchen die Amerikaner Führung, und wenn ja, wie soll diese Führung beschaffen sein, wer soll sie ausüben, welche Eigenschaften werden von einer führenden Persönlichkeit erwartet?

Time berichtet am 11. Mai 1992 über „the terrible American lovelessness ... – the fatherlessness, the leaderlessness –“, also über „die furchtbare amerikanische Lieblosigkeit ... – die Vaterlosigkeit, die Führerlosigkeit –“. Es heißt da: „America is in certain ways a country out of control: drugs, crime, what has become a morally borderless wandering.“ – „Amerika ist in gewisser Weise ein Land, das außer Kontrolle geraten ist: Drogen, Verbrechen, ein Umherziehen, Umherirren ohne sittliche Grenzen.“ Wo sind eigentlich die Väter geblieben, wird gefragt. „Love is a zero-sum game in America, and the children riot over it. Or rather, they riot in the absence of it: it is usually the want of love that makes children vicious and sends them out of control.“ – „Die Liebe ist in Amerika ein Null-Summen-Spiel und die Kinder randalieren deswegen, oder besser gesagt, sie randalieren, weil es an Liebe fehlt: Es ist gewöhnlich der Mangel an Liebe, der die Kinder bösartig macht, so daß sie sich nicht mehr beherrschen lassen.“

Wie steht es um Präsident Bushs Führungseigenschaften? „Ein ratloser Präsident streift durch die Hauptstadt der Dritten Welt. Bush betet in Los Angeles“, so steht es am 9. Mai 1992 auf Seite 3 in der *FAZ*. Zwei Sätze seien aus dem Artikel zitiert: „Der Präsident war an jenem Ort angelangt, an dem die Balkanisierung des amerikanischen Vielvölkerstaates ihren gewalttätigsten Ausdruck erreicht hat ...

Der weiße Mittelstand wächst ... an den ärmeren Fransen den ‘Gettos’ entgegen, wo Schwarze, Braune und Gelbe in friedloser Koexistenz nebeneinander leben und allesamt unter dem Terror marodierender Banden mit Maschinenpistolen leiden.“

Der gegenwärtige Präsident ist also ratlos. Da bietet sich H. Ross Perot als zukünftiger Präsident an. Wer ist dieser Mann? Die Frage läßt sich immer genauer beantworten, die Berichterstattung über ihn wird immer faktenreicher; in *Time* vom 25. Mai 1992 ist sein Gesicht auf der Titelseite abgebildet, daneben steht folgender Text: „Waiting for Perot. He’s Leading in the Polls, But Can He Lead the U.S.?“ – „Warten auf Perot [was anklingt an das Stück von Samuel Beckett: Warten auf Godot]. Er führt in den Meinungsumfragen, aber kann er die Vereinigten Staaten führen?“

Es seien nur einige Einzelheiten zur Urteilsbildung mitgeteilt: Die 2,5 Milliarden Dollar, die sein Vermögen darstellen, hat er selbst durch glänzende finanzielle Begabung, Voraussicht und harte Arbeit verdient. Er war einmal tüchtiger Handelsvertreter für IBM, und er ist auch ein Handelsvertreter geblieben. Das Produkt, das er verkauft, ist er selbst: ein Amerikaner der alten Schule, volkszugewandt, mit Durchsetzungsvermögen. Die amerikanische Bevölkerung ist so der Führung beraubt, daß sie laut nach Führung ruft, selbst wenn wenig über den Kandidaten bekannt ist. (Ich folge hier den Ausführungen des Amerika-Korrespondenten der britischen Wochenzeitung *The Observer* vom 17. Mai 1992.)

Sein Image ist sorgfältig aufgebaut, Mythen umgeben ihn, die größte Mythe ist, er sei ein *outsider*, dabei ist er ein vollendeter *insider* der Politik. So hat er zum Beispiel zweihunderttausend Dollar für *Creep* gespendet, Richard Nixons Wahlfeldzug für die Wiederwahl ins Präsidentenamt: Campaign to be re-elected President.

Aber welche politische Linie verfolgt dieser Mann? Er will die Regierungsausgaben um 180 Milliarden Dollar durch Verbesserung der Leistungsfähigkeit des Regierungsapparates senken, sagt aber nicht, wie er das bewerkstelligen will. Ist er wirklich für eine Einschränkung des Waffenbesitzes? Als er wegen dieser Frage unlängst bedrängt wurde, gab er zur Antwort, er habe immer gesagt, man müsse den Gewalttätigen diese Waffen aus den Händen nehmen. – Das bedeutet doch wirklich keine Verschärfung der gegenwärtigen Rechtslage.

Das Ende des *Observer*-Artikels sei wörtlich gebracht: „It is a depressing commentary on the state of American politics that such a man can be seen as the nation's potential rescuer. He is said to believe in ghosts: he is certainly against beards and moustaches in his employees. He likes uniformity. He will make the trains run on time. But only in the name of the people, only if they want Cap'n H. Ross Perot to be the great Messiah of the Nineties." – „Es ist ein bedrückender Kommentar zum Zustand der amerikanischen Politik, daß solch ein Mann als möglicher Retter der Nation angesehen werden kann. Man sagt, er glaube an Geister: Sicherlich ist er dagegen, daß seine Angestellten Bärte oder Schnurrbärte tragen. Er ist für Regelmäßigkeit. Er wird dafür sorgen, daß die Züge pünktlich verkehren. Aber nur im Namen des Volkes, nur wenn das Volk es wünscht, daß Kapitän H. Ross Perot zum großen Messias der neunziger Jahre wird."

Zum Verhältnis der Deutschen zu den Indianern

Wenn wir einmal von der Winnetou-Begeisterung ganz absehen, sie also nicht so ohne weiteres als Symptom für tieferliegende Zusammenhänge betrachten, so ist doch die Frage zu stellen, ob sich nicht durch die Ergebnisse der Geistesforschung Rudolf Steiners besondere Gesichtspunkte zur Beurteilung des Verhältnisses der deutschen Bevölkerung zu den Indianern Nordamerikas finden lassen. In dem oben aufgeführten Zitat aus einem *Time*-Artikel vom 13. April 1992 war von den Sorgen die Rede, es könnten bei den Deutschen schlimme Erbanlagen unter einem wohlerzogenen Äußeren verborgen sein. Damit würde man also die Eigenschaften der heutigen Deutschen abstammungsmäßig durch die Reihe ihrer Vorfahren bis, sagen wir, in die Zeit Karls des Großen zurückverfolgen und in den leiblichen Erbanlagen Ursachen für das immer wieder rätselhaft erscheinende Verhalten dieses Volkes finden. Aber ist es nicht jeweils eine Individualität, eine Seele, die sich in einem Leib verkörpert, der von den Anlagen der Eltern, Großeltern usw. her geprägt ist? War denn die Individualität, die Seele, immer nur und immer wieder in Mitteleuropa inkarniert? Rudolf Steiner beantwortet diese Frage für das Jahr 1921 in einem am 6. Januar 1921 in Stuttgart gehaltenen Vortrag. Daraus sei folgende Stelle gebracht:

„Wo waren denn die Seelen eines großen Teiles, geradezu das Gros der europäischen Westbevölkerung und auch eines großen Teiles der mitteleuropäischen Bevölkerung bis weit nach Rußland hinein in einem früheren Erdenleben? – Wenn man diese Frage gewissenhaft untersucht mit den zur Verfügung stehenden geistigen Forschungsmitteln, dann stellt sich heraus, daß man es zu tun hat mit Seelen, die ein verhältnismäßig kürzeres Leben durchgemacht haben zwischen dem letzten Tod und dieser Geburt. Man wird nach Westen hinübergeführt. Man wird dort hingeführt auf seinen Forschungswegen, wo nach der Entdeckung Amerikas ja ein großer Teil der europäischen Bevölkerung dieses Amerika besiedelt und die Urbevölkerung ausgerottet oder wenigstens außerordentlich zurückgedrängt hat. Man wird in die Jahrhunderte der Eroberung Amerikas geführt, zu denjenigen Seelen, die in den Indianerleibern waren, über die sich die Eroberungen ergossen haben. Man wird, was ich zu sagen habe, nur verstehen, wenn man diese von den Europäern ausgerotteten Indianer in der richtigen Weise beurteilt. Gewiß, in dem Sinne waren das nicht gebildete Leute, in dem man jetzt unter uns Bildung auffaßt, aber es war etwas in diesen Seelen, was ich bezeichnen möchte als eine universelle pantheistische religiöse Empfindung. Gerade bei diesen Indianern, nicht gerade bei den entarteten Leuten, aber bei denen, die dort das tonangebende Element bildeten, hat man angetroffen ein religiöses Gefühl, das sich richtete auf eine geistige Wesenheit, monotheistisch sogar, das einen einheitlichen Geist in den Naturerscheinungen und auch in den Taten der Menschen lebendig und intensiv empfand. Diese Seelenstimmung muß man ins Auge fassen und muß durch manches Vorurteil wie durch Gestrüpp hindurch begreifen, daß man in diesen Seelen doch etwas anderes zu sehen hat als das, was man nur dann im Indianer sieht, wenn man ihn nach äußerlicher, naturalistischer Methode gewissermaßen wie ein halbes Tier ansieht. Und die Seelen dieser ausgerotteten, besiegten Indianerbevölkerung leben heute in dem Gros der westeuropäischen und mitteleuropäischen Menschen bis weit nach Rußland hinein. Wir begreifen nicht, wie die Wirklichkeit ist, wenn wir nicht dieses uns scheinbar so paradox Anmutende zu unserem Verständnis bringen.

Das waren Seelen, die in ihrer früheren Inkarnation nichts vom Christentum gehabt haben. Dem Gros der europäischen Bevölkerung ist daher das Christentum auch nicht etwas, was schon in ihren Seelen lag vor der gegenwärtigen Geburt oder Empfängnis. Es ist ihnen anerzogen, allerdings anerzogen zum großen Teil mit den Lauten der Sprache. Es ist etwas, was äußerlich erworben ist. Die Art, wie das Christentum eigentlich in den heutigen europäischen Seelen lebt, wird derjenige verstehen, der weiß, daß in dem Gros dieser Seelen in einem früheren Erdenleben gar nicht christliche Impulse vorhanden waren, sondern die Impulse, die nach dem großen, universellen Geiste mit einer Art pantheistischer religiöser Empfindung hingingen. Allerdings hat sich ja in diese Bevölkerung vieles hineingemischt von Seelen, die mehr vom Süden heraufkamen, die eben in den ersten Jahrhunderten des Christentums in mehr südlichen Gegenden Europas verkörpert waren, die in nordafrikanischen Gegenden gelebt haben und die dann wiederverkörpert sind in diesem Gros, das ich eben bezeichnet habe. Aus diesen zwei Seelenarten setzt sich in der Hauptsache das zusammen, was west- und mitteleuropäische Bevölkerung ist, wie gesagt, bis weit nach Rußland hinein. Wir müssen uns klar sein darüber, daß wir zu studieren haben die Art und Weise, wie sich eine Seele äußert in der Gegenwart, wie ihre Aspirationen sind, wie ihre Art des Denkens ist. Um das alles zu wissen, müssen wir uns davon unterrichten, daß ein großer Teil der gegenwärtigen Bevölkerung nur begriffen werden kann, wenn wir nicht bloß wie gang und gäbe Geschichte in der Generationenströmung hinnehmen, sondern wenn wir wissen, daß in denjenigen Leibern, die allerdings in bezug auf die bloße Blutsverwandtschaft zurückgehen auf ihre Väter, Großväter, Urgroßväter und so weiter bis hinauf in die Zeiten Karls des Großen und weiter zurück, Seelen tätig sind, ihnen die ganze seelische Konfiguration gebend, welche im fernen Amerika gelebt haben und von Europäern überwunden worden sind." (Rudolf Steiner: GA 203, S.37 ff.)

Ein kurzer Abschnitt aus dem Parallelvortrag vom 14. Dezember 1920 bringt einen weiteren Aspekt, nämlich die Beziehung der indianischen Bevölkerung zu ihrem Grund und Boden und ihrer ganzen Umgebung.

„Diese Urbevölkerung Amerikas, diese indianische Bevölkerung, hatte zum Beispiel merkwürdige pantheistische Gefühle. Sie verehrten einen Großen Geist, der durch alles Werden wehte. Die Seelen waren intensiv erfüllt von dem Glauben an den alles durchwehenden Großen Geist. Durch alles das, was damit im Gefühlsleben dieser Menschen zusammenhing, waren diese Seelen dazu prädestiniert, vorherbestimmt, ein verhältnismäßig kurzes Dasein zwischen Tod und neuer Geburt zu führen. Aber jenes Verhältnis, das sich herausgebildet hatte zwischen ihnen und ihrem Grund und Boden und ihrer ganzen Umgebung, und zwischen diesem Schicksal, das sie dadurch hatten, daß sie ausgerottet wurden, das alles war maßgebend für das Leben zwischen dem Tode und einer neuen Geburt." (Rudolf Steiner: GA 202, S.148)

Fügen wir schließlich noch folgende Aussage aus dem Vortrag vom 12. Dezember 1920 hinzu: „Diese Bevölkerung verehrte einen Großen Geist ..., der alles durchflutet, durchwebt, der in den einzelnen elementarischen Geistern seine Unterkräfte hat." (Ebd., S.125)

Intuitive Weisheit
spirit quest – Träume – Visionen – Ekstase – Trance

Ehe die intuitive Weisheit der Indianer genauer charakterisiert werden kann, sei mit deren eigenen Worten der Weg beschrieben, auf dem sie erworben wurde. Alexander Saluskin, ein Angehöriger des Stammes der Yakima, der im Bundesstaat Washington, also im äußersten Nordwesten der Vereinigten Staaten, wohnt, berichtete:

„Mein Stamm hatte früher eine Religion, die als Pom-Pom-Religion bekannt war. Der Inhalt dieser Religion stammte von einigen Männern und Frauen, die wieder zum Leben zurückkehrten, nachdem sie ein oder zwei Tage tot gewesen waren. Von daher stammte der Brauch bei unserem Stamm, niemals einen Toten zu begraben, wenn er nicht für volle drei Tage aufgebahrt gelegen hatte. Man stellte sich darauf ein, daß der

Schöpfer ihn mit einer Botschaft zurücksenden könnte, die für das Überleben der Indianer wichtig war, mit einer Unterweisung, wie sie leben sollten. Der Stamm hatte einen Tag ausgesondert, der ganz den religiösen Verrichtungen vorbehalten war. Zwei Tage vorher begannen Reinigungszeremonien. Am Tage zuvor hörte jede Arbeit auf, und am Tag selbst sang man gebetsähnliche Lieder, und es wurde ein religiöser Tanz durchgeführt, um einen heiligen Boden herum, der in der Mitte des Langhauses abgegrenzt worden war, zum Rhythmus von sieben Trommeln, die im Gleichklang geschlagen wurden. Aus diesen Handlungen ging die religiöse Unterweisung der jungen Leute hervor. Die Lieder selbst stammten von verstorbenen Eltern, Brüdern der Mutter oder Schwestern des Vaters. Man empfing die Lieder im Traum. Man wachte mit einer Art Erleuchtung auf und begann sofort diese religiösen Gesänge zu singen, die Unterweisungen enthielten, wie das Leben weiterhin zu führen sei." (S.11)

Dann erzählte Alexander Saluskin von sich selbst, daß er, als er jung war, von einigen wohlunterrichteten älteren Männern, die Kenner der indianischen Religion waren, geschult wurde. Nicht Vater oder Mutter unternahm die Schulung eines Jungen oder Mädchens, sondern ein mit dem Großvater oder der Großmutter Verwandter. Waren sie sechs, sieben, acht Jahre alt, wurden die Kinder aus der elterlichen Obhut fortgenommen und auf eine *spirit quest*, eine Suche nach einem Schutzgeist, so wollen wir es erst einmal übersetzen, gesandt. Sie wurden in eine Wildnis geführt, wo sie während wenigstens dreier Tage und Nächte und höchstens fünf Tagen und Nächten weder Nahrung noch Flüssigkeit, nicht einmal Tau von Blättern, zu sich nehmen durften. Die Kinder hatten weder Werkzeuge noch Waffen, sie standen dauernd in Gefahr, von wilden Tieren angefallen zu werden, die Nächte waren dunkel und kalt, so begannen die Kleinen, den Großen Geist inständig um Hilfe zu bitten, damit sie diese Prüfung überleben konnten. Sie gerieten nach und nach in einen anderen Bewußtseinszustand, der gewöhnlich Ekstase genannt wird, auf deutsch Entrückung. Steigert sich der Zustand des Entrücktseins, des Außersichgeratens noch, wird er schlafähnlich, so spricht man von Trance. Was in der Ekstase erlebt wurde, ist kaum zu erfahren. Alexander Saluskin sagte dazu: „Die alten Leute haben nie erzählt, wie sie die Macht *(the power)* erworben hatten. Dies blieb ihr Geheimnis. Wie hat zum Beispiel mein Großvater gelernt, das Schreien der Eule zu deuten?" Durch eine solche Deutung hatten er und sein Enkel sich vor einem gewaltigen Schneesturm in Sicherheit bringen können. „Ich glaube, daß der Segen *(the blessing)* von einem Tier oder vom Wasser oder von sonst etwas kommt, das Mitleid mit dir hat, weil du den Großen Schöpfer *(the Great Creator)* um Hilfe angerufen hast." (S.25)

Auf der *spirit quest* wird also, ist man erfolgreich, eine Verbindung mit einem Schutzgeist, *a spirit*, hergestellt, der für das ganze Leben ein Freund bleibt. Er mag in der Vision in Gestalt einer Pflanze, eines Tieres oder eines Geistwesens erscheinen. So haben einige auf dem Sterbebett von ihren Erfahrungen berichtet, denn jetzt konnte ihnen das Verschwinden des Schützers, das eine Folge der Mitteilung war, nicht mehr schaden. (Siehe: Müller, S.53 f.)

Bei den Indianern im östlichen Waldland, deren Gebiet sich vom Atlantischen Ozean bis über die Großen Seen erstreckte, wurde sehr auf Träume geachtet, weil durch Träume nicht nur die Ursachen einer Krankheit zu erfahren waren, sondern man mit ihrer Hilfe auch erfuhr, auf welche Weise Unternehmungen, die man plante, einen guten Ausgang finden konnten. Den Träumen wurde so viel Aufmerksamkeit geschenkt, daß bei einigen Indianerstämmen die Mutter jeden Morgen ihre Kinder fragte, was sie geträumt hätten; denn es galt, den Inhalt des Traumes als Hinweis zu nutzen. Auch die Entscheidungen von Ratsversammlungen konnten durch Träume beeinflußt werden.

Daß die Indianer so großen Wert auf Träume legten, bedeutet aber nicht, daß sie in einer Phantasiewelt lebten. In diesen gesellschaftlichen Gruppen, in denen Selbstvertrauen, Selbstsicherheit und persönliche Tüchtigkeit so hoch geschätzt wurden, bot die Beachtung der Träume ein Mittel, sich selbst zu verstehen und im Unterbewußtsein ruhendes Wissen zum Bewußtsein zu bringen. Dazu gehört auch das Wissen, auf welchem Gebiet man selbst die größte Befähigung hatte, denn durch Träume konnte man erfahren, ob man zum Beispiel besonders zum Krieger oder zum Jäger geeignet war. (Siehe: Encyclopaedia Britannica, Bd. 13, S.343)

Diesen Sachverhalt brachte auf der Tagung Joshua Wetsit zur Sprache, nachdem er von der Begabung seines Vaters, durch schamanistische Methoden Kranke zu heilen, berichtet hatte: „Jeder Mensch ist unter einem besonderen Zeichen geboren. Bei vielen Tätigkeiten mag er ungeschickt sein, aber für irgend etwas hat er eine besondere Befähigung. Tut er dies, so steht ihm eine Macht *(a power)* zur Verfügung.“ (S.48)

Mit besonderen Kräften Ausgestattete wurden Heiler, Medizinmänner, Schamanen. Sowohl Männer als auch Frauen konnten schamanistische Kräfte erwerben. Die Fähigkeit hatten sie von einem Schutzgeist im Trancezustand verliehen bekommen (siehe: Grimal, Pierre [Hg.]: Mythen der Völker, Bd. 3, S.169). Der zum Schamanen Auserwählte wurde von seinem Schutzgeist an Beispielen unterwiesen, was er zu tun und zu lassen hat, um die Heilwirkung zu erzielen.

Alexander Saluskin gab folgende selbst erlebte Beispiele von den Fähigkeiten der Medizinmänner: „Sie konnten glühend heiße Steine aufheben, ihre Hände in kochendes Wasser stecken.“ (S.25)

Wörtlich sagte er: „Ich war anwesend, als eine alte Frau einen durch Schläge furchtbar zugerichteten Mann heilte. Er sah aus, als sei er durch den Fleischwolf gedreht. Die alte Frau stand ungefähr fünfzehn Fuß von ihm entfernt und sang ihr Lied. Sie hielt eine Schale mit Wasser. Sie nahm etwas davon in den Mund und spuckte es kräftig aus, machte dabei eine Gebärde in Richtung des Schwerverletzten und sagte mit gebetsähnlicher Stimme: ‘Bitte, nimm durch deine Macht das Blut von dem verwundeten und leidenden Menschen.’ Als sie das Wasser in Richtung des verwundeten Mannes blies, kam ihm das Blut aus den Ohren, den Augen und aus jeder offenen Stelle der Haut. Am nächsten Tag ging der Mann schon wieder herum.“ (S.25)

Von Traum, Vision, Ekstase, Trancezustand ist so ausführlich die Rede, weil diese Erscheinungen, die außerhalb des normalen Tagesbewußtseins auftreten, eine beherrschende Rolle im Leben der Indianer gespielt haben. Aber noch aus einem anderen Grunde werden sie hier so eingehend behandelt. Wir erfahren von tieferen Zusammenhängen zwischen den Anglo-Amerikanern und den Völkern Mitteleuropas durch Ausführungen Rudolf Steiners in einem Vortrag vom 20. Juli 1919. Es seien die entsprechenden Aussagen erst einmal gebracht:

„Sie werden aus den Betrachtungen, die hier angestellt worden sind, entnommen haben, daß im Westen, bei den Völkern der lateinischen und der anglo-amerikanischen Rasse, in alles dasjenige, was diese Völker im weitesten Sinne politisch unternehmen, übersinnliche Erkenntnisse hineinspielen. Derjenige gibt sich großen Illusionen hin, der da glaubt, daß zum Beispiel die anglo-amerikanische Politik nicht abhängig sei von gewissen übersinnlichen Erkenntnissen über die Entwickelung der Menschheit.

...

Woher hat denn die anglo-amerikanische Welt diese Einblicke in den Gang der Menschheitsentwickelung, die uns in Mitteleuropa so verderblich geworden sind? ...

Nur eine klare Einsicht in diese Dinge kann wirklich von Heil sein.

Wenn man verfolgt, was selbst bei sogenannten ganz aufklärerischen Geschichtsschreibern und Politikern Englands und Amerikas als Weltideen verbreitet wird, so wird man finden, daß selbst bei diesen aufklärerischen Leuten in ihre Ideen überall etwas hineinspielt, was irgendwie von übersinnlichen Erkenntnissen über den Gang der Welt beeinflußt ist. Das gewinnt man innerhalb der anglo-amerikanischen Welt durchaus, seit der Mitte des neunzehnten Jahrhunderts insbesondere, auf eine Art medialem Wege. Den Weg, der hier zum Beispiel vorgeschlagen worden ist in meinem Buche 'Wie erlangt man Erkenntnisse der höheren Welten?', der der gerade Weg aus der Entwickelung der menschlichen Seelenkräfte heraus ist, diesen Weg liebt man in der westlichen Welt nicht. Man macht das in der westlichen Welt so, daß man gewisse Menschen aufsucht, die man zu einer Erkundigung über die geistige Welt für besonders geeignet hält, Menschen, die mehr oder weniger mediale Anlagen haben. Diejenigen, die das nicht glauben, was ich jetzt auseinandersetzen werde, die, beziehungsweise die nachfolgenden Generationen, werden diesen Unglauben schwer zu büßen haben. Mediale Persönlichkeiten sucht man sich aus. Diese medialen Persönlichkeiten werden in andere Bewußtseinszustände, in tranceartige Bewußtseinszustände gebracht, und wenn man die entsprechenden Machinationen kennt, durch welche, nach der Stillegung des äußeren Verstandes, aus solchen medialen Persönlichkeiten das sich offenbart, was sie im Unterbewußtsein in sich tragen, dann bekommt man eben dasjenige heraus, was im Unterbewußtsein dieser Persönlichkeiten ruhte. Und aus solchen medialen Persönlichkeiten heraus hat man insbesondere im Laufe des neunzehnten Jahrhunderts in der anglo-amerikanischen Welt die Prinzipien erfahren, durch die man politisch gegen Europa und gegen Asien die Erfolge hat erringen können, die man errungen hat. Man hat einfach Persönlichkeiten, die dazu geeignet waren, in eine gewisse Trance gebracht, und dann haben sie aus dieser Trance heraus die Aufgaben für die anglo-amerikanische Welt entwickelt. Die Menschen der anglo-amerikanischen Welt sind viel zu gescheit, um es so zu machen wie die Mitteleuropäer, die einfach nicht glauben, was auf diese Weise aus Untergründen des Daseins heraus geoffenbart wird. Mit diesem Nichtglauben verschließt man sich gegen alle diejenigen Impulse, die einem helfen können zum Vorwärtskommen in der wirklichen Menschheitsbewegung.

Nun ist der Weg, den ich hier angedeutet habe, und der in dem Erfahren übersinnlicher Entwickelungsimpulse der Menschheit durch Medien besteht, es ist dieser Weg ein außerordentlich bedenklicher. Denn selbstverständlich walten in den Körpern aller derjenigen, die da herausgesucht werden aus der anglo-amerikanischen Bevölkerung, die Instinkte der anglo-amerikanischen Rasse. Und es kommen die kulturpolitischen Impulse, die auf eine solche Weise gewonnen werden, so heraus, daß sie gefärbt, durchmischt sind mit dem, was der Egoismus der anglo-amerikanischen Rasse ist. Dadurch gerade sind dann diese Impulse wirksam im egoistischen Dienste der anglo-amerikanischen Rasse. Und wer durchschauen kann, was auf diesem Gebiet zu durchschauen ist, der weiß, daß die Erfolge der anglo-amerikanischen Rasse gegen Mitteleuropa errungen worden sind mit Hilfe dessen, was der Okkultismus der westlichen Welt auf die Art aus geistigen Untergründen heraufgebracht hat, die ich eben jetzt angedeutet habe. Die Methode, die dabei befolgt wird, ist ja leicht zu durchschauen. Sie brauchen sich nur zu erinnern an das, was vor acht Tagen hier gesagt worden ist. Sie brauchen sich nur daran zu erinnern, daß der gewöhnliche logische Verstand, wie er von uns angewendet wird in der äußeren sinnlichen Beobachtung und zur Herstellung der äußeren sinnlichen Wissenschaft, daß dieser Verstand die wirklich übersinnliche Erkenntnis auslöscht. Denn dieser gewöhnliche logische Verstand ist ja gerade gebunden, im eminentesten Sinne gebunden, an das Werkzeug der physischen Leiblichkeit. Sobald Sie sich hinaufentwickeln zu denjenigen Erkenntniskräften, von denen in meinem Buche 'Wie erlangt man Erkenntnisse der höheren Welten?' die Rede ist, sind Sie mit diesen Ihren Erkenntniskräften nicht mehr angewiesen auf das Werkzeug des physischen Leibes. Sobald Sie sich bloß jener Logik bedienen, an die man im heutigen, alltäglichen Leben gewöhnt ist, jener Logik, an die man sich gewöhnt hat infolge der äußeren Naturwissenschaft von heute, sind Sie in die Unmöglichkeit versetzt, dasjenige kennenzulernen, was eigentlich sozial und geistig in der Menschheitsentwickelung waltet. Daher suchen sich die dieser Tatsache wohl kundigen Leute der anglo-amerikanischen Welt ihre politischen Prinzipien mit Hilfe des Ausschlusses des gewöhnlichen logischen Verstandes. Denn, indem man geeignete Persönlichkeiten in Trance bringt, schaltet man den gewöhnlichen logischen Verstand aus. Das Medium redet aus den Untergründen seiner Seele heraus, ohne den Gebrauch des Verstandes. Und kleidet man dann dasjenige, was auf diese Weise gewonnen wird, in die Gedankenformen des gesunden Menschenverstandes ein, dann kann man es wohl begreifen, und man kann es dann weiter auch im praktischen Leben benützen. Das wird in der westlichen Welt für alles, was beobachtet wird in der Behandlung der politischen und der Kulturtatsachen mit Ausschaltung des gewöhnlichen Verstandes, auf medialem Wege gewonnen. Wichtige Impulse für die Kulturpolitik der westlichen Welt sind einmal auf diese Weise gewonnen worden und sie haben gewirkt in den letzten Jahren." (Rudolf Steiner: GA 192, S.299 ff.)

„Das, was im Westen getrieben wird, beruht nur auf dem, was man beobachtet hat auf den Wegen der Erfahrung, die man mit den Indianern hat machen können. Diese Indianer, die man ausgerottet hat bei der Eroberung von Amerika, sie waren ja nach der Ansicht der Europäer recht unkultivierte Menschen. Ja, äußerlich waren sie auch recht unkultivierte Menschen. Aber das Eigentümliche war, daß diese amerikanischen Indianer, die man ausrottete, ein ganz intensives übersinnliches Wissen hatten, und daß sie dieses übersinnliche Wissen durch solche Methoden gewannen, die dann die Anglo-Amerikaner von diesen Indianern gelernt und in einer etwas kultivierteren, aber dadurch auch dekadenteren Weise gepflegt haben." (Ebd., S.309 f.)

Zum besseren Verständnis dieser Darstellung würde die Beantwortung einer Reihe von Fragen gehören, Fragen wie: Warum wird der Ausdruck „Rasse", die anglo-amerikanische Rasse, verwendet? Was ist mit „gewissen übersinnlichen Erkenntnissen über die Entwickelung der Menschheit" gemeint? Um welche „Einblicke in den Gang der Menschheitsentwickelung, die uns in Mitteleuropa so verderblich geworden sind", handelt es sich?

Diese und ähnliche Fragen werden einmal gesondert behandelt werden. Hier soll es nur um einen Aspekt gehen, nämlich um den Unterschied zwischen den von den Amerikanern und den von den Indianern gewonnenen Erkenntnissen im Hinblick auf eine heilsame Fortentwicklung des einzelnen Menschen und der gesamten Menschheit.

Der von den Amerikanern gewählte Weg wird als „ein außerordentlich bedenklicher" bezeichnet. Gilt das auch für den indianischen Weg? Prüfen wir, um das beurteilen zu können, die Moralität einer Botschaft, die den Anhängern der Pom-Pom-Religion, die *dreamers* hießen, übermittelt wurde. Zwei dieser *dreamers* waren Smaha'la und Koo-ta-ya'hn. Von ihnen sagte Alexander Saluskin: „Der eine war von den Toten zurückgekehrt, und der andere war seinem Schutzgeist *(spirit)* begegnet, als ihn jemand zusammengeschlagen und als tot in den Fluß geworfen hatte. Er überlebte die Prüfung *(ordeal)* und kam mit folgender Botschaft zurück: 'Wenn sich jemand wie ein bösartiges *(vicious)* Tier verhält, so handelt er spirituell gegen sich selbst. Sollte er jemand aus Zorn töten, so würde er für immer das Leben verlieren – er würde nie den Großen Schöpfer *(the Great Maker)* erreichen, weil er die Sünde begangen hätte, die nicht vergeben werden kann.'

Dies war eine seiner Lehren, die andere war, daß zur Aufrichtigkeit erzogen werden müßte, weil Abmachungen und Vereinbarungen mündlich getroffen wurden. Wenn jemand gewohnheitsmäßig lügen sollte, so müßte er aus dem Stamm ausgestoßen werden, weil auf keine seiner Versprechungen mehr Verlaß sein könnte." (S.23)

Da ist also einmal die Mahnung, sich nicht wie ein *vicious animal*, ein bösartiges Tier, zu verhalten. Das Wort *vicious* ist uns schon einmal begegnet. „Es ist gewöhnlich der Mangel an Liebe, der die Kinder bösartig *(vicious)* macht". Zum anderen ist von Aufrichtigkeit die Rede und von ihrem Gegenbild, der Lüge. Was die Indianer auf ihrem okkulten Weg übermittelt bekamen, entsprach in Bezug auf die Moralität in vielen Fällen den Forderungen des modernen Schulungsweges. Eine von dessen Grundbedingungen ist ein unerbittliches Streben nach Wahrhaftigkeit.

Die Legende vom Sohn des Sonnengottes und den vier Gestalten

Eine Legende der Navajos, die auf der Tagung erzählt wurde, lautet folgendermaßen, wobei als Einleitung darauf hingewiesen wurde, daß sie in ihrer Aussage mit den Grundsätzen des Regierungsprogrammes zur Bekämpfung der Armut übereinstimme.

Der Sonnengott traf Vorbereitungen für die Bewohner dieser Erde. Er tötete alle Ungeheuer, alles, was auf die Menschen Jagd machen konnte. Als er glaubte, er habe alle Ungeheuer beseitigt, machte er sich auf den Weg zu seinem Heim auf jenem kleinen Berg, der die Wiege unseres Ursprungs ist. Da aber traf er jemand und sprach zu ihm: „Ich glaubte, ich hätte alle Feinde der Menschen getötet. Bist du noch am Leben, und wieso habe ich dich nicht gefunden?“ Da stellte er fest, daß es die Armut war.

„Nein, Enkelkind, ich will nicht getötet werden“, sagte die Armut. „Wenn du mich tötest, dann wird es mit den Menschen ein Ende haben, denn niemand wird wissen, wessen er bedarf und daß man einander braucht, und man wird keinen Antrieb haben, etwas für sich und andere zu tun. Ich sollte hier sein, dann hat man eine Hilfe, Mitleid füreinander zu entwickeln. Menschen haben nun einmal gewisse Bedürfnisse. Die Mokassins werden sich abnutzen, und man wird neue Mokassins brauchen. Die geistigen Fähigkeiten werden entwickelt, wenn man nach jenen Dingen Ausschau halten muß, die man selbst und andere benötigen. Tötest du mich, werden die Menschen ohne Mitleid sein. Du wirst, du solltest mich bei dir behalten. Aber ich bin nicht der einzige. Wir sind unser vier.“ So wurde die Armut nicht getötet, so wurde das Bedürfnis, der Mangel nicht getötet.

Dann traf er den zweiten. Der Sohn des Sonnengottes (so wird die Wesenheit hier jetzt genannt) sagte: „Ich glaubte, ich hätte alle Ungeheuer getötet. Aber du bist ja noch am Leben.“ Die Antwort lautete, daß er nicht getötet werden wollte, denn „es hat einen bestimmten Sinn, daß ich bei dir bleibe“. Da stellte es sich heraus, daß es der Hunger war. „Ich muß deinen Magen stören. Ist dein Magen leer, dann wirst du Hunger spüren, und du wirst überlegen müssen, wie du zu Nahrung kommst. Du wirst fleißig und nicht mehr träge sein. Du wirst nach Wild Ausschau halten und etwas auf dem Felde ernten. Gäbe es mich nicht, so wärest du träge, du würdest nicht die Kraft entwickeln, die du in dieser Welt brauchst.“ So wurde auch der Hunger nicht getötet. Er wurde absichtlich bei uns gelassen, um uns zur Arbeit anzuregen.

Dann traf er auf seinem weiteren Wege die dritte Person. Er stellte dieselben Fragen. Da bemerkte er, daß es die Ermüdung war. Jeden Abend sollten wir einschlafen. Das ist unbedingt erforderlich, wenn wir nicht die Geisteswelt vergessen wollen. Wir brauchen den Schlaf, um gesund zu sein. „Wenn du mich tötest“, sagte die Ermüdung, „wirst du nie ruhen. Jede Nacht brauchst du Schlaf, um deine körperliche und geistige Kraft wieder aufzufrischen. Bliebe er ohne Schlaf, würde der Mensch den Geist vergessen und sich nur der physischen Welt bewußt sein. Wenn du mich tötest, bedeutet es das Ende. Deine Augen werden austrocknen. Du wirst nicht die nötige Ruhe finden, um dein Leben fortzusetzen“.

So tötete er die Ermüdung nicht. Er ließ sie bei der Menschheit bleiben. Aber auch hier gibt es ein Extrem. Wenn du nichts tust als schlafen, wirst du vor Armut sterben. Du wirst träge sein und an Mangel sterben. Zwar muß der Mensch schlafen, tut er aber nichts als schlafen, fällt er dem Hunger in die Hände, der ihn zur Arbeit zwingt.

Schließlich traf er die vierte Person. Er sagte ihr dieselben Worte. Er stellte fest, daß es die Kleiderlaus war. Auch ihr Dasein hat einen Sinn. Gäbe es keine Läuse, würden die Menschen sich nicht bemühen, sich sauber zu halten. Wenn Menschen zusammenkommen, um einander die Haare zu kämmen, so ist das eine Art Mußezeit für sie. Während dieser Zeit werden sie über etwas sprechen, was in der Gemeinschaft geschah. Es dient einem Zweck, daß sie die Zeit für Besuche haben. Die Kleiderlaus zwingt die Menschen, sich zu bemühen, sich sauber zu halten und gesellig zu sein. So wurde auch die vierte Person nicht getötet.

Alle vier, als Gruppe, erhalten die Freiheit, innerhalb ihres Bereiches zu wirken.

So lautet die Erzählung, die von David Kindle in seiner Navajo-Sprache vorgetragen wurde, weil er selbst kein Englisch sprach. (S.80 ff.)

Welche Rolle spielen Legenden und Geschichten im Leben der Indianer?

Auf die Frage von Sylvester Morey, ob die Legenden bei besonderen Gelegenheiten erzählt würden, antwortete Joshua Wetsit: „Diese Legenden sollen nicht während des Tages erzählt werden, das ist die Regel. Diese Geschichten werden an drei, vier, fünf Abenden übermittelt, vielleicht eine ganze Woche lang. Die Geschichten werden einem Kind ein, zwei Stunden lang erzählt. Es wird so lange erzählt, wie das Kind 'Uh' sagt, als Zeichen dafür, daß es zuhört. Sobald nicht mehr 'Uh' gesagt wird, hört das Geschichte-Erzählen für diesen Abend auf." (S.80)

Aus den Erörterungen ergab sich, daß die Indianer wußten, wie Moral begründet wird, nämlich dadurch, daß Mythen, Legenden, Geschichten erzählt werden, wobei deren Moral dem Kinde in Bildern übermittelt wird, die es aufnehmen und an denen es Freude haben kann.

Allen Quetone, ein Angehöriger des Stammes der Kiowa, bemerkte, daß er viele solcher Geschichten wie die von dem Sohn des Sonnengottes und den vier Gestalten gehört habe, als er Kind war, aber nie recht wußte, warum diese Geschichten erzählt wurden. Aber beim Rückblick auf sein Leben konnte er erkennen, daß sein eigener Charakter von Geschichten geformt worden war, die er von seinen Großeltern gehört hatte. Er empfand, daß die Moral dieser Geschichten eine starke Wirkung auf Charakter und Persönlichkeit ausübt.

Er schilderte dann, was in seinem Stamm getan wurde, um junge Menschen so auszubilden, daß sie Führungsaufgaben übernehmen konnten. Die jungen Männer wurden beim Heranwachsen sorgfältig beobachtet: Waren sie höflich und freundlich zu jedermann, gute Reiter, ehrgeizig, mutig und immer bereit, zu helfen und sogar zu sterben, wenn dies nötig war, um das Leben eines anderen zu retten? Auf dem ersten Kriegszug mußte sich erweisen, ob der junge Mensch genügend Kraft und Charakterstärke hatte, damit er akzeptiert werden konnte. Brauchte er viel Schlaf, oder war er ein Frühaufsteher, war er ein guter Kundschafter, das heißt, fand er sich im Gelände zurecht, wußte er, wo sich Wasserlöcher befinden, konnte er herausfinden, in welcher Richtung man auf den Feind treffen würde? Traf man auf den Feind, so ging es nicht darum, möglichst viele Krieger zu töten, sondern möglichst viele *coups* zu erzielen. Einen *coup* erzielen bedeutet, einen feindlichen Krieger nur berühren und sofort wieder von ihm ablassen. Hatte man vier *coups* erworben, wurde man als *Towyokee*, als Führer anerkannt. Man durfte dann eine Kriegsschar um sich versammeln und mit ihr auf den Kriegspfad gehen. Es galt aber, sich dauernd zu bewähren. Erfüllte man nicht die Erwartungen, verlor man sein Ansehen. Man konnte dann eines Morgens ohne Gefolgschaft aufwachen, so daß einem nur die engste Familie blieb.

Die Auswahl der führenden Persönlichkeiten war aufs engste mit der Geisteswelt des indianischen Lebens verbunden. Die gesamte Schulung beruhte auf der Überzeugung, daß eine Höhere Macht der eigentliche Lenker sei, daß man sich ihr nähern könne und auf dem schwierigen Weg des Sich-mit-ihr-in-Verbindung-Setzens Kräfte erwarb, die einen zur Führung befähigten.

Die geistige Wesenheit, die hier Höhere Macht, *Higher Power*, genannt ist, wurde von den Tagungsteilnehmern auch folgendermaßen bezeichnet: *the Great Spirit*, „der Große Geist" – dieses Wort ist uns wohl am meisten vertraut –; *the Talking Communication God*; *the Maker*; *the Creator*.

Ben Black Elk vom Stamme der Oglala Sioux, der Sohn von Black Elk, des berühmten heiligen Mannes der Oglala Sioux, auf deutsch Schwarzer Hirsch genannt, sagte über den Großen Geist: „Er ist so heilig, daß wir ihm nicht unmittelbar gegenübertreten können. So senden wir unsere Stimmen durch die Bäume, durch die Dinge, die er geschaffen hat. Wenn ich 'Hau Kola' sage, sende ich eine Stimme durch einen anderen Menschen zum Großen Geist.

Er hat alles geschaffen. So sind wir mit den Tieren und mit allem in der Welt verwandt, selbst mit den kleinen Ameisen. Auch sie gehören zu uns. Senden wir den Rauch aus unserer Pfeife zum Großen Geist empor, so ist im Rauch alles mit enthalten: die Vierbeiner der Welt, die Winde der Welt, die Zweibeiner. Der Indianer ist voller Demut." (S.23)

Dr. Winklers Appell an die Indianer

Auf der Tagung machte Dr. Winkler auf die Indianer einen tiefen Eindruck. Allen Quetone sprach sich 1972, kurz nach dem Tode von Dr. Winkler, auf einer weiteren Tagung so darüber aus: „Was mich betrifft, so bin ich nie einem Weißen begegnet, der die Denkweise und Haltung der Indianer so intuitiv erfaßte wie Dr. Winkler. Man sprach zu ihm wie zu einem anderen Indianer. Irgendwie weiß ein Indianer, oft ohne, daß er etwas sagt, daß er einen anderen Menschen erreicht und sich mit ihm austauscht. Dieses Gefühl hatte ich bei Dr. Winkler. Ich wußte, daß er mich verstand." (Morey/Gilliam, S.144)

So ist es begreiflich, daß die indianischen Tagungsteilnehmer immer wieder eine Stellungnahme von Dr. Winkler erwarteten und daß er das Schlußwort sprach. Darin faßte er noch einmal seine Beurteilung der Gesamtlage zusammen:

„Es ist offensichtlich, daß die Vereinigten Staaten heute an einem Kreuzweg stehen. Das amerikanische Volk hat in seiner kurzen Geschichte das größte, reichste und großzügigste Land der Welt aufgebaut. Aber der Drogenkonsum, die Rassenkonflikte, Verbrechen und Gewalttätigkeit erreichen epidemische Ausmaße. Mit anderen Worten: Unsere Kultur ist einseitig, sie verfügt über eine Fülle von intellektuellen Fähigkeiten und technischen Fertigkeiten, es mangelt ihr aber an einem intuitiven Erfassen qualitativer Werte, wie zum Beispiel das Streben nach wahrem Glück durch Menschen- und Naturliebe, durch philosophische Kontemplation und religiöse Erfahrung. Die Indianer andererseits sind mit intuitiven Fähigkeiten begabt, die der amerikanischen Kultur die innere Kraft wiedergeben könnten, die sie in dieser kritischen Zeit so notwendig braucht.

Die Geschichte selbst verlangt eine Wiederversöhnung der beiden Kulturen, weil eine Kultur, die als Eroberer aufgetreten ist, selten, wenn überhaupt, zur Blüte kommt, ohne sich von den Kräften, die im eroberten Land vorhanden sind, stärken zu lassen. In Amerika sind diese Kräfte durch unsere Unterdrückung und Nichtbeachtung der Indianer geschwächt worden, sie sind aber meiner Meinung nach immer noch lebendig.

Am Anfang des Weges zu einem wirklichen Zusammenleben der Kultur der Indianer und der Weißen zum gegenseitigen Nutzen muß eine Anerkennung der Unterschiede stehen und nicht ein Versuch, die Indianer nach dem Bilde des weißen Mannes umzugestalten. Während es die Aufgabe unserer Regierung ist, den führenden Persönlichkeiten unter den Indianern jede Gelegenheit zu geben, ihre eigene Kultur wieder aufzubauen, ist es die Aufgabe der Indianer, das, was groß an ihrem Kulturerbe ist, in eine für das zwanzigste Jahrhundert geeignete Form zu bringen. Da das Rad der Geschichte nicht zurückgedreht werden kann, wird eine Wiederherstellung, eine Erneuerung der indianischen Kultur ganz und gar modern sein müssen, ohne jedoch die offensichtlichen Irrtümer und den pseudo-wissenschaftlichen Materialismus des heutigen Amerika und Europa zu übernehmen.

Nährt nicht in euren Kindern ein Gefühl der Bitterkeit und der Rachsucht gegen Weiße, denn diejenigen, die die eigentlichen Verbrechen an den Indianern begingen, haben längst die Erde verlassen." (S.106 ff.)

So bringt also Dr. Winkler einen Grund vor, warum zwischen den gegenwärtigen Indianern und den Weißen nicht die Bitterkeit über die an den Indianern begangenen Verbrechen stehen sollte: Die Urheber der Verbrechen seien längst tot. Wie steht es nun um deren leibliche Nachkommen? Auch in deren Leibern haben sich doch Seelen verkörpert, die an einem anderen Ort der Erde ihre vorige Inkarnation durchgemacht haben, wie wir dies bei den Deutschen des Jahres 1921 gesehen haben. Hören wir, was uns Rudolf Steiner darüber am 6. Januar 1921 mitteilt:

„Was ist aus denjenigen Seelen geworden, die mit der besonderen Bildung der damaligen Zeit in Vorderasien, in Asien überhaupt, in Afrika waren, als das Christentum entstanden ist, also in der Zeit, da sich das Mysterium von Golgatha abgespielt hat? – Ich meine nicht diejenigen Seelen, welche die Lehren von dem Mysterium von Golgatha aufgenommen haben, sondern die Seelen, die sie nicht aufgenommen haben, die die alte orientalische asiatische Kultur fortgepflanzt haben. Von dem Bestand dieser alten orientalischen asiatischen Kultur – heute ist sie in der Dekadenz –, in der Zeit, als sich das Mysterium von Golgatha abgespielt hat, hat man ja nicht immer einen genauen Begriff. Es war bei sehr vielen Menschen eine durchgeistigte, eine sehr durchgeistigte Kultur. Die schloß bei sehr vielen Menschen die Fähigkeit in sich, sich sehr klare Vorstellungen zu machen über gewisse Zusammenhänge der geistigen Welten. Was aus dem Menschen wird, wenn er sich vom Christentum durchziehen läßt, das war natürlich bei denen, von denen ich jetzt rede, nicht vorhanden. Aber es war ein sehr stark von Bilderbegriffen durchsetztes Verstehen geistiger Zusammenhänge da. Es war eine in hohem Grade spirituelle Weltanschauung, der diese Menschen angehörten, eine Weltanschauung, die sie dazu brachte, in vieler Beziehung nur die geistige, die spirituelle Welt für die wahre, für die erstrebenswerte zu halten und in einer gewissen Weise zu fliehen die Welt der äußeren sinnlichen Wirklichkeit. Es waren Menschen, die viele Spekulationen anstellten, aber Spekulationen, die zum Teil noch genährt waren aus alten, instinktiven hellsichtigen Kräften, Spekulationen über den Hervorgang der Welt aus den verschiedenen geistigen Entwickelungsstufen früherer, urferner vergangener Zeiten. Es waren Menschen, die da sprachen von Äonen, die einander folgten und die immer gröber und gröber, materieller und materieller wurden, bis zuletzt das zustande kam, was das gegenwärtige Gebilde der äußeren physischen, realen Welt ist. Kurz, es waren Menschen, die ernst und tief hinaufschauten in das Geistige. Diese Seelen bereiteten eben gerade durch diese besondere Seelenstruktur, diese Seelenverfassung sich ein längeres Leben vor zwischen Tod und neuer Geburt, sie brauchten lange, bis in ihnen wiederum der Trieb erwachte in eine neue Körperlichkeit herunterzusteigen. Und eine Anzahl dieser Seelen, sehr viele derselben sind verkörpert in der heutigen amerikanischen Bevölkerung. Diese amerikanische Bevölkerung, die in vieler Beziehung gerade neigt zu der Auffassung des praktischen, materiellen Lebens, ist in ihrer gesamten Konstitution dadurch hervorgerufen, daß die Seelen früher gelebt haben in einer solchen geistigen Erfassung der Welt, wie ich sie geschildert habe, dann aber untergetaucht sind in eine sehr, sehr dichte Leiblichkeit und die im Grunde genommen jetzt in einer raffinierten Behandlung dieser materiellen Welt dasjenige auszuleben suchen, was sie früher in einer feinen Geistigkeit gehabt haben. Man begreift die besondere Art des amerikanischen Geistes, sich wirklich praktisch und wissenschaftlich herzumachen über die Dinge der Welt, wenn man weiß, wie das zurückgeht auf ein früheres Hingelenktsein auf die geistige Welt, das heute gerade ins materielle Leben hereingetragen wird, ohne daß man sich dessen bewußt wird, daß man das Geistige im Materiellen erfassen will. Es ist das materielle Gegenbild des Spirituellen, das diese Seelen in ihrem früheren Erdenleben durchgemacht haben.“ (Rudolf Steiner: GA 203, S.41 f.)

Setzen wir Rudolf Steiners Forschungsergebnis zu der von Dr. Winkler gegebenen Charakterisierung der amerikanischen Kultur in Beziehung. Dr. Winkler beschreibt sie als einseitig, sie verfüge über eine Fülle von intellektuellen Fähigkeiten und technischen Fertigkeiten, es mangele ihr aber an einem intuitiven Erfassen qualitativer Werte.

Rudolf Steiner spricht von einer raffinierten Behandlung der materiellen Welt, von der besonderen Art des amerikanischen Geistes, sich praktisch und wissenschaftlich über die Dinge der Welt herzumachen, ohne daß man sich dessen bewußt wird, daß man das Geistige im Materiellen erfassen will.

Die intuitiven Fähigkeiten, die der amerikanischen Kultur die innere Kraft wiedergeben könnten, finden sich bei den Indianern, bei jenen Indianern, die man, wenn man sie am Leben ließ, mit allen Mitteln hat zu modernen Amerikanern machen wollen.

Was verdankt der weiße Mann den Indianern?

Aus dem oben im Zusammenhang mit dem Jahr 1968 aufgeführten Buch „The Indian Heritage of America“ seien jene Aussagen aufgeführt, die angesichts der Gegenwartsprobleme eine besondere Bedeutung haben. Wo zitiert wird, ist meine Übersetzung ins Deutsche durch Anführungsstriche gekennzeichnet.

„Die Indianer hatten Achtung, ja Ehrfurcht vor der Erde und vor der gesamten Natur, und sie bemühten sich, da sie mit der Natur und ihren Kräften eng verbunden waren, in einem Gleichgewicht mit ihnen zu leben. War das harmonische Verhältnis zur Natur gestört, so folgten nach ihrer Überzeugung Krankheit, Schmerz, Tod und anderes Unglück." (Josephy, Jr, S.35)

„In mancherlei Hinsicht haben die Indianer das heutige Leben beeinflußt. Die internationale Pfadfinderbewegung wurde wenigstens teilweise durch das Beispiel der Lebensweise der Indianer geprägt. Seit einigen Jahrzehnten berufen sich die Umweltschützer auf das Vorbild der Indianer. Der für Umweltfragen zuständige Innenminister der Vereinigten Staaten Stewart L. Udall schrieb 1963 in seinem Buch 'The Quiet Crisis': 'Es ist schon eine Ironie der Geschichte, daß sich die heutige Umweltbewegung mit der Frage beschäftigt, wie die Indianer früher mit dem Boden umgegangen sind, und daß man sich bewußt wird, daß wir nach indianischem Verständnis nicht außerhalb der Natur stehen. Aus dieser Weisheit *(wisdom)* können wir lernen, wie wir die besten Teile unseres Kontinents vor Zerstörung bewahren können. Erst kürzlich haben wir wieder Wahrheiten entdeckt, die den Indianern von Anfang an vertraut waren: daß zukünftige Generationen ebenso einen Anspruch auf das Land haben wie wir, daß der Mensch von der Natur lernen, daß er ein Ohr für das Land haben und seinen Geist durch häufige Berührungen mit Tieren und unberührtem Land wieder auffrischen muß, und was das Wichtigste ist, wir gewinnen wieder eine Empfindung der Ehrfurcht vor dem Land.'

Mit anderen Worten, statt die Natur zu 'erobern', finden weiße Männer *(white men)* es wichtig, von den Indianern zu lernen, wie man in Harmonie mit der Natur lebt." (Josephy, Jr, S.43)

Auch andere Aspekte der Indianerkulturen werden wieder beachtet: „In der Psychiatrie und psychosomatischen Medizin studiert man die Praktiken indianischer Heiler, die darauf gerichtet waren, die Gesundheit des Kranken dadurch wieder herzustellen, daß man sich um seine seelische Verfassung kümmerte und ihn wieder in Übereinstimmung mit seiner Gesamtumwelt versetzte.

Kinderpsychologen interessieren sich für die Art und Weise, wie die Indianer ihre Kinder erziehen und an Disziplin gewöhnen. Beamte, die für die Selbsthilfeprogramme der Regierung verantwortlich sind, lernen von den Indianern, wie man auf Zielgruppen gerichtete Aktivitäten unternimmt, und Genossenschaften folgen Organisationsmustern, die vor langer Zeit von Indianern entwickelt wurden." (Josephy, Jr, S.44)

Zum Verhältnis des einzelnen zur Gemeinschaft ist noch anzumerken: Gleich am Anfang der Tagung erläuterte der Tagungsleiter Allen Quetone, wie die Indianer Ratsversammlungen durchführen: „Jeder Teilnehmer erhält Gelegenheit, seine Meinung zum Ausdruck zu bringen. Er kann über jedes gerade erörterte Thema sagen, was er zu sagen wünscht. Niemand unterbricht ihn, solange er das Wort hat. Es wird auch erwartet, daß alle aufmerksam zuhören, wenn einer spricht." (S.3)

In „The Indian Heritage of America" wird hierüber und über damit Zusammengehöriges ausgeführt: „Bei vielen indianischen Gemeinschaften wurde die Freiheit und die Würde des einzelnen hoch geachtet. Bei einigen Stämmen ging diese Achtung sogar so weit, daß ein Stammesangehöriger seinen eigenen Weg gehen und tun konnte, was ihm recht schien, selbst wenn die Stammesmitglieder um ihr Leben kämpften. Bei vielen Stämmen wurde in Ratsversammlungen bei Entscheidungen über weiteres Vorgehen einstimmig und nicht durch Mehrheitsvotum entschieden.

Die Empfindungen und Meinungen eines jeden einzelnen wurden als so wichtig angesehen, daß man sich nicht über sie hinwegsetzte.

Alles dieses, das die Gleichheit der einzelnen und die Achtung vor ihren Rechten widerspiegelt, beeindruckte europäische Philosophen tief. In der Neuen Welt wirkten diese bei den Indianern beobachteten Verhaltensweisen in starkem Maße dabei mit, den Bewohnern der englischen Kolonien neue Wertvorstellungen zu vermitteln, die aus Europäern, die sie noch waren, freiheitsliebende Amerikaner machten." (Josephy, Jr, S.45)

Man beachte, daß diese Worte, die einen hoffnungsvollen Grundton haben, im Jahre 1968 geschrieben worden sind. Wie viel düsterer die Stimmung heute ist, habe ich am Anfang zu belegen versucht.

Können die Indianer den Weißen helfen?

Welche Möglichkeiten haben wir zu beurteilen, ob die Indianer den Weißen helfen können? Gehen wir einige der Aussagen durch, die während der Tagung gemacht wurden.

Die Stammesältesten, die alle noch eine Schulung im traditionellen Sinne erhalten hatten, sagten einer nach dem anderen, daß ihre Großeltern noch viel mehr gewußt hätten. Die Großeltern und Urgroßeltern hätten viele Geheimnisse gekannt, die den Nachkommen nicht weitergegeben worden seien oder nicht hätten weitergegeben werden können. Darum wurde darauf hingewiesen, daß es dringend notwendig sei, dafür zu sorgen, daß mehr traditionell ausgerichtete Indianer als Lehrer bei der Erziehung von Indianerkindern eingesetzt würden.

Alexander Saluskin wies auf folgendes hin: „Meine Ehe wurde 1923 nach dem Brauch meines Stammes geschlossen. Meine Frau ist eng mit der indianischen Religion verbunden. Meine Kinder und Enkelkinder erhielten eine geistige Schulung. Aber keines der Kinder erlebte das Fasten und den Kampf mit den Elementen [darüber sogleich genaueres], als es noch klein war. So versäumen wir es, die Unterweisung sachgerecht, unter Beachtung aller Bedingungen, weiterzugeben. Es fehlt uns jetzt auch die entsprechende äußere Umgebung. Wie sollen wir die Kinder in eine solche Einöde schicken, wie es üblich war, jetzt, wo fast alles von der modernen Zivilisation in Anspruch genommen ist?" (S.23)

Außer der *spirit quest* gab es für die jungen Leute auch noch einen *endurance test*, einen Härtetest, eine Belastungsprobe. Im Winter mußte ein Loch ins Eis geschlagen und in dem eisigen Wasser ein Bad genommen werden. Anschließend mußte man sich im Schnee wälzen. Man hatte zu lernen, alle Naturgewalten, denen man im Leben ausgesetzt werden konnte, zu ertragen. Dies wird also nicht mehr eingeübt.

Man lernte früher, niemals auf jemand anderen angewiesen zu sein. Das stärkte zwar die Eigenverantwortung, erschwerte jedoch die Fähigkeit zur Zusammenarbeit.

Allen Quetone bemerkte: „Unsere jungen Leute, Angehörige des Stammes der Kiowa, haben heute mit folgender Schwierigkeit zu tun. Wir lehren die jungen Menschen, Geduld zu haben, besonders wenn sie mit älteren zusammen sind. Der Fähigkeit zur Geduld wird hohe Bedeutung beigemessen. Schon sehr früh wird das eingeübt. Aber dann geht der junge Indianer hinaus in die Welt und muß sich im Konkurrenzkampf bewähren. Die Welt draußen ist auf Wettbewerb eingestellt, ist aggressiv. Wer Geduld hat, zurücktritt und dem nächsten den Vortritt läßt, ist im Nachteil. So muß in der heutigen Welt ein Ausgleich zwischen Geduld-haben-Können und Sich-dem-Wettbewerb-Stellen gefunden werden." (S.49)

Dr. Winkler warnte: „Soll die geistige Unterweisung wieder aufleben, so dürfen wir keine Zeit verlieren; denn die meisten, die noch eigene Einsichten und Erfahrungen haben, sind schon sehr alt. Sollten die letzten sterben, bevor sie ihre alte Weisheit in zeitgemäße Begriffe übersetzt haben, könnte es geschehen, daß alles, was an der indianischen Kultur gut und weise war, mit ihnen stirbt." (S.43)

Aber genügt es denn, die alte Schulung, die Bräuche, Lieder, Tänze, Riten, Zeremonien wiederzubeleben? Sind die schönen Traditionen nicht vielleicht allzu lange völlig unverändert geblieben, so gibt Dr. Winkler zu bedenken. Lebendige Traditionen folgen den Lebensgesetzen, das heißt, sie entwickeln sich weiter, stehen im Wechselverhältnis zu geänderten äußeren Umständen, wie zum Beispiel dem Kommen des weißen Mannes und dem Eindringen der modernen Zivilisation. Wenn nun auch die Weiterentwicklung abgebrochen wurde, wenn die Erinnerung an den genauen Ablauf verschiedener Rituale, wie sie beispielsweise bei der Einweihung eines Hauses, bei der Übernahme der Jungen in die Gemeinschaft der Männer praktiziert wurden, vollkommen verlorengegangen ist, so kann doch wiedergeboren werden, was noch im Herzen bewahrt worden ist. So sah es Dr. Winkler.

Ein San Carlos Apache, Clarence Wesley, verdeutlichte, warum der Kampf um die Erhaltung der Indianerkultur verloren zu gehen droht: Der Einfluß der öffentlichen Schule sei so beherrschend und das Streben junger Indianer zur Annahme der heutigen Lebensweise so stark, daß die Eltern zu Hause diesen äußeren Einflüssen nichts genügend Kräftiges mehr entgegensetzen könnten. Alle eigentliche Schulung sei mit Zeremonien verbunden, und diese könnten nicht mehr so durchgeführt werden, daß sie eine prägende Wirkung hätten. (S.100)

Wie sich aus allen Beiträgen ergab, gingen die Zeremonien aus einer Weltsicht hervor, die eng mit dem Boden, der in jedem Gebiet charakteristischen Pflanzen- und Tierwelt, den dortigen Witterungsverhältnissen und dem eigentümlichen Wechsel der Jahreszeiten zusammenhing. Der Gesamtzusammenhang ist aber nicht mehr vorhanden.

Die für Indianer aus ihrer Schulung hervorgehende außerordentlich starke Gedächtniskraft wird durch den modernen Unterricht nicht gepflegt.

Tiefe Wunden schlug auch die Schändung heiliger indianischer Orte, wie sie durch die Maßnahmen der Weißen geschah. „Die Vernichtung solcher Heiligtümer hinterließ ein Vakuum, das nichts, was der weiße Mann zu bieten hat, füllen wird", stellte Dr. Winkler fest. (S.42)

Der Indianer spürte die schöpferische Kraft hinter den Naturgegebenheiten. Das Anschauen eines bestimmten Baumes, einer Felsformation konnte ihn mit Ehrfurcht erfüllen, weil er das Dasein einer übersinnlichen Macht empfand. Baum und Fels, für ihn heilig, wird er zu erhalten suchen, wird also einen Pfad um sie herum machen. Der Weiße sieht nur einen Baum oder Fels, der zu beseitigen ist, wenn er in der Wegführung einer Straße liegt.

Das Ergebnis der Tagungsbeiträge faßte Franz Winkler folgendermaßen zusammen:

„Ich persönlich bin überzeugt, daß die Zukunft dieses Landes unauflösbar mit dem Überleben der indianischen Kultur verknüpft ist. Solch ein Überleben erfordert eine ungeheuere Anstrengung von seiten der Indianer selbst, denn es kann weder durch eine Erneuerung der Vergangenheit noch durch ein Vergessen der Vergangenheit gesichert werden, sondern nur dadurch, daß man den unterirdischen Strom der indianischen Kultur aufsucht und ihn an die Oberfläche hebt, nicht an dem Ort, wo er früher war, sondern an der Stelle, wo er nun in den verborgenen Bereichen der indianischen Seele fließt.

Um ein solches Überleben zu sichern, müssen diejenigen, die noch die Vergangenheit kennen, Lehrer werden, nicht nur an den Grundschulen, sondern auch an den Hochschulen. Einige der führenden Persönlichkeiten an neu einzurichtenden Akademien sollten Indianer sein, die nicht Englisch sprechen; denn nur solche Menschen haben noch zu den reinen Quellen der indianischen Kultur Zugang.

Aber alle diese Träume, die nicht nur den Indianer wieder glücklich und groß machen, sondern auch das weiße Amerika retten können, werden nur dann Wirklichkeit, wenn eine Bedingung erfüllt wird: Die Kinder der Indianer müssen in einer Gemeinschaft von älteren Indianern erzogen werden. Geschieht dies nicht, werden ihre Herzen für immer für die intuitive Weisheit verschlossen sein, lange bevor sie das Reifealter erreichen, wo sie frei wählen können.“ (S.103 f.)

Literatur:

Bancroft-Hunt, Norman: People of the Totem. The Indians of the Pacific Northwest. London 1979

Brown, Dee: Bury My Heart at Wounded Knee. London 1973

Brown, Dee: Begrabt mein Herz an der Biegung des Flusses. München 1972

Brown, Joseph Epes: The Sacred Pipe. Black Elk's Account of the Seven Rites of the Oglala Sioux. Harmondsworth 1973

Burland, Cottie: North American Indian Mythology. London 1975

Eliade, Mircea: Schamanismus und archaische Ekstasetechnik. Zürich 1956

The New Encyclopaedia Britannica. Volume 13: American Indians. Chicago 1986

Farb, Peter: Die Indianer. Entwicklung und Vernichtung eines Volkes. Frankfurt a.M. 1990

Grimal, Pierre (Hg.): Mythen der Völker. Bd. 3, S.160 ff.: Die Mythologie der Nordamerikaner. Frankfurt a.M. 1967

Jeier, Thomas: Die letzten Söhne Manitous. Das Schicksal der Indianer Nordamerikas. München 1979

Josephy, Jr, Alvin M.: The Indian Heritage of America. Harmondsworth 1975

Josephy, Alvin M. (Hg.): Amerika 1492. Die Indianervölker vor der Entdeckung. Frankfurt a.M. 1992

Marriott, Alice/Rachlin, Carol K.: American Indian Mythology. New York 1972

Morey, Sylvester M.: American Indians and Our Way of Life. New York o.J.

Morey, Sylvester M. (Hg.): Can the Red Man Help the White Man? A Denver Conference with the Indian Elders. New York o.J.

Morey, Sylvester M./Gilliam, Olivia L. (Hg.): Respect For Life. The Traditional Upbringing of American Indian Children. New York o.J.

Müller, Werner: Indianische Welterfahrung. Stuttgart 1981

Neihardt, John G. (Hg.): Black Elk Speaks. Being the Life Story of a Holy Man of the Oglala Sioux as told through John G. Neihardt (Flaming Rainbow). London 1974

Russell, George K.: Marihuana Today. New York 1975

Scherer, Joanna Cohan/Walker, Jean Burton: Indianer. Photodokumente über das Leben der nordamerikanischen Indianer, 1847-1929. Rüschlikon-Zürich 1975

Spence, Lewis: Myths and Legends of the North American Indians. Blauvelt, New York 1975

Stammel, H.J.: Die Sioux. Amerika und seine Indianerpolitik. München 1979

Stammel, H.J.: Indianer. Legende und Wirklichkeit von A-Z. Leben - Kampf - Untergang. München 1992

Steiner, Rudolf: Geisteswissenschaftliche Behandlung sozialer und pädagogischer Fragen. GA 192, Dornach 1964

Steiner, Rudolf: Die Brücke zwischen der Weltgeistigkeit und dem Physischen des Menschen. GA 202, Dornach 1970

Steiner, Rudolf: Die Verantwortung des Menschen für die Weltentwickelung. GA 203, Dornach 1978

Winkler, Franz E.: Man – The Bridge Between Two Worlds. New York 1960

Winkler, Franz E.: National Psychology in International Relations. New York 1962

Die Sprache der Felsen

FELSZEICHNUNGEN UND MALEREIEN IM SÜDWESTEN DER USA
UTAH – ARIZONA – NEW MEXICO – COLORADO

Roland Brummer

„Alle Dinge sind Spiegelbilder der wirklichen Welt, die hinter dieser Welt liegt, und möglicherweise ist alles, was wir hier sehen, nur ein Schatten aus jener Welt.“

Black Elk Dakota

Die Kulturgeschichte Nordamerikas setzt zu einem Zeitpunkt ein, als die griechisch-römische Kulturepoche in Europa langsam dem Ende zugeht. Die Funde aus der vorchristlichen Zeit, die bis 10.000 Jahre v.Chr. datiert werden, sind nur der sichtbare Teil einer Kultur, die äußerlich vom Umherwandern der Jäger und Sammler im jahreszeitlichen Rhythmus geprägt war, deren unauffindbare Geschichte jedoch in der Welt des Mythos weiterlebt.

Im Zeitraum um Christi Geburt beginnt im Südwesten der USA mit den Basketmakern, den Korbflechtern, eine neue Kulturepoche, die uns zahlreiche Pfeilspitzen, Scherben, Figuren und Schmuck hinterlassen hat – vor allem sind es aber ihre einmaligen Felszeichnungen, die uns in ihren Bann ziehen. Sie sind über den ganzen Kontinent verstreut; eine auffällige Konzentration aber befindet sich in Utah und Arizona, auf einem Plateau von der Größe der BRD, in durchschnittlich 1.600 m Höhe über dem Meeresspiegel.

Wind, Regen und Flüsse haben hier eine phantastische Landschaft geformt: ein Labyrinth von Canyons, Wüsten, Steppen und kühlen Bergregionen; eine rauhe, unwirtliche Gegend von farbiger Schönheit. Mehrere hundert Meter dicke Sandsteinschichten aller Farben offenbaren einen Teil der Erdgeschichte. Der Duft von Juniper, Sagebush und Steppengras überzieht die Ebenen. Wegen der schweren Zugänglichkeit blieb dieses Gebiet fernab der Trecks, der Hauptreiserouten, und wurde spät von europäischen Farmern besiedelt. Dadurch sind uns viele Felszeichnungen, Malereien und andere Reste einer großen Kultur erhalten geblieben.

Um 700 n.Chr. setzte in dieser Region ein reges Kulturschaffen ein. Die Wanderer wurden seßhaft, das Klima schien günstig, Maisterrassen wurden angelegt, Bauwerke errichtet, und die unzähligen Felszeichnungen und Malereien entstanden. Entlang der großen Flüsse und in den Zulaufgebieten siedelten sich vier Kulturgruppen an:

Übergreifend südlich und östlich des San Juan Rivers bis zum Rio Grande und westlich bis Nevada erstreckt sich das alte Anazasi-Territorium. Anazasi bedeutet „die Uralten“ oder „die schon vorher da waren“. Nordwestlich des Colorado und des Green Rivers bis zu den Grenzen von Utah schließt sich das Gebiet der Fremont-Indianer an, ein Name, der von einem Colonel stammt. Im Süden von Arizona, im

---

*Roland Brummer: geboren 1950 in München. Lebt dort als selbständiger Architekt. Rudolf Steiner-Schüler. Zahlreiche Reisen in die USA, speziell Südwest. Vorträge über Kunst und indianische Kulturen, Initiator des Freiraum e.V.-Kulturhauses in München.

Blick auf den Colorado River vom Dead Horse Point im Canyonland Nationalpark, Utah

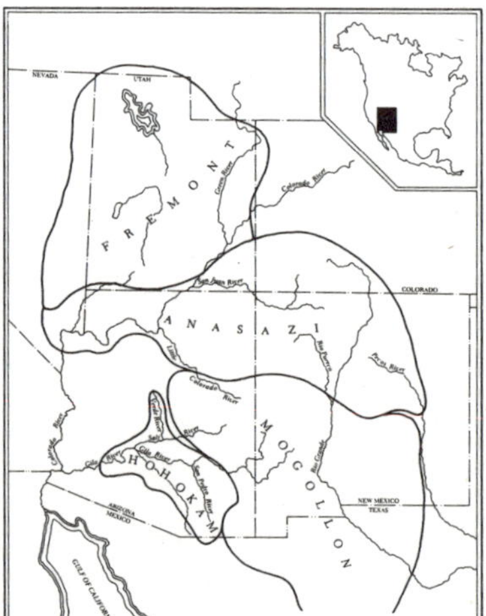

Karte der Kulturen im Südwesten der USA (nach Chr. Geb.).
Aus: Schafsma, Polly: The Indian Rock Art of the Southwest. 1980

Einflußgebiet des Gila Rivers, lebten die Hohokam, das bedeutet „die spurlos verschwunden sind“. Und östlich davon ist das Gebiet der Mogollon.

Die zahlreichen Felsbilder dieser Kulturgruppen mit ihren unterschiedlichen Stilmerkmalen und Methoden befinden sich an ganz besonderen, ausgesuchten Orten. Sie sind Botschaften einer spirituell-mythischen Welt – sie sind der Versuch einer Annäherung an ein bestimmtes Bewußtsein, an ein Traumbewußtsein, das unserer heutigen analytischen Verstandeskultur konträr gegenübersteht.

Als 1540 Pedro de Tovar mit seiner Coronado-Expedition als Repräsentant einer christlichen Kultur auf der Suche nach Gold und den „Sieben Städten von Cibola“ (tatsächlich waren es Zunidörfer) durch New Mexico und Arizona kam, fand er die Reste einer Kultur vor, die ihren Höhepunkt bereits im 13. Jahrhundert erreicht hatte.

Ein immer trockener werdendes Klima hatte die alten Völker zur Aufgabe ihrer Kultur getrieben, und sie hatten sich, kleine Gruppen bildend, in fruchtbarere Gegenden verstreut. Später waren von Norden her die Navajo in Arizona eingewandert, wo schon immer die Hopi, „die Friedlichen“, auf den Black Mesas lebten, und die bis heute versuchen, die alten Traditionen, Jahreslauffeste und Zeremonien zu pflegen und ihren Schöpfungsplan zu erfüllen.

Die Welt der Kräfte

Die über den gesamten Südwesten der USA verstreuten Felszeichnungen und Malereien sind in ihren Darstellungen und Techniken völlig unterschiedlich. Auf Granit, Lavagestein, Steilwänden aus Sandstein, Höhlen, Felsbrocken und Cliffdwel-

Colorado River Gorge, Utah. Ein später aufgebrachter Bär in einer Jagdszene, Fremont

lings (Überhänge) sind Kreise, Spiralen, Linien, Netze, Markierungen, Pflanzen, Formen, Hände, Füße, menschliche Figuren und Tiere bis hin zu „abstrakten“ Gebilden zu finden. An geschützten Überhängen haben sich Malereien in brauner mineralischer Farbe, manchmal weiß und grün, sehr gut erhalten. Das Bild der Spirale an vielen Stellen steht in bezug zu einer genauen astronomischen Sonnen- und Gestirnsbeobachtung, um den höchsten und niedrigsten Sonnenstand bzw. Tag- und Nachtgleiche festzustellen. Hiernach wurden nämlich die Jahreslauffeste, die Aussaat und die Ernte festgelegt. Der menschliche Lebensrhythmus wurde durch die Jahreszeitzeremonien dem kosmischen Rhythmus angepaßt.

Es galt immer wieder, eine Harmonie, eine Einheit durch die „Zeichen“ herzustellen. Hierfür wurden immer besondere „magische“ Orte an Flußdurchbrüchen, an bestimmten Flußbiegungen, an Einmündungen und freien Plätzen ausgesucht: Dort sollen Geistwesen gebannt oder ein „Schwellenübertritt“ markiert werden. Diese Orte können fernab von Siedlungen und Lagerplätzen liegen; es sind Orte der Ruhe und Kontemplation oder der Vorbereitung eines Visionserlebnisses. Die Zeichen sind entlang der täglichen Sonnenbahn von Nordost bis Nordwest angeordnet.

Es ging darum, die Sonnenkraft als die Kraft des Großen Geistes durch die Zeichen sichtbar und spürbar zu machen. Sie war die erhoffte und erbetene Kraft für die Fruchtbarkeit oder das Jagdglück. Indem der Mensch das Zeichen schaffte, manifestierte sich das innere Erlebnis in den Stein, in den härtesten Teil der Mutter Erde.

Eine naturhafte Geisteswissenschaft, so alt wie die Menschheit, verband die Menschen mit dem Großen Geist, mit den Geistwesen, mit den Elementarwesen und mit den Tieren, die als verkleidete Geistwesen galten; mit Pflanzen und Bäumen, von denen wir abstammen, mit Bergen und Felsen, die unsere Urahnen sind. Die Ahnen und Geistwesen, die durch Gebete angesprochen wurden, sprachen wiederum zu den Menschen in Form von Visionen und Träumen. Das Bewußtsein wurde durch die Vision und den Tagtraum bestimmt, ein Bewußtsein, in dem Vorstellung und Wahrnehmung zusammenfallen. Der Tagtraum bestimmte die ganze Organisation eines Volkes, weil er der Träger der Offenbarungen des Großen Geistes war.

Langsam begann die Trennung von Vorstellung und Bildtraum. Diese Trennung schuf Konturen und Umrisse, sowohl im Bewußtsein als auch in der Ausdrucksform. Der Felsen wurde zum Untergrund für die Zeichen und Bilder. Die Vision wurde anschaubar. Die vielen Handdarstellungen, besonders im „Painted Cave“ in Arizona, verbildlichen ein langsames Herantasten und Begreifen.

Felszeichnungen im Horseshoe Canyon

Westlich der Canyonlabyrinthe des Canyonland Nationalparks windet sich der Horseshoe Canyon durch das Colorado-Plateau in südöstlicher Richtung. Vor über 1.100 Jahren lebte dort ein Stamm der Fremont-Indianer in einfachen Pithäusern, Erdhäusern aus Holzstämmen, mit Lehm überzogen und abgedichtet, mit einer Öffnung im Dach und einer Einstiegsleiter, wie das noch heute bei den Pueblobauten zu sehen ist. Der Canyon ist 50 bis 60 m tief mit Cottonwood und Büschen bewachsen, die etwas Schatten spenden, und wo gelegentlich bei Gewittern gewaltige Wassermas-

Horseshoe Canyon, Utah. The Great Gallery

sen rauschen. An einer der vielen Biegungen in Richtung Osten, geschützt von einem großen Überhang, taucht die „Great Gallery" auf, eine große Galerie mit mehreren Dutzend lebensgroßen menschlichen Figuren. Diese Figuren sind mit einer braunen mineralischen Farbe, die vorher durch ein Malmittel aufbereitet wurde, flächig aufgetragen.

Wir finden unterschiedliche Gestaltungen im Brustbereich mit Linien, Streifen, Schlangenformen und Einteilungen in strukturierte Flächen. Schattenhaft, breitschultrig, unbewegt und schweigend in unterschiedlichen Größen treten diese Figuren aus der Felswand hervor. Die Schwerkraft scheint aufgehoben zu sein, die Verbindung mit der Erde gelöst, da sie fast alle keine Gliedmaßen haben. Die Gliedmaßen hängen mit der Erde und der Schwerkraft zusammen, so wie der Kopfbereich mit der kosmischen Sphäre in Verbindung steht, und der Brustbereich, das Atemzentrum, der Mittler zwischen Schwerkraft und Sphäre ist. Hirten in Bewegung, ein Flötenspieler und eine Herde Ziegen mit Hund beleben das Bild. Einige Figuren scheinen eingehüllt in Decken, sind fast mumienhaft in sich versunken, Wesen einer anderen Welt.

Das ganze Bild macht den Eindruck einer umgekehrten Raumperspektive, die sich in einem inneren seelischen Raum spiegelt, der dann als Fläche erscheint. Groß und klein entspricht nicht dem perspektivischen Raum, sondern der Größe eines seelisch-visionären Bilderlebnisses. Unser Verstand dringt perspektivisch in den äußerlichen Raum, was aber für die Indianer zur innerlichen seelischen Fläche wurde.

Von den schwebenden Figuren hat eine einzige „Augen", sie wirkt mehr linear, ist umgeben von kleineren Figuren. Auf dem Brustbereich einer anderen Figur kämpfen

Horseshoe Canyon, Utah. The Great Gallery. Figurengruppe in Lebensgröße mit brauner Mineralfarbe durch eine Mundsprühtechnik auf Sandstein aufgetragen

Horseshoe Canyon, Utah. The Great Gallery. Figurengruppe

zwei Tiere, zwei Schlangen kommen von unten herauf. Eine weitere hat gekreuzte Arme, andere haben Querstreifen oder senkrechte Striche. Eine auffallend kleinere, unscheinbare Figur ist mit einer punktierten Lemniskate, die nach oben offen ist, dargestellt. Die Lemniskatenform entspricht den elementaren Bewegungsformen der Planeten und der Sonnenbahn im Jahreskreislauf und bezieht sich auf die Grundform des menschlichen Organismus. Die Figuren, die in ihrer Einfachheit einen besonderen Zauber ausstrahlen, stellen den Kontakt mit den Geistwesen her.

Auffällig ist bei diesen Figuren, daß in ihrer Gestaltung und Anordnung ein musikalischer Aspekt spürbar hervortritt, der in allen Bildern und Zeichnungen verborgen scheint. Das Musikalische hat einen Zusammenhang mit dem Atmungsprozeß, dem Ein- und Ausatmen und dem Rauchen der rituellen Pfeife. In dem rhythmischen Atmen, dem Hauch und dem Wind lebte das Wesen des Großen Geistes. Die stundenlangen Zeremonien waren begleitet durch das rhythmische Schlagen der dumpfen Trommeln und die Gesänge. Alle Gestaltung war verwoben mit dem musikalischen Naturempfinden. Der Große Geist als Weltschöpfer hat alles Leben und die Dinge auf der Erde und im Kosmos nach musikalischen Harmonien durch die Kraft der Gedanken geschaffen. Beim Denken wurden die Gedanken des Großen Geistes eingeatmet und durch das Verzehren von Pflanzen und Tierfleisch aufgenommen. Die Pflanzen verbargen die Sonnenkraft des Taiowa, dem Sonnengeist der Hopi, was in dem Bild des Mais in allen kultischen Handlungen in Erscheinung trat.

Horseshoe Canyon, Utah. The Great Gallery. Figur mit lemniskatenartiger Zeichnung

Schlangen, Hirschgeweihe und Adler

Fünfzig Meilen westlich des Horseshoe Canyons erhebt sich das San Rafael Swell Plateau, eine tektonische Auffaltung mit bizarren Formen. Am Head of Sinbad im Buckhorn Wash, im Black Dragon Canyon und am Temple Mountain sind die schönsten Felsmalereien dieser Region zu finden. Zum Teil sehr verwittert und von Durchreisenden beschädigt, sind diese Bilder denen des Horseshoe Canyons sehr ähnlich. Auf zwei Bildkompositionen am Head of Sinbad gehen wir nachfolgend ein:

Vier Figuren, eine mittlere mit ausgebreiteten Armen und einer Schlange auf dem Kopf, links und rechts davon zwei Figuren in dünnen Hüllenformen und einer Schlange als Kopf, dazu eine bewegte tierähnliche Gestalt mit Hörnern und Schwanz.

Daneben ein weiteres Bild mit zwei Figuren, eine mit einer Schlange in der Hand und einem Geweih auf dem Kopf, umschwirrt von sieben kleinen Vögeln, möglicherweise Adlern. Die andere Figur ist etwas größer mit zwei schwebenden Schlangen auf den Schultern. Vier gefiederte Ringe sind neben der rechten Figur und sechs weitere zwischen beiden, etwas unterhalb sind sieben Tiergestalten. Dieses Bild erinnert sofort an die Mythologie der Hopi: die Zahl Vier entspricht den vier Welten des Schöpfungsmythos, die sechs den sechs Raumesrichtungen und die Zahl sieben ist die Zahl der Vollkommenheit.

Das häufige Schlangensymbol, das auch an einer Paneele am Temple Mountain und am Dry Wash bei Moore zu sehen ist, steht für die menschlichen Leidenschaften,

Head of Sinbad, San Rafael Swell, Utah
Figuren mit Schlangenköpfen, ca. 60 cm hoch, gemalt auf Sandstein

die, wenn sie nicht beherrscht werden, den Menschen verschlingen können. Die Schlange taucht in allen Mythologien der nordamerikanischen Indianer auf. Sie ist der Schwellenhüter und auch der Weisheitsträger; sie steht in Verbindung mit den Wasserkräften, den Erdkräften und dem Prinzip des Weiblichen.

Die häufigen Geweihe auf dem Kopf von menschlichen Figuren stellen eine Verbindung zu den geistigen Welten her. Die stark durchbluteten Geweihe der Hirsche und Elche wachsen wie Pflanzen aus dem Kopf und ragen wie Fühler in den spirituellen Luftraum. Die Kraftströme gehen von innen nach außen. Die sieben kleinen Vögel, vermutlich Adler, die das Geweih umkreisen und der einzelne Adler über der linken Schulter symbolisieren die Gedanken, die aus dem Kopf strömen, so wie beim Adler die Federn aus dem Körper herauswachsen. Die Federn als Bild entsprechen den Gedanken. Wer die Gedanken beherrscht, hat Macht – vielleicht stammt das Symbol des Adlers in unserem heutigen Kulturraum von dieser Vorstellung. Der prächtige Federschmuck ist ein Bild für das „Denken“ sowie für die aus der Sphäre hereinströmenden Gedanken. Die „Gedankenkraft“ zeigte sich später, als die Weißen in das Land eindrangen, in Form der Schreibfeder, durch die die Gedanken auf das Papier geschrieben wurden. Die Indianer wurden nicht nur durch Waffen vertrieben, sondern auch durch die betrügerischen mit der Feder geschriebenen Verträge der Weißen.

So einfach diese Bilder auch scheinen mögen, verbergen sie doch viele esoterische Geheimnisse. Die Ringe oder die Kreise symbolisieren den Jahreskreislauf, den Le-

Head of Sinbad, San Rafael Swell, Utah
Zwei Figuren ca. 60 cm hoch, gemalt auf Sandstein

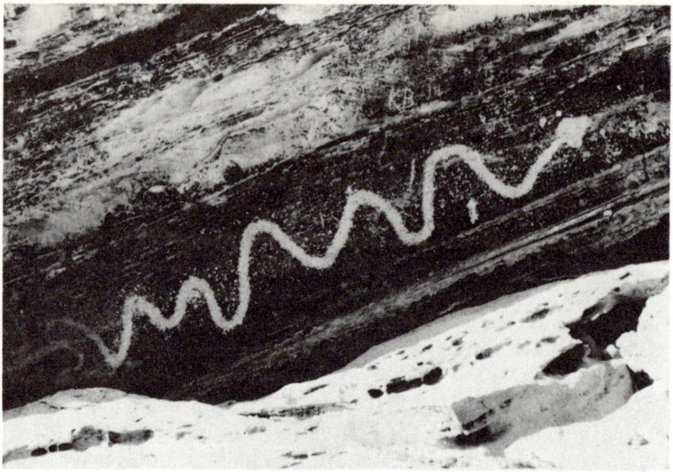

Dry Wash, bei Moore, Utah. Felszeichnung einer Schlange in Sandstein, ca. 1 m lang

benskreislauf und die Harmonie. Dem Kreis liegt eine magische Kraft inne, die zum Beispiel einen Menschen in ein Tier verzaubern kann, wenn er durch einen Ring hindurchschreitet. Das Bild des Kreises erscheint in den Versammlungen, den Tipizelten, den Zeremonialkreisen, den Medizinrädern und den runden Kivas, den unterirdischen Zeremonialräume, in denen die Ereignisse der Unterwelt in den Bereich der Oberwelt traten. Der Mythos der Hopi erzählt von vier Welten und nennt die vierte Welt, in der wir jetzt leben „Tuwakachi", die „vollständige Welt", in der alle Dinge ein Ganzes, einen Kreis bilden.

Jäger, Schamanen und der Geist der Tiere

Etwas nordwestlich des Green River im Nine Mile Canyon befindet sich eine weitere Konzentration von Felszeichnungen, die zu dem Fremont-Stil gezählt wird. Die Zeichnungen scheinen sehr unterschiedlich, fast „individuell". Außer den Zeichnungen sind auch Reste von Pithäusern und Holzkonstruktionen an Felsspalten in schwindelerregender Höhe erhalten.

An der Mündung des Cottonwood Canyons, einem Zulauf des Nine Mile Canyons, ist eine wunderbare Jagdszene dargestellt. Eine ausgewogene zusammenhängende Komposition, an der später nichts hinzugefügt wurde, wie es bei vielen anderen Bildern der Fall war. Eine Herde Bighornschafe blickt gebannt in die Richtung der Jäger, die sich angepirscht haben. Mehrere kleinere und ein großer Jäger mit Hörnern konzentrieren sich mit gespanntem Pfeil und Bogen auf bestimmte Tiere, die der Schamane (der Begriff Schamane wird hier für Medizinmann gebraucht) gerufen hat;

Cottonwood Canyon, Utah. Zulauf des Nine Mile Canyon, nördl. Green River
Felszeichnung einer Jagdszene in Sandstein, ca. 2 m breit

durch eine Zeremonie hatte er davor eine geistige Beziehung mit dem Wesen der Tiere aufgenommen. Wenn das Tierwesen bereit war, ein oder mehrere „Opfer“ zu geben, dann konnte die Jagd beginnen. Die Tiere waren keine Beute, sondern sie opferten sich, wenn sie darum gebeten wurden (dies konnte durch die geistige Beziehung Jäger-Tier-Schamane geschehen).

Ein solches Tierwesen steht in der Mitte der Szene mit Hörnern, breiten Schultern und Füßen. Es stellt mit einer schlangenartigen Kraftlinie eine Verbindung zu allen anderen Tieren her und verbildlicht damit die Gruppenseele der Tiere. Zu dieser Gruppenseele stand der Schamane in einer geistigen Beziehung. Die erlegten Tiere wurden unter den Stammesmitgliedern verteilt, die in einer Zeremonie dem Tierwesen für das „Opfer“ dankten. Einige Figuren haben anstatt eines Körpers einen Schutzschild in der Form eines magischen Kreises mit jeweils unterschiedlicher Gestaltung, der nicht nur von den Waffen der Feinde schützt, sondern auch Dämonen und böse Geister bannt. Sogar bei der Gestaltung des Pfeiles wurde darauf geachtet, daß übersinnliche Kräfte durch die Befederung der Pfeile und durch eingeritzte und bemalte Zeichen das Ziel genau zu treffen halfen. Auch der Bogen war Kultgegenstand, ein Abbild des Kosmos, dessen Kräfte in die Spannung des Bogens geleitet werden.

Die intime Beziehung zu den Tieren ist ein sehr häufiges Motiv. Die Namen, die sich Stammesangehörige nach der Initiation geben, hängen sehr oft mit Tieren zusammen. Auch viele Clane, von der Größe einer Sippschaft, tragen bei den Hopi Tiernamen. Die Tiere sind geistbegabte Wesen mit einem eigenen Gruppenbewußtsein. Sie waren schon da, als verkleidete höhere Wesen, lange bevor die Erde geschaffen wurde. Und sie haben die Erde eingerichtet, wie es in vielen Märchen und Mythen erzählt wird. Die Menschen waren auf sie angewiesen, da sie die einzigen Helfer für eine Verbindung zum Großen Geist waren. Deshalb genossen sie hohe Achtung und Schutz. Sie halfen und berieten, und sie waren die eigentlichen Führer, Boten, Gehilfen, Lehrer und Wächter; nicht zuletzt gaben sie ihren Körper als Opfer zum Leben der Menschen. Die Trennung zwischen Tier und Mensch war durchlässig, sogar fließend. Die Tiere lebten aber mit ihrem Wesen in einer höheren Sphäre. In vielen Erzählungen sind Tiere „Leute“, und es ist nicht immer deutlich, ob Menschen als Tiere oder umgekehrt vorgestellt werden. Auch in dem Schöpfungsmythos der Pit River Indianer in Nordkalifornien ist es Koyote, der durch Tanz und Rhyhtmus zusammen mit Silberfuchs, der die Erde nur „denken“ kann, die Erde als weibliches Wesen schafft. In allen Mythen sind ähnliche Wesen am Werk.

Es war die große Leistung des Schamanismus, die Welt als einen Ort der Wunder zu empfinden. Einen Ort, den man mit dem Wissen der Unsterblichkeit verließ, um in die viel realere Welt der Ursachen zurückzukehren. Vor dieser Welt bestand keine Furcht.

Zeichen sind Lebenskräfte

Langsam lernt man die Zeichen und Bilder in ihrer inneren Bedeutung verstehen, nachdem man erst in unserem Jahrhundert angefangen hat, auf diese Bilder aufmerksam zu werden und sie wissenschaftlich zu erforschen. Es liegen großartige Grundlagenforschungen in Datierung, Stil und Technik vor. Von der Öffentlichkeit zunächst als primitive Kunst einer Rasse, die fast ausgerottet wurde, angesehen, ist unsere

Growler Mountains, Yuma County, Arizona. „Abstrakte“ Felszeichnung der Hohokam

Bewußtseinsseele langsam bereit, die Kraft dieser Zeichen zu verstehen. Bis vor kurzem nur auf das Faktische ausgerichtete Wissenschaftler werden nun zu Geisteswissenschaftlern, die auf geheime spirituelle Kräfte stoßen, die in dem Bewußtsein der „Verschwundenen" wirksam waren. Es gibt viele Zeichen und Bilder, die für uns „abstrakt" aussehen: Netze, Linien, Gewebe, Striche, Punkte und Zeichen. Zeichen, die nicht in der äußerlichen Natur zu finden sind. „Abstrakt" ist für uns etwas, wenn wir uns Vorstellungen machen, wofür es in der Natur kein Äquivalent gibt. Diese „Abstraktionen" waren für die Indianer dieser Zeit, als noch das Traumbewußtsein vorherrschte, etwas sehr Konkretes. Mit diesem Bewußtsein erleben sie sich in der Welt der Kräfte. Die Linien und Zeichen stimmen mit diesen Kräften überein: Eine unmittelbare Wirkung, ein unmittelbares Erleben der „Wirk"-lichkeit war damit verbunden. Zeichnungen, die an Ganglabyrinthe von Holzwürmern oder Kinderzeichnungen erinnern, findet man viele in Arizona, in den Growler Mountains und in New Mexico. Vielleicht besteht zwischen der kindlichen Auffassung und Sichtweise (bevor sie intellektuell verdorben wird) der geheimen Kräfte der Natur und diesen Zeichnungen ein Zusammenhang.

Die „abstrakten" naturalistischen Darstellungen sind älter als die „konkreten" und können um 1000 v.Chr. datiert werden. Einige Zeichnungen jedoch sind noch viel älter. Die Lebenskräfte oder Formkräfte nehmen, wenn sie durch den Menschen wirksam werden, eine geometrische Gebärde an. Diese Art Geometrie entspricht dem Kosmisch-Sphärischen, den potentiellen Kräften, bevor sie sich manifestieren und konkret werden. Die Navajo fertigen heute noch Sandzeichnungen bei bestimmten

Mesa Verde, Nationalpark, Colorado. Petgroglyphpoint. Zwei Hände, Spiralen

Zeremonien an, wo zum Beispiel diese Kräftewirksamkeit an einen Patienten zur Heilung übergehen kann. Diese Zeichnungen werden wieder dadurch „ausgelöscht", daß sie in die potentielle Kraft zurückverwandelt worden sind. Dieses Zeichnen von Lebenskräften tritt nur dort auf, wo die sphärischen Kräfte im Menschen selbst wirken und nicht erst in der Natur erlebt werden. Dem direkten Naturerleben geht das sphärische Bewußtsein voraus. Aus der Zeit des sphärischen Bewußtseins sind kaum sichtbare Reste vorhanden. Das Erleben des Naturalismus trat erst später nach und nach auf, als der Bezug zum Sphärischen langsam verloren ging. Dann entstanden auch die naturalistischen Bilder.

Das mythisch-kultische Leben brachte erst die Zeichen und Symbole hervor als das Traumbewußtsein der Vorzeit (vor Christi Geburt) sich stärker in Wahrnehmung und Vorstellung differenziert hatte und das Zeichen als etwas „Neues" entstanden war. Die Felsbilder waren eng mit dem Ritus und Kultus verbunden, aus dem sich langsam die eigentliche Kunst entwickelte. Die Felszeichnung ist ein Übergang vom Kultus zur Kunst. Diese Kunst aus kultischen Bildern hat in seiner Form noch keine Selbständigkeit in dem gesellschaftlichen Bewußtsein dieser indianischen Völker. An dieser Schwelle bricht eine Weiterentwicklung im 13. Jahrhundert ab; die Schöpfer dieser Epoche verschwinden, und mancher Mythos lebt in den heutigen Hopi-, Navajo-, Zuni- und Pueblo-Indianern weiter. Es war eine lebendige Bildersprache, die nie zu einer Schrift in unserem Sinne geführt hat. In den indianischen Vokalsprachen blieb noch ein Teil dieser spirituellen Kräfte erhalten.

Temple Mountain, San Rafael Swell, Utah. Eine von Erosion beschädigte Paneele Figuren ähnlich dem Stil im Horseshoe Canyon, Lebensgröße

Vielleicht ist 500 Jahre nach Kolumbus wieder eine langsame Annäherung an das uralte indianische Bewußtsein möglich, und wir entdecken einen indianischen Anteil in uns.

Ich schaue hinunter
in die Tiefe
des Canyons
möchte wissen,
Wann werde ich meine Reise machen?
Wer wird mich als erster begrüßen?
Wie lange werde ich zu reisen haben?
Wo soll ich beginnen?
Was soll ich bei meiner Ankunft sagen?
Warum?
möchte ich wissen.
Dann
sage ich zu mir:
sei geduldig,
die Zeit wird kommen
für dich
die Reise zu machen.

(Ramson Iowatewanna, Hopi)

Die Spaltung von Oraibi

Heino Gehrts*

Dem Andenken meines Freundes,
des Kunstmalers Heinrich Döhmann
(1893–1974)

Die Pueblo-Völker im Südwesten der Vereinigten Staaten weisen, bei verschiedener sprachlicher Zuordnung, doch kulturell vielerlei Gemeinsamkeiten auf. Beispielhaft für die Lebensweise dieser Stämme sind die Hopi in Arizona, die bis in unser Jahrhundert hinein einen großen Teil ihres eigenartigen Kulturerbes bewahrt haben und die sich aus diesem Grunde einer wachsenden Berühmtheit in der Welt erfreuen. Denn ihre Daseinsordnung bietet ein Musterbild der rituellen Kultur dar, das heißt für ein Urbild menschlicher Lebensgestaltung überhaupt, das vermutlich schon vor langen Zeiträumen auf allen Kontinenten weithin die schamanistische Daseinsform abgelöst hat. Rituelle Daseinsordnung – dies bedeutete, daß alle lebendigen Belange der rituellen Gestaltung unterworfen waren. Wollten wir das Leben dort mit den modernen Lebensformen vergleichen, dann würden wir sagen, daß bei ihnen Kanzler und Techniker, General und Bischof sämtlich und in erster Linie Ritualführer waren. Politische, ökonomische, militärische Angelegenheiten sind dem Ritualgefüge eingeordnet: Die politische Beratung ist ein Ritualgespräch, Wirtschaftsfragen sind Erd- und Wolkenrituale, militärische Aktionen sind Kriegsrituale – ein jedes Problem ist in erster Linie ein rituelles Problem, eine jede Schwierigkeit verlangt nach einer rituellen Lösung.

Gegen ein solches Prinzip erhebt sich auf seiten moderner amerikanischer Institutionen eine Blockade des Unverstehens, und selbst Völkerkundler sind angesichts dieser tief wurzelnden Andersartigkeit in Irrtümer verfallen. Zumal der Yankee – mit seinen Idealen Adaptation, Adjustment und Survival und der Überzeugung von der Überlegenheit seiner Daseinsordnung – vermochte das gänzlich anders zusammenhängende Lebensgefüge einer solchen Kultur nicht zu begreifen und suchte es daher, wenn er sich ihm gegenüber in einer Machtstellung befand, zu zerstören. Erfolgsordnung stand gegen Sinnordnung, und die Träger jener vermochten nicht zu begreifen, daß sich die Träger dieser nicht um des Erfolges willen dem Unsinn und dem Widersinn zu öffnen bereit fanden. Nichtsdestoweniger hat die Hopikultur in den letzten hundert Jahren eine Vielzahl von Freunden und Vermittlern gefunden, und ein umfangreiches Schrifttum ist daraus entstanden – von den ersten Pionieren an bis zu dem vorläufigen Abschluß in einer Art „Hopi-Bibel“. Den unmittelbarsten Zugang eröffnet

---

*Dr. Heino Gehrts: geboren 1913. Studium der Philosophie, Chemie, Germanistik. Promotion mit einer philosophischen Arbeit über Jean Paul. Lebt als wissenschaftlicher Schriftsteller in Mölln. Er übertrug die Biographie des Hopi Don C. Talayesva. Weitere Buchveröffentlichungen über das Zweibrudermärchen und die beiden großen indischen Epen sowie zu einem Besessenheitsfall Justinus Kerners: „Das Mädchen von Orlach“. Forschungen u.a. zum Gral, Märchen, Wesen der Rituale, Schamanismus und zur Parapsychologie. Siehe auch das Interview mit Heino Gehrts zu den schamanischen Elementen der Zaubermärchen in FLENSBURGER HEFTE Nr.30 - Märchen.

Briefkopf Talayesvas

aber auch hier wie sonst das Lebensschicksal des einzelnen Menschen, das in einer solchen Kultur gelebt wird, das uns durch seine verwandten Seiten berührt und durch die eigenartigen, die fremdartigen fasziniert. Zu Anfang der vierziger Jahre erschien die Autobiographie eines Hopi aus Oraibi, des 1890 geborenen Don C. Talayesva, und wenn wir im folgenden ein merkwürdiges Ereignis aus der Geschichte des Stammes in diesem Jahrhundert schildern, dann werden wir auch gelegentlich auf die Rolle dieses einzelnen und auf den Beziehungszusammenhang hinweisen, in dem er die Vorgänge erlebt. *(Siehe die auch Abbildung von Don C. Talayesva auf Seite 74,* Red.)

Der Schilderung des Ereignisses müssen wir vorausschicken, daß sich das Ritualganze der Hopi wie bei vielen anderen Kulturen zumal im kosmogonisch begründeten Jahreskreis der Feste darstellt, daß diese mit vielerlei Vorbereitungen und Nachfeiern verbunden sind, die der Weiße als zeitraubend ansieht, weil nach seiner Meinung die Zeit besser auf Arbeit verwendet würde als auf das rituelle Drama. Denn da gibt es die langdauernden einstimmenden Besinnungsübungen, zumal bei den rituellen Amtsträgern – mit geschlechtlicher Enthaltsamkeit, mit Speiseeinschränkungen –, bei denen die sogenannten Altäre aufgebaut werden, die aus symbolischen Gestaltungen bestehen, aus Sandgemälden, heiligen Gegenständen, Götterbildern, bei denen die Pahos aus Hölzern, Vogelfedern, Baumwolle, Maishülsen und anderen Pflanzenteilen hergestellt werden: symbolische Leiber von Gebeten – und bei denen auch die Masken gepflegt, erneuert, gespeist und mit Gebeten bedacht werden. Das Wesen, das sich bei den Kulttänzen in der Maske darstellt, führt den Namen Katschina, den wir uns versuchsweise mit Percht verständlich machen können, ein Brauchtum, das wir sicherlich mit dem heimischen älteren Maskenwesen vergleichen dürften. Die Schembartläufer in ihren vielerlei symbolträchtigen Gewändern, mit ihren Jahreszeiten- und Sinnspielen, lassen sich als eine Spätform mit der hopimäßigen Urform durchaus vergleichen, als mit den bedeutenden Masken nämlich von Wesen aus Urwelt, Vision und Geschichte. Die Anzahl der bekanntgewordenen Hopimasken mag sich auf ein halbes Tausend belaufen, und sie sind von den Weißen in herbarienartigen Bestimmungsbüchern zusammengetragen worden. In Wirklichkeit aber ist ihre Zahl Legion, denn jedes neu erscheinende Wesen der Natur- und Menschengeschichte kann durch schöpferische Nachgestaltung in einer Katschinamaske verdichtet werden. Eines der auffälligsten Merkmale am Katschinakult ist die Jahreshälftung ihrer Erscheinungsweise. Im Zyklus der Feste erscheinen sie zuerst zur Wintersonnenwende, zum Soyál, begleiten mit ihren Tänzen den Aufstieg des Jahres und werden nach der Sommersonnenwende feierlich entlassen – am Nimanfest, an dem hohen Abschiedsfest der Katschinas, zu dessen Begehung auch viele der außerhalb des Hopilandes lebenden Stammesangehörigen heimkehren.

Das Ereignis, das wir schildern wollen, betrifft Oraibi, die älteste ununterbrochen bewohnte Siedlung der Vereinigten Staaten, und es leitet ihren Untergang ein, zumindest das Ende ihrer vorherrschenden Stellung unter den Ortschaften des Hopistammes. Es ist das dritte von drei erregenden Ereignissen aus der Geschichte der Hopi, so weit wir sie überschauen und wir in ihnen mitbetroffen sind, und die zwei späteren fordern jedenfalls unsere unmittelbarste Anteilnahme heraus. Das erste wäre, im 13. Jahrhundert, die Einwanderung des Stammes in seine heutigen Gebiete mit der Gründung von Oraibi – Begebenheiten, die sich in den Wandersagen der Clane erhalten haben. In diesen erscheinen sie verbunden mit dem Mythos vom Aufstieg aus der Unterwelt und von der Entdeckung der Erdwelt, die unter der Obhut Masau'us steht, des Feuergottes, der zugleich der Gott des Todes und der Toten ist.

In der Unterwelt hatten gemeinsam mit ihren roten Brüdern auch die Weißen gehaust, waren aber bald nach dem Aufstiege getrennte Wege gegangen und zu ihren besonderen Geschicken in den Osten aufgebrochen. Die ursprüngliche unterweltliche Schicksalsgemeinschaft und die oberweltliche Trennung – mit der Verheißung eines glückbringenden Wiederfindens, einem Mythos der Hoffnung – bilden den Hintergrund jener anderen beiden Ereignisse, ihre Farben vertiefend und unsere – Betroffenheit. Denn wie die Azteken – mit denen die Hopi sprachverwandt sind – traten auch diese den Pionieren unserer Rasse mit einer bestimmten Erwartung gegenüber und wurden schmählich enttäuscht.

Das zweite Ereignis, mit der ersten „Wiederbegegnung" zusammenhängend, ist die Befreiung von der spanischen Mission, die sich im Laufe des 17. Jahrhunderts bei den Pueblos eingenistet hatte und die 1680 in einer gemeinsamen Unternehmung aller Stämme beseitigt wurde, was oft einer Ermordung der Missionspriester gleichkam. Die folgenden Jahre sind erfüllt von politischen Versuchen der Hopi, eine Strafexpedition der Spanier abzuwenden; sie schwanken daher zwischen einer gewissen Nachgiebigkeit und dem schroffen Verlangen, ihre eigene Religion geachtet zu sehen. Es kommt anscheinend zur Neuerrichtung einer Missionsstadt in Awatovi, und von dort geht auch im Jahre 1700 ein Hilferuf aus, eine spanische Garnison zum Schutze der christlichen Hopi zu bestellen. Die übrigen Hopidörfer aber sahen Awatovi offenbar als einen Pfahl im Fleische an; denn noch im selben Jahre wurde das Dorf durch eine Expedition der anderen Ortschaften überfallen, zerstört und zum Teil ausgemordet. Die Überlebenden, nach der mündlichen Überlieferung zumeist Frauen, wurden in die eigenen Dörfer mit heimgenommen. Es ist höchst merkwürdig, vermutlich aber auch sehr bezeichnend für die mündliche Überlieferung in rituellen Kulturen, daß die um 1900 aufgezeichnete Sage von der Zerstörung von Awatovi kein Wort von Spaniern oder Christen vermeldet, sondern ein Schema wiedergibt, das auch in den Untergangssagen anderer Ortschaften erscheint: Der Dorfvogt ist unzufrieden mit seinen Schützlingen, betrachtet sie als unverbesserlich und beschließt bei sich, die Bösen durch Verschwörung mit einem anderen Dorfe auszurotten.[1] Das Schema enthält, soweit ich es verstehe, einen gewissen Doppelsinn: Zwischen der Dorfgemeinschaft und dem Dorfvogt herrscht ein polares Verhältnis; wenn der Vogt seine auf das Wohl des Dorfes gerichtete, ausgewogene und fromme Gemütskraft bewahrt, kann die Gemeinschaft nicht völlig verbösern. Wenn aber die *gegen* die Gemeinschaft wirkenden Hexer, die zwei Herzen in der Brust haben, zeitweilig die Oberhand gewinnen, dann nur deswegen, weil schon zuvor auch der Dorfvogt sich der lebendienlichen Haltung entfremdet und dem schmarotzerischen Zwieherzertum geöffnet hatte. Darum hat der Dorfvogt, auch bei überhandnehmender Zwieherzerschaft, die Pflicht, die den Lebenswerten zugewandte, gleichmütige und einfältige Wunschkraft zu bewahren. Diese Deutung des Schemas macht es verständlich, inwiefern es auf den Untergang von Awatovi anwendbar war und dessen Untergangssage durchgehends beherrschen konnte, ohne daß deswegen die Rollen der Spanier und der Hopichristen vergessen sein mußten. Denn das sind bloße Historismen europäischer Observanz und stellen für rituelle Kulturen kein Hauptaugenmerk dar.

Wie in der Sage und der Historie von Awatovi handelt es sich auch bei der Spaltung von Oraibi um Spannungen innerhalb der Ortschaft und um den Druck von außen, den die Weißen ausüben. In einer von einem Sinn getragenen Gemeinschaft lösen sich Spannungen nach einer gewissen Zeit, indem ihre Glieder über den Spannungsanlaß hinauswachsen und ihn vermöge des in ihrem Grunde angelegten Sinnes in neuen Gestaltungen zum Ausgleich führen. Gegen derartige wuchshafte Entspannungsvorgänge wirken in der Gruppe selbst gegebenenfalls Beweggründe nackter Machtbegier, die keinen Stellenwert im ursprünglichen Sinngefüge besitzen – von außen und vor allem aber der Druck der Fremden. Diese, von vornherein ohne Anteil an jenem Sinn, stellen ihn vom Grunde aus in Frage, verhindern den Ausgleich, benehmen jede tröstliche Aussicht darauf, wenn er anhält, und lassen die Spannung sich bis zur Unerträglichkeit steigern. Die tadelnde Bemerkung des Regierungsbeauftragten im Jahre 1906, die Parteien sollten sich doch, wie Weiße es vernünftigerweise täten, zusammensetzen und die Schwierigkeiten aushandeln, zeugt für die totale Uneinsichtigkeit des typischen Yankee, dem für seine beiden Höchstwerte, Demokratie und Dollar, eine Preisgabe anderer Werte nicht einmal ein Opfer dünkt, sondern lediglich eine in minderer Valuta geleistete Zahlung.

In Oraibi gab es seit langem, womöglich schon seit spanischer Zeit, zwei Gesinnungen, die zu immer schroffer sich absetzenden Parteiungen wurden: die der Feindseligen und die der Freundschaftlichen, von den Amerikanern auch als Konservative und Fortschrittliche unterschieden. Doch sind diese Benennungen ganz irreführend; denn vom Hopigefüge zum Yankeesystem wollte keine der beiden Parteien fortschreiten. Die Konservativen lehnten jeden Kompromiß mit der amerikanischen Lebensweise und Religion ab, die Freundschaftlichen wollten die angebotene Ausbildung und einige wenige der zugesagten Daseinsmittel annehmen, doch selbstverständlich ebenfalls ihre Riten bewahren. Ihre Position war allerdings insofern unklar, als man keine sichere Grenze zwischen Schulbildung und religiöser Unterweisung erkennen konnte, und zwar sowohl infolge der eigenen Kindererziehung, die ein organisches, sinn- und innerlichkeitsbezogenes Ganzes war, wie auch infolge der amerikanischen Schulpraxis, zu der ein christlicher Religionsunterricht selbstverständlich dazugehörte.

Es war allerdings nicht nur der Druck der amerikanischen Behörde, der die Freundschaftlicheren zu einer nachgiebigeren Haltung bewegte, sondern es gab noch mindestens drei weitere Gründe, die eine Zusammenarbeit mit den Yankees empfahlen. Kein politisch-verantwortlicher Dorfvogt konnte sich der Einsicht verschließen, daß der benachbarte Großstamm der Navajo in den letzten Jahrzehnten zu einer unerträglichen Übermacht herangewachsen war und daß er in nicht allzuferner Zeit nicht mehr vom eigenen Land und Pueblo abgewehrt werden könnte. Die letzten blutigen Schlachten haben die Hopi im vorigen Jahrhundert mit den Navajo ausgetragen. Neuerdings aber war eine Abwehr nur noch zu denken als Grenzziehung durch den Großen Weißen Bruder.

Der zweite Beweggrund zum Einlenken war die ständig gegenwärtige Bedrohung durch den Hunger in diesem Steppenland. Jeder Haushalt mußte über den laufend geernteten und verbrauchten Vorrat hinaus eine volle Jahresernte vorrätig halten, denn allzuleicht gab es in diesem Land der Regenarmut und der Sandstürme eine Mißernte. Aber eine zweite Mißernte auch im folgenden Jahr bedeutete dann die Katastrophe – und von solchen Hungerperioden wußten die Älteren entsetzliche Geschichten zu erzählen. Hier schienen die vollkommeneren Daseinsmittel der Weißen Abhilfe zu versprechen.

Von dieser Daseinsmacht hatten einige Dorfvögte anfangs der neunziger Jahre einen bestimmenden Eindruck erfahren. Man hatte sie in den amerikanischen Osten gebracht, hatte ihnen die im Vergleich zum Pueblo außerordentliche technische Daseinsordnung der großen Städte vorgeführt und in ihnen den Gedanken gefestigt, daß der Hopi, um den Anforderungen und Nöten seiner Steppenlandschaft besser gewachsen zu sein, sich das Wissen der Weißen auf ihren Schulen zu eigen machen müsse. Auch der Dorfvogt von Oraibi, Lolulomai, war auf dieser Reise zu der festen Überzeugung gekommen, daß er mit den Seinen, mit der ihm anvertrauten Bevölkerung diesen Weg gehen müsse. Aber unlösbar war und blieb eben die Schwierigkeit, wie man die Kinder im Ritual bewahren könne, wenn man sie auf die ihre missionarischen Tendenzen nicht verbergende Schule gäbe.

Der dritte Grund für das Anlehnungsbedürfnis der Freundschaftlichen waren die Gegensätze innerhalb der Bevölkerung. Mischa Titiev, den wir aus Dons Lebensbeschreibung als einen offenherzigen Freund der Hopi kennen, hat in seinem Buch über Alt-Oraibi die Spaltung der Ortschaft in aller Ausführlichkeit dargestellt. Aber er verleugnet sein Amerikanertum darin so wenig, daß er als Hauptursache für das Zerreißen der Einwohnerschaft nicht den Druck der Weißen hinstellt, sondern innere gesellschaftliche Spannungen, für die die politische Situation um 1900 mehr den allgemeinen Hintergrund gebildet habe.[2)] So recht er nun auch im einzelnen bezüglich der inneren Reibungen haben mag, ihre katastrophalen Auswirkungen sind doch ohne Zweifel bedingt durch die amerikanische Bedrohung des allein hopimäßigen Lebenssinnes, ohne den der Ausgleich zwischen den beiden rivalisierenden Gruppen sich unmöglich einstellen konnte. Dieser Lebenssinn war in dem die Jahre verwebenden Ritualganzen ausgebildet, wurde in ihm wie ein Hort von Stammeskleinoden gehegt und mußte wie ein Kronschatz weitergegeben werden. Es war die Besorgnis um den Verlust dieses Hortes, der die Gegensätze erst bis auf den Grund aufklaffen und im Laufe der Zeit immer klaffender werden ließ. Dabei bestand durchaus kein Gegensatz in der Wertschätzung des rituellen Erbes, er bestand allein in der Vorstellung von der Haltung, mit der man ihn bewahren könne. Eine solche pragmatische Parteiung ist aber überall bei drohender Beraubung zu erwarten, und er kann auf keinen Fall dem rituellen Gefüge des Stammes zur Last gelegt werden. In einem von Nequatewa geschilderten Gespräch zwischen Tewaquaptewa, dem späteren oraibischen Dorfvogt, dem Nachfolger von Lolulomai, und einem Truppenkommandeur bringt jener es völlig klar zum Ausdruck: daß im Dorfe alles in Ordnung gewesen sei, bevor die Weißen die Schulen erbaut hätten. Bei diesen läge also die Schuld, daß sich in den letzten Jahren die Zwistigkeiten entwickelt hätten.[3)] – Solche überlieferten Äußerungen sind freilich nicht als eigentlich persönlich und historisch anzusehen, aber doch als symbolhaft für die Richtung, in der auch ein „freundschaftlich" gesonnener Hopi die Schuld für die Spaltung suchen mußte.

Tewaquaptewa, Nachfolger von Lolulomai als oraibischer Dorfvogt (vor seinem Haus)

Es war nicht anders zu erwarten, daß der von der Meinung des Dorfvogtes abweichenden Gruppe ein Führer wuchs; dies war zunächst Lomahongyoma vom Spinnenclan. Die Dorfvögte dagegen kommen aus dem Bärenclan, ihm gehörte also auch Lolulomai an. Aber Spinnengesippen und Bärengesippen bilden zusammen den höheren Verband, den die Völkerkunde „Phratie" nennt. Im Hinblick auf das Ritual nahm Lomahongyoma ebenfalls eine bedeutende Stellung ein; er verwaltete die Bauflötenkiva – die Kiven sind die unterirdischen Kulträume –, war Leiter des Bundesrituales der Blauen Flöte, hatte im Soyal, also der großen Wintersonnenwendfeier, eine bedeutungsvolle Sängerrolle und war Bundesbruder des Kriegerbundes, von dem sein eigener Mutterbruder der Leiter war. Die unbedingte Anhängerschaft seines Clans und seiner Flötenbundsgenossen sicherte ihm auf jeden Fall eine verläßliche Gefolgschaft, aber es gab nur wenige Bünde und Sippen, aus denen nicht Konservative zu ihm stießen. Nur im Feuerclan (zu dem Irene, Dons Frau, gehörte) hatte er nicht einen Anhänger, während sogar aus dem Bärenclan zwei Gesippen zu den Feindseligen zählten. Die weitaus meisten Bünde und Clane waren geteilt; allerdings verlief der Schnitt selten in der Mitte wie beim Schmerholzclan (Dons Gevatter), von dem 26 Gesippen zur einen wie zur anderen Seite gehörten. Vom Sonnenclan (Don selber) standen zwei Drittel auf seiten der Freundschaftlichen, während sich vom Sandclan (Dons Vater) drei Viertel zu den Konservativen hielten.[4)] Ich meine, daß sich hierin sehr klar, gegen Titievs Ansicht von der ausschlaggebenden Rivalität der Sippen und Bünde, eine Entscheidung nach Gesichtspunkten anzeigt, unter denen sich auch Gesippen und Bundesgenossen voneinander trennen können.

Selbstredend war der allerletzte Ratschluß des einzelnen und der kleinsten Zelle keineswegs allein abhängig von der Einstellung zu den Bahanas, zu den Weißen. Es gab, da es sich nicht um eine abstrakte Entscheidung handelte, sondern um eine menschliche, vielerlei Motive, die den Menschen nach der einen wie nach der anderen Seite zogen, und der endgültige Entschluß, als es sich um das Bleiben oder Fortziehen handelte, war oftmals unter bitterem Schmerz errungen – Eheleute und Gesippen wurden auseinandergeworfen, und manch einer mag sich am Ende ohne eigene Wahl, nur von den Umständen hingerissen, bei der einen oder der anderen Gruppe eingefunden haben. Don selbst erzählt, daß die Feindseligen bei ihm im Hause der Mutter erschienen und die Familie zum Mitkommen aufforderten, daß aber sein Großoheim Talasquaptewa – mit einer Bärenfrau, der Schwester Lolulomais, verheiratet und freundschaftlich gesonnen – ein hoher Amtsträger war und daher den Werbern die Tür weisen konnte. Und dies sei der Grund dafür gewesen, daß seine Familie in Oraibi blieb.

Doch ich habe, indem ich die Motive der Parteinahme aufzudecken versuchte, schon vorgegriffen. Im Sommer 1890 war Lolulomai in Washington gewesen, in den folgenden Jahren vertieften sich die Gegensätze. Die Schule in Keams Canyon, die auch Don später besucht hat, wurde 1887 eröffnet, aber es kamen aus Oraibi nur wenige Kinder dorthin. Im Frühjahr 1891 schickte die Regierung die ersten Landmesser ins Hopigebiet, weil sie die Allmende in Privateigentum umwandeln wollte – ein Vorhaben, das nur dem bürokratischen Aberwitz landfremder Beamter und dem Zivilisatonsdünkel fortschrittsbesessener Umerzieher entspringen konnte und das daher von allen Dorfvögten abgelehnt wurde.[5)] Denn schon in wirtschaftlicher Hinsicht war diese Maßnahme unzweckmäßig und verderbenbringend – in dieser Steppe mit ihren wechselnden Wasserverhältnissen, ihrer Bodenerosion durch Stürme und den Schwemmlandbewegungen in den Arroyos. Zumal aber lief sie darauf hinaus, die alten ritualgeschichtlich begründeten Landzuteilungen aufzuheben, die wiederum mit den alljährlich ins Spiel gelangenden rituellen Befugnissen, Mächtigkeiten und Verpflichtungen der Bünde und Clane zusammenhingen. Vor allem aber war es doch so, daß das Land, die Erde den Hopi heilig war, daß die Landmesser mit ihren Stäben an dieser Heiligkeit frevelten und daß geradezu die Zerstörung der eigentlichen Heiligtümer drohte, dieser schlichten alten Erdheiligtümer, die das Auge des Geometers nicht einmal zu sehen vermag. Freilich wagten es nur die Leute von Oraibi, eine Vielzahl der Vermessungsstangen wieder aus dem Boden zu ziehen. In Dons Jünglingsjahren wurden, wie er erzählt, die Ländereien abermals eingeteilt (1907–1910), und es scheint so, als hätten erst nach dem letzten Kriege die Behörden den unsinnigen Plan endgültig fallengelassen. Da in jenem Jahre, als Oraibi die Meßlatten ausriß (1891), auch die oraibischen Kinder aus der Schule in Keams Canyon ausrissen, ordnete die Regierung die Verhaftung der widerstrebenden Vögte in der Ortschaft an. Ein halbes Dutzend Kavalleristen wurde dazu unter Führung eines Leutnants nach Oraibi entsandt.

Diese Anordnung gab Anlaß zu einem Ereignis von höchster Eigenart, das in der Geschichte der Begegnungen ritueller und technokratischer Völker nicht oft vorgekommen, ganz gewiß aber nur selten aufgezeichnet worden sein mag: zum Einsatz magischer oder ritueller Waffen gegen die Feuerwaffe. Die Berichte stimmen nicht ganz überein, und der Einsatz war ohnehin unvollständig, weil offenbar von vornherein ein Fehler in den Ablauf einging. Es hätten jedenfalls vier mächtige göttliche Wesen in Gestalt ihrer Masken erscheinen sollen, beginnend mit der Urmutter des Spinnenclans, mit dem Spinnenweib, das aber nicht nur als seine Ursprungsmacht, wuya, dem einen Clan gehört, sondern auch eine allgemeine erdhafte Gottheit der Hopi ist. Sie hätte die Soldaten nur gewarnt und zum Verlassen des Dorfes aufgefordert. Ihr wäre der Feuer- und Totengott gefolgt, Masau'u, in schwarzer Maske und mit einer Schale voll Zaubersaft, aus der er die Soldaten mit Hilfe einer Feder bespritzt hätte – unter nochmaliger Aufforderung, sich zurückzuziehen, da ihm der Kleine Kriegsgott folgen und der Kampf dann ausbrechen werde. Als vierte hätte sich die Maske eines kriegerischen Himmelsvogels gezeigt, von dem die Hopi der Zeit nur mit Schauder und halben Andeutungen zu sprechen wagten. Die Bedeutung dieser vier Erscheinungen wäre also etwas gewesen: eine ultimative Warnung, die magische Schwächung und Todesweihe des Gegners, der wirkliche Ausbruch des Kampfes und das Gesicht des Aasvogels, der das Schicksal der Feinde besiegelt.[6)]

Es scheint so, als wäre diese rituelle Folge an die vorhergehende Ermordung Lolulomais geknüpft gewesen, was mir freilich nicht recht einleuchten will. Da aber der für den Todesschuß bestimmte Mann, trotz mehrmaliger Herausforderung durch den Dorfvogt, sich zu dem Schusse nicht habe ermannen können, so sei es alles anders verlaufen. Der Bericht wird noch besonders unklar dadurch, daß man nicht recht weiß, warum der Bürgerkrieg ausgerechnet in Anwesenheit weißer Truppen vom Zaune gebrochen werden sollte, oder andererseits, warum man, wenn man die Soldaten aus dem Dorfe werfen wollte, sich den Kampf noch dadurch zu erschweren vornahm, daß man – mit der Ermordung des Dorfvogtes – noch die andere Stammeshälfte gegen sich aufbrachte. Dies ist um so weniger zu verstehen, als diese selbstredend die fremden Uniformen ebenso ungern in den Straßen und auf der Plaza des heimischen Dorfes erblickte. So scheint es mir denn richtig, anzunehmen, daß auch unter den Hopi nur wenige den Sinn des ablaufenden Rituals durchschauten und daß sich in den Berichten Vorstellungen davon mischen, was unter wechselnden Bedingungen rituell hätte geschehen können. Diese Annahme, daß von der Allgemeinheit das Geschehen nicht durchschaut wurde, ist um so wahrscheinlicher, als sich unter den Maskenträgern mindestens *ein* origineller Kopf befand, Patupha aus dem Kokopclan, ein älterer Bruder Yukiomas, des späteren Anführers der Feindseligen, allseits als großer Zauberer anerkannt und gefürchtet, Genosse des Kriegerbundes, letzter überlebender Genosse des mit seinem Tode eingegangenen Heilerbundes. Soviel wissen wir sicher, daß er in der Masau'umaske wirklich aufgetreten ist, daß aber seine Handlungen unter der Maske zum Teil schon darauf gerichtet waren, die unheilvollen Folgen mißglükkenden Maskengebrauchs abzuwenden. Nichtsdestoweniger wurde er kurz darauf von der zur Masau'udarstellung gehörigen „Krankheitsgeißel" getroffen, also von einer Art Nemesis zur Maskenanmaßung. Diesem Manne, meine ich, dürfen wir es zutrauen, daß er ein bestimmtes magisches oder rituelles Ziel mit diesem Aufzuge mächtiger Göttermasken im Sinne hatte und daß er, nach dem Entgleisen des Aufzuges, der Gepflogenheit esoterischer Sachwalter entsprechend, auch nachher über das schwieg, was larvenhaft und leibhaft hätte Gestalt gewinnen sollen.

Wir sehen an diesem Beispiel, wie selbst in einer solchen Krisensituation, sogar in der Auseinandersetzung mit den Yankees, sich der Angehörige einer rituellen Kultur rituell verhält. Natürlich versteht er sich selbst und seine Lage, sein Handeln und die Erwartungen, die er daran knüpft, zumindest zum Teil, auf dem Hintergrunde der Mythen, der mythenhaften Voraussagen von der Weltgeschichte, der Rolle seines Clans und seines Bundes in dem lebendigen Körper einer überlieferten Lebensweise. Edmund Nequatewa spricht geradezu von der Theorie, die Yukioma und Talasquaptewa, die beiden späteren Führer, zur Grundlage ihres Handelns gemacht hätten.[7)] Diese Theorien sind indessen unterschiedlich und nicht nur infolge verschiedener Traditionsbahnen; denn auch in einer rituellen Kultur ist die Anwendung überkommener Weisheiten in der konkreten Lage an eine Auslegung gebunden, und es ist Menschenlos, daß der Auslegungen stets mehrere möglich sind. Auch selbst die Schicksalsmantik gibt keinen eindeutigen Wink. Im Hinblick auf das delphische Orakel bezeugt es Heraklit, daß der Gott weder geradezu benennt noch verheimlicht, sondern daß er ein Zeichen setzt. Wie das Ich dessen, der die Weisung empfängt, das Zeichen in seiner Bedeutung zu verfälschen geneigt ist, dafür gibt es ja der Beispiele genug.

Eine solche Verschiedenheit in der Auslegung zeigt sich auch in bezug auf ein potentielles Menschenopfer, das in den Berichten wieder und wieder auftaucht und das im Kulturbild der Hopi zunächst fremdartig anmutet. Denn dem Waffengebrauch widereinander sind sie abgeneigt und versuchen, der Bedeutung ihres Stammesnamens, Hopi, die Friedfertigen, nachzuleben. Das Blutopfer wäre die Enthauptung eines Ritualvogtes gewesen, und sie erscheint auch in der Tat nicht als innerstammliche Justiz, sondern als eine Aufgabe des Weißen Bruders. Yukioma erzählte vor 1902 dem Missionar, dem Riten- und Mythenforscher Heinrich Voth, von der Gründung

Yukioma, Gründer von Hotevila 1906 und Führer der „Feindseligen“, der „Konservativen“

Alt-Oraibis. Damals habe der Bärenclanvogt dem Masau'u, dem Gott, dem das Land ursprünglich gehörte, die Häuptlingsschaft angeboten, doch der habe sie abgelehnt: „Wenn indes der Weiße Mann, dein Älterer Bruder, wiederkehrt und den Bösen die Köpfe abschneidet, dann werde ich das Land wieder in meinen Besitz nehmen. Bis dahin sollst du der Häuptling sein." – In diesem Mythos aus dem Munde des „Oppositionellen" erscheint also die Häuptlingsschaft des Bärenclans als in der Zeit begrenzt; sie wird durch eine Art Gottesreich abgelöst, das mit der Ausübung der Richterrolle durch den Weißen Bruder Dasein gewinnt.[8)]

Der Stamm bewahrt aus sehr alter Zeit auch einige steinerne Tafeln, die mit verschiedenen Bildzeichen versehen sind. Eine dieser Tafeln, die seinerzeit Lolulomai, dem Dorfvogt, gehört haben soll, zeigt einen Geköpften, und es heißt, daß damals vielerlei Diskussionen darüber im Gange gewesen seien, *wer* nun eigentlich zu diesem Opfer verpflichtet sei.[9)] Die Entscheidung darüber lag nach der Überlieferung zwar bei dem Älteren Bruder; aber da die Tradition auch von mancherlei Selbstopfern erzählt, von der Bereitstellung zumal eines Dorfvogtes zum Opfer, wenn die rituelle Einheit der Dorfschaft zu zerbrechen drohte,[10)] so muß auch jeder führende Ritualvogt in seinem Innern die Frage erwogen haben, ob er derjenige sei, der das Leben für das Leben der Gemeinschaft hingeben müsse. Noch nach der Jahrhundertmitte wurde erzählt, daß Lolulomai seinerzeit allnächtlich, angesichts seiner Tafel, darüber nachgegrübelt habe, ob er derjenige sei, der mit dem Kopfe für die Neuerungen, die mit den Weißen kamen, bezahlen müsse. Noch seinem Nachfolger, Tewaquaptewa, scheint man später immer wieder vorgehalten zu haben, daß er, um sein Volk vor dem Untergang zu bewahren, von der höchsten Felswand hinabspringen oder sich köpfen lassen müsse.[11)] Um 1940 taucht das Motiv in einem Alptraum Talayesvas auf – als eine späte Wirkung der Angst, die durch die religiösen Verfolgungen seitens der Yankees in den Seelen seiner Generation tief eingewurzelt war. Der Dorfvogt ist in einer Kiste eingesperrt, der Kopf guckt heraus, er ist von Soldaten und getauften Hopi umringt, und ein Mann steht bereit, ihn zu enthaupten.[12)]

Eine besondere Deutung des Enthauptungsmotivs zeigt sich in den zujüngst aufgezeichneten Berichten, bei Waters aus dem Anfang der sechziger Jahre, also bei Männern, die als Jünglinge noch die Spaltung miterlebt hatten. Danach hätte sich jeder der beiden Führer zum Selbstopfer erbieten können und hätte auf diese Weise seinem Gegner den Rang abgelaufen und sich und den Seinen den Ruhm des Zeitalters erkauft. Doch mag es zweifelhaft bleiben, ob dies auch der traditionsgerechten Überzeugung der Vögte selber entsprach; vermutlich handelt es sich dabei eher um die Meinung der Geführten, die sich heroische, befreiende Entschlüsse von den Verantwortlichen erhofften.[13)]

Die Schiedsrichterrolle, die man dem zurückkehrenden Älteren Bruder zubilligte, war freilich an eine Bedingung geknüpft: Er mußte auch selbst seiner in der Urzeit festgelegten Rolle eingedenk sein. Nach dem Aufstieg aus der Unterwelt, bei der Trennung der Ritualgemeinschaften, hatten einige Clane rituelle Auflagen erhalten, die zu einer glückhaften Aufnahme in den Gesamtverband erfüllt sein mußten. Die Legenden von den Dorfgründungen, vom Abschluß der Wanderzeit berichten, daß ein neu eintreffender Clan erst dann in den Ritualverband eingelassen wurde, wenn er seine künftige rituelle Rolle bewahrt hatte, wenn er den rituellen Beitrag, den er zum

Ritenschatz der Ortschaft leisten konnte, vorgewiesen hatte.[14] Etwas derartiges mußte man auch von den Weißen erwarten, dem entsprechend, was den Brüdern, die vom Urort aus nach Osten zogen, auferlegt worden war: Wer als erster die Stätte des Sonnenaufgangs erreichen würde, sollte denen zu Hilfe eilen, die von Feinden bedrängt würden – das betraf nun seit mehr als hundert Jahren die landräuberischen Navajo –, oder er sollte eben dem Zwieherzerunwesen ein Ende bereiten.[15] Die Castillas waren offenbar nicht die erwarteten Brüder gewesen. Nun erprobte man

Tewaquaptewa (Foto von 1930), Führer der „Freundschaftlichen", der „Fortschrittlichen"

wiederum die Neuankömmlinge: Man bot ihnen die Hand in einer bestimmten Weise dar, in die sie nach einer besonderen brüderlichen Weise einschlagen mußten; man zeigte ihnen die Feuerclantafel, an der die eine Ecke fehlte, und erwartete, daß die Fremden sich mit dem Bruchstück auswiesen. Man erzählte und fragte, doch erhielt man keine Bestätigung, erfuhr kein Urzeitwissen, das dem eigenen entsprach. Manchmal deutete die Hoffnung auch eine von den Seltsamkeiten des Fremden im Sinne des Erwarteten. So brachten die Soldaten ein scherenartiges Gerät mit, das sich öffnen und zuschnappen ließ und das den Hopi als ein zweckmäßiger Halsabschneider erschien, ja, man schreibt dem Hauptmann, der es betätigte, sogar eine dementsprechende Aufforderung an die Führer im Streite zu; aber Entscheidungen der erwarteten Art fielen nicht. Ein großartiges rituelles Richteramt und eine kosmische Arbitrage erhoffte man von den Ankömmlingen und erlebte sie als daseinsbedrohende Drangsalierer. Wie winzig, wie kümmerlich erschien gegenüber den mythologischen Erwartungen der Indianeragent auf der Reservation: ein aufgeblasener, machtberauschter Bürokrat.[16)] Wie tief müssen die Enttäuschungen, wie hochgespannt aber auch die Erwartungen gewesen sein und wie aufwühlend die Überlegungen, wenn man mit dem Bruder, der im Osten die Sonnenaufgangsstätte erreicht hatte, sogar eine theologische Hoffnung verknüpfte, nämlich die, daß er dort erfahren werde, „wer unser wahrer Gott ist“.[17)]

Der Mythos vom Älteren Weißen Bruder war so grundlegend tief in den Überlieferungen verwurzelt, daß noch in den dreißiger Jahren, wie Don berichtete, nach all den zahlreichen Enttäuschungen durch die Bahanas, Dan Katchongva, Yukiomas Sohn von einer Sonnenfrau, Hitler für den Weißen Bruder hielt, der die Bösen erschlagen und die Guten befreien würde. Heute ist, unter dem unerträglichen antikulturellen, antirituellen Druck der Weißen die Hoffnung mancher Hopi und vieler Indianer überhaupt darauf gerichtet, daß die Zivilisation in den Städten durch einen furchtbaren Krieg ausgelöscht wird, während die in den Steppen abgedrängten Urkulturen dort vor der Katastrophe bewahrt bleiben – eine Folgerung *gegen* den Mythos vom wiederkehrenden Weißen Bruder, ein Ergebnis jahrhundertelanger Drangsal.

Damals aber, bei den ersten Auseinandersetzungen im Hopilande, war die in der Urzeit gegründete Rolle des Weißen Bruders noch ein Bestandteil der Theorie, und mir scheint, daß wir daraus auch eine Vermutung entnehmen können, die uns Patuphas Zauberritual verständlicher macht. Alles Beigebrachte legt es eigentlich nahe, daß sein Plan nicht auf die Ermordung Lolulomais durch einen Hopi abgestellt sein konnte, sondern auf seine Enthauptung durch die Weißen. Hätte doch einerseits ein derartiger ritueller Auftakt die Weißen kultbiologisch mit einer Blutschuld belastet, weil auch das notwendige Opfer dessen Vollstrecker einer Opfernemesis aussetzt. Auch bei anderen Völkern gehört es zur Opferweisheit, das Odium einer solchen Tötung dem Gegner aufzubürden. Zumal geschieht dies bei kriegerischen Auseinandersetzungen, und auch die Hopi pflegten es im Kampfe nach Möglichkeit so einzurichten.[18)] Andererseits aber hätte ein solches Blutopfer auch eher ein Zusammenwirken beider Parteien herbeigeführt. In diesem Punkte, wo das Mitwirken der Weißen erforderlich wurde, der Urmythe gemäß, konnte auch am leichtesten jene Entgleisung des Rituals eintreten, von der die Überlieferung berichtet. Hat Yukioma dem Missionar noch später den Mythos von der Richterrolle des Weißen Mannes erzählt, dann ist es nicht unwahrscheinlich, daß sein zauberkundiger Bruder einige Jahre zuvor sein Kriegsritual auf dieses blutige Eingreifen des Gegners abstellte.

Die Demonstration der Masken trug sich im Sommer 1891 zu und war gegen einen kleinen Trupp von Soldaten und Beamte gerichtet. Ihren Auftrag, die Vögte von Oraibi zu verhaften, konnte diese Schar nicht durchführen, und daher wurde nun eine

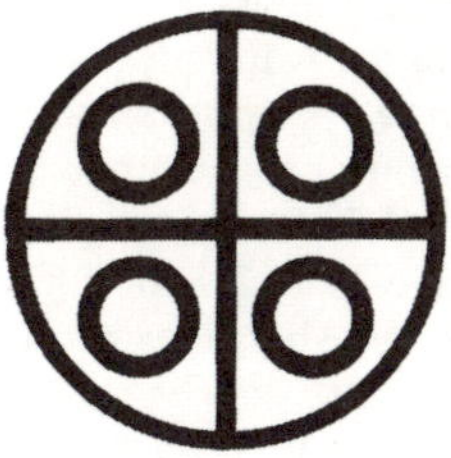

"I must continue to lead my people on the road the Great Spirit made for us to travel. We will meet many obstacles along the way. The peaceful way of life can be accomplished only by people with strong courage, and by the purification of all living things." — Dan Katchongva

Dan Katchongva, Yukiomas Sohn

größere Truppe in Marsch gesetzt, zwei Schwadronen Reiterei, die vier Hotchkiss-Kanonen mitführten, die derzeit weitverbreiteten kleinkalibrigen Schnellfeuerkanonen. Noch in der Niederung unterhalb von Oraibi forderte man, daß sich die Vögte als Gefangene einstellten, und wirklich kamen ihrer sechs von der Mesa herab, unter ihnen Patupha und Lolulomai. Einer von ihnen überreichte dem Truppenführer eine Steintafel, die darauf unter den Offizieren und den Zivilisten von Hand zu Hand ging, aber bei ihnen, wie sich versteht, keine Wiedererkennung auslöste, und die dann zurückgegeben wurde. Darauf marschierte die ganze Truppe, teils auf dem steileren Felsenpfade, teils auf dem Hauptwege nach Oraibi hinauf. In der Nähe der Ortschaft standen mitten auf dem Wege zwei Männer, ein älterer und ein jüngerer, in der Tracht der Kriegsvögte. Der Ältere, befragt, wer er sei und ob er kämpfen wolle, erwiderte: „'Ich bin der Kriegsvogt und stelle den Kriegsgott dar, und dies ist mein Sohn und Amtserbe. Wir sind bereit zu kämpfen, aber unser Volk nicht. Nun stellen wir uns als Geiseln. Tut mit uns, was ihr wollt, aber vernichtet nicht unser Volk!' – Der Berichterstatter (Fewkes) erinnert sich niemals dieses Vorfalles auf dem Wege nach Oraibi, der nun schon dreißig Jahre zurückliegt, ohne diesen Kriegsvogt von Oraibi zu bewundern."

Die Truppe findet die Ortschaft völlig verlassen, kein Mensch und kein Hund ist zu sehen, Fenster und Türen der Häuser sind mit Lehm verstrichen: Beim normalen Pueblo alter Zeit sind die Haustüren ohnehin oben und nur über Leitern zu erreichen; doch nun war die Einkapselung offenbar vollkommen. Die Bevölkerung aber erwartete ihre Peiniger auf der höchsten Spitze der Mesa. Das Militär demonstrierte seine Macht, indem es mit den Kanonen in die Baumgärten schoß, und dies faszinierte auch die Soldaten so, daß einer der Gefangenen über die Mesakante davonspringen konnte. Der Kommandeur erteilte dem Volk gute Ratschläge, das heißt, er erfüllte seine Aufgabe als Pedell der Umerziehungsschule, und am nächsten Morgen zog er mit seinen fünf Gefangenen ab. Unter ihnen war Lolulomai, der grad ein Jahr zuvor vom Werte der amerikanischen Zivilisation überzeugt worden war und bei dem man nun nach Kräften dafür sorgte, daß er unter den Seinen das Gesicht verlor: ein Anzeichen für das Durcheinander in der Indianerverwaltung der Staaten, aber auch ein Hinweis auf die Verwirrung, die sich unter denen einstellen mußte, die man zugleich anlockte und unter Druck setzte.[19)]

Indessen blieb es bei den Parteiungen, und der Zwiespalt vertiefte sich noch in den folgenden Jahren, bis im Jahre 1897 der Führer der Feindseligen eine eigene Wintersonnenwendfeier einrichtete, womit die Zerreißung der rituellen Dorfgemeinschaft besiegelt war. Ein eigenes Soyal der Feindseligen verlangte ja von jedem initiierten Mann, sich für eine der beiden Parteien zu erklären; undenkbar wäre es gewesen, sich von jeder der beiden Feiern auszuschließen, und demnach war Oraibi seit der Jahreswende 1897/98 bis in den Grund seines rituellen Fundamentes hinein zerstört. Einige Jahre später gab es so schlimme Vorkommnisse wie dies, daß der bisherige Katschinavater den Katschinas der Konservativen den Zugang zum Katschinaheiligtum verwehrte, oder daß zwei Nimanfeiern gehalten wurden, also das Abschiedsfest, mit dem man die Katschinas auf eine Jahreshälfte entließ – ein schrecklicher Verstoß, wie Don sich ausdrückt; verständlicherweise, denn damit wurde der klaffende Spalt bis in die Geisterwelt hinein aufgesprengt.

Am Anfang des Jahrhunderts starb Lolulomai, und sein Neffe Tewaquaptewa wurde Dorfvogt. Etwa um dieselbe Zeit zog sich Lomahongyoma aus seiner Führerstellung zurück, und an seiner Stelle trat Yukioma aus dem Kokopclan in den Vordergrund. Die beiden jüngeren Männer waren ebenso kompromißlos wie ihre Vorgänger und betrieben entschiedener den Versuch, die unerträgliche Verzwistung zum endgültigen Austrag zu bringen. Den Druck innerhalb des Dorfes verstärkten die Feindseligen noch dadurch, daß sie 1904 von der Zweiten Mesa eine Gruppe Konservativer bei sich in Oraibi aufnahmen, ihnen Land zuwiesen, das rechtlich zur Verfügung des Bärenclans stand, und sie zum Bau von Häusern ermutigten. Das ganze Jahr 1905 hindurch bemühte sich Tewaquaptewa, diese Leute, die die schwierige Wasserversorgung und die Ernährungslage des Dorfes noch weiter belasteten, wieder zu entfernen, aber erst im Spätsommer 1906 – anderthalb Jahrzehnte nach der folgenschweren Ostreise Lolulomais – fiel endlich die Entscheidung: die räumliche Trennung der innerlich Geschiedenen.

Lolulomai, Dorfvogt von Oraibi. Tewaquaptewa wurde nach seinem Tod sein Nachfolger

Anfang September, nach dem Schlangentanz, den die Konservativen ausrichteten, war Tewaquaptewa entschlossen, die Leute aus Shungopovi mit Gewalt aus Oraibi zu vertreiben. Yukioma hatte eigentlich den Tag des Tanzes selber für die Auseinandersetzung ins Auge gefaßt, wohl um seinem Gegner die rituelle Nemesis zuzuschieben; aber Tewaquaptewa bestand darauf, die rituellen vier Tage, die jedes Fest ausklingen lassen, einzuhalten. „In der Nacht vor dem Streit blieben beide Parteien wach, um sich ihr Glück zu sichern, denn *dies war eigentlich eine Zeremonie*. Die ganze Nacht hindurch wurde feierlich geraucht." – Dieser Satz von Edmund Nequatewa[20)] bezeichnet klar, wie eigentlich derartige geschichtliche Ereignisse in einer rituellen Kultur aufgefaßt werden. Solche Verlautbarungen sind freilich dünn gesät, weil das Vordergrundsgetümmel den Bereich des Erzählbaren zu überschwemmen pflegt.

Dennoch wußten es anscheinend nur wenige, daß der Tag der Entscheidung gekommen war; jedenfalls war am Morgen des 7. September[21)] noch so mancher zur Feldarbeit oder zum Hüten hinausgewandert, der nun eilends heimgerufen wurde. Auch die Weißen am Fuße der Mesa erhielten Nachricht, der Mennonitenmissionar, sein Helfer, eine Besucherin, die Schulleiterin, Miss Stanley, die Krankenschwester Miltona Keith. Miss Keith ritt auf ihrem Pony zur Mesa hinauf, die anderen fuhren mit dem Pferdewagen des Besuches. Alle diese Leute traten gegen acht Uhr zu Tewaquaptewa ins Haus, wo schon ein Kreis seiner Anhänger versammelt war und sich ständig vermehrte, und die beiden Frauen ergriffen, als Angestellte der Regierung, das Wort. Sie mußten sich allerdings eines Dolmetschers bedienen, da zwar der Missionar, nicht aber Lehrerin und Krankenschwester die Sprache ihrer Pflegebefohlenen beherrschten. Sie erklärten also, daß es nicht im Sinne des Indianerbeauftragten der Regierung läge, einen gewaltsamen Ausweg aus den Schwierigkeiten zu suchen, sondern daß sie sich mit der anderen Partei beraten sollten. Auch warnten sie vor einem Eingreifen der Regierung und vor den zu erwartenden Strafen, falls jemand verletzt würde. Aber der Dorfvogt und die Seinen waren nun entschlossen und faßten ohne Furcht die Ankunft von Soldaten ins Auge, da sie ihr Vorhaben für rechtens hielten. Ihre Waffen trügen sie nur zur Verteidigung für den Fall, daß sie angegriffen würden. Auch Don hatte sich, wie er erzählt, als er später an den Geschehnissen teilnahm, seinen Revolver eingesteckt. Im Hinblick auf den weiteren Verlauf dürfen wir wohl annehmen, daß ein Waffengebrauch in der Tat nicht in Erwägung gezogen wurde. Tewaquaptewa hatte in Verkleidung eine Beratung der Feindseligen belauscht und dort vernommen, daß sie keineswegs zuerst zur Waffe greifen wollten. Würde von den Fortschrittlichen einer toll und tötete jemanden, so läge der Fehler bei diesen. Es scheint mir danach sicher, daß die Bewaffnung in einem weitaus höheren Maße, als wir das zu sehen gewohnt sind, Symbol war. Aller Zubehör der Riten und der rituellen Tänze war stets Emblem und Symbol, auch die von einigen Katschinas getragenen Messer und Pfeile, und zum entschlossenen Handeln, da auch dies von rituellem Sinn erfüllt war, gehörte als Symbol des Vorzunehmenden die Bekleidung mit der Waffe. In der Tat ist dann auch im Laufe der Kämpfe, trotz ihrer Heftigkeit, trotz Hunderten von Kämpfern, niemandem die Waffe aus ihrer Bildhaftigkeit in die Zweckmäßigkeit entgleist.

Die Entgleisung aber wäre dann eben eine rituelle Entgleisung gewesen, und der eigentlich von der Waffe Getroffene wäre der von der zugehörigen rituellen Nemesis

Betroffene gewesen, das heißt der Schütze selbst und seine Bundesgenossen. Dan Katchongva, Yukiomas Sohn, bezeugt, daß sein Vater eine entsprechende Anordnung gegeben habe: Wenn einer (von den anderen) vergessen sollte, daß *wir*, die Streitenden, *eines* Volkes sind und einer (von uns) schwer verletzt würde, dann sollte der Betreffende dort liegenbleiben und niemand sollte ihn berühren oder bestatten![22] Diese Anordnung erinnert sehr genau an jenes unberührbare Piaculum, das nach Livius' Darstellung (VIII 9,9) der vom Feinde getötete, devovierte römische Konsul darstellte, und damit fällt ein eigenartiges Licht auf andere Berichte von zerstrittenen Hopidörfern, wo der Dorfvogt entweder seinen eigenen Sohn zum Opfer bereitstellt – oder durch andersartige Aufopferungen einzelner Menschen die Zerstörung des Dorfes einleitet.[23] – Wirklich erlebte auch in Oraibi der Sohn des Anführers, eben Dan Katchongva, an sich selbst die Möglichkeit, der Todgeweihte zu sein. Er wurde beim Ringen schwer getroffen und fiel, als er auf den Boden schlug, in eine tiefe Ohnmacht. Während des ganzen stundenlangen Kampfes lag er ohne Bewußtsein da, ohne daß sich jemand um ihn kümmerte. Als er wieder zu sich kam, schwor er, daß er sein Leben dem Frieden, den Guten und den Demütigen weihen wolle. „Dank, daß ich wieder auflebe!" sagte er laut. „Nun werde ich leben und streben für das Eine Herz!"

Ein anderes merkwürdiges Opfer von der anderen Seite war schon lange vorher gefallen.[24] Als Lolulomai kurz nach 1890 im Gefängnis gewesen war, schlugen die Feindseligen eine Probe auf die Vertragstreue und das Gewicht amerikanischer Versprechungen vor. Doch erscheint es unmöglich, daß es sich um einen bloß politisch-pragmatischen Test gehandelt habe; dazu ähnelt diese Probe anderen Aufopferungen bei früheren ortszerstörenden Zerwürfnissen allzusehr. Lolulomais eigener Neffe wurde aufs Beste bekleidet und ausgestattet, mit kostbarer Handelsware versehen und machte sich, mit einem Esel beritten, auf den Weg. Oder mit anderen Worten: Man entließ ihn in den sicheren Tod durch einen Raubmord. Nach drei Tagen kam das Tier ohne den Reiter zurück; ein Suchtrupp fand die Leiche: mit zerschmettertem Schädel, typisch für Navajomorde. Die Agentur sendet eine starke Streife aus, diese spürt auch den Mörder auf, und er wird eingesperrt. Doch ein Verfahren läßt auf sich warten. Der Agent, ausweglos eingeklemmt zwischen die Belange der Hopi, der Navajo, der Regierung, bietet die Auslieferung des Täters an die Hopi an. Diese verlangen den zugesagten Schutz und die Bestrafung durch den Staat. Da läßt der Agent den Navajo entwischen. Kein Wunder, daß die Feindseligen den Amerikanern um so weniger trauten. Aber wir wissen nicht, wie es in Lolulomai aussah, der seinen Neffen in den recht gewissen Tod hatte reiten lassen und der dafür von den Weißen nicht einmal die entschiedene Rechtfertigung seiner vertrauensvollen Einstellung eingehandelt hatte. Auch erkennen wir in seinen Handlungen keine Folgerungen aus dem Geschehnis.

Daß wir mit einer opferkundlichen Deutung solcher Todesfälle deren Hopisinn wirklich nahekommen, zeigt eine Anmerkung Nequatewas.[25] Er sagt dort, daß sich die Vögte in alten Zeiten, wenn sie eine Wanderung für nötig hielten, zusammenhockten und einen Zwist ausbrüteten, um die Wanderung einleiten zu können. Wegen der Leiden, denen sie auf diese Weise das Volk aussetzten, hielten sie sich indes immer für schuldig, obwohl das Ergebnis am Ende doch gerade den Leidtragenden zugute kam. „Daher 'opferten' sie sich oftmals freiwillig zur Sühnung für das Ungemach, mit dem sie das Volk beladen hatten; auch wurde alles Unheil, das sie nach solchen

Unternehmungen ... befallen mochte, als eine angemessene und gerechte Strafe betrachtet.“

An jenem Septembertage in Oraibi fiel indes kein Schuß; man hat nicht einmal dem Gegner die Waffe vorgehalten und ihn aufgefordert, das Dorf zu verlassen. Sondern man hat ihn als eine Bürde auf sich genommen und aus dem Dorfetter hinausgetragen – oder hat ihn gezerrt und geschoben, bis man ihn draußen hatte. Wie dies geschehen und ein nachhaltiges Ergebnis haben konnte, ist für uns fast unbegreiflich. Denn wir vermögen uns nicht vorzustellen, daß die Hinausgebrachten nicht ihren Beförderern sogleich ein Schnippchen schlugen und auf einem Umwege wieder ins Dorf zurückfluteten, so daß in dem unaufhörlichen Hin und Her kein Ende abzusehen gewesen wäre. Oder mit anderen Worten: Ohne ein irrationales Element ist diese endgültige leibhafte Spaltung von Oraibi gar nicht zu verstehen – Schicksalsmagie, Ritus und Mythos wirkten alle in einer Richtung. Die Spaltung von Oraibi war geweissagt, die Form der Entscheidung war vorausgesehen, seit langem war ins Auge gefaßt worden, die Feindseligen an den Ort im Norden zu schicken, nach Kawestima, wo in der Vorzeit das Spinnenweib die Wanderung ihres Clans abgebrochen und ihren Leuten aufgegeben hatte, nach Oraibi zu gehen und sich dort Matcito, dem Urvogt des Bärenclans, und seiner Siedlung anzuschließen.

Die Weißen begaben sich, nach ihren an Tewaquaptewa gerichteten Ermahnungen, mit denselben Dolmetschern zu Yukioma, um ihm ebenfalls Mäßigung anzuraten. Miss Stanley hatte aber ihre Rede noch nicht beendet, als schon Tewaquaptewa mit seinen Männern erschien und die Weißen zum Verlassen des Hauses aufforderte. Von den Fremden aus Shungopovi verlangte er, daß sie das Dorf sofort verließen, und als Yukioma sich für ihr Verbleiben aussprach und ihnen den Schutz der Seinen verhieß, erhielt er vom Dorfvogt die Antwort, daß er dann ebenfalls samt seines Anhangs gehen müßte. Darauf setzte dann die stundenlange Rangelei, das Drängen und Ziehen ein, das den Entscheid herbeiführte. Aus Helen Sekaquaptewas Lebensbeschreibung erfahren wir, daß es außer der berühmten Linie Yukiomas, von der sogleich die Rede sein wird, noch einen anderen Strich gab, der schon vor einiger Zeit in den Sandstein nördlich des Dorfes eingeritzt worden war[26]: Über diesen wurden die konservativen Männer hinausbefördert, und man holte dann ihre Frauen und Kinder dazu. In der Tat, kein Weißer hätte jemals den Gedanken fassen können, daß sich ein Dorf auf solche Weise entzweizuteilen vermochte. Welch ein Fatalismus, welche Erfülltheit von Weissagungen, von unüberschreitbaren Lebens- und Entscheidungsformen.

Helen Sekaquaptewa, damals ein sehr junges Kind, etwa zehn Jahre später geboren als Don C. Talayesva, zu einer konservativen Familie gehörig, zuerst von ihrer Mutter unter dem Fußboden verborgen, dann von ihr unter dem Schaffell aufgerufen, noch an der Mutterhand hangend, wurde jäh von einem Manne hochgerissen und von einem anderen – mit einer schiefen Nase – die Hausstiege hinuntergestoßen. Sie wanderte mit den Ihren auf die Plaza, und von dort wurden sie weiter aus dem Dorfe getrieben. Viele der freundschaftlichen Frauen, sagte sie, saßen auf ihren Hausdächern, klatschten in die Hände, „kreischten hinter uns her und machten sich über uns lustig, während wir aus Haus und Heimatdorf von dannen zogen“[27]. Hahaye, Dons Mutter, vom Sonnenclan, sitzt daheim bei dem kranken Bruder und weint, weil die Freundschaftlichen die Feindseligen aus dem Dorfe treiben.

„Ein Wirrwarr von Menschen, von Männern, Frauen und Kindern, strömte aus den Häusern, am Hause Tewaquaptewas vorüber und zum Dorfe hinaus, geschoben, gezerrt und gezogen von Tewaquaptewa und seinem aufgeregten Gefolge. Wer sich widersetzte, dem wurden die Kleider zerrissen, er trug Beulen und Kratzwunden davon. Aber die meisten ließen sich treiben, ihr Bündel auf dem Rücken, die Männer mit starren Gesichtern, voll Furcht die Frauen und Kinder und unter Tränen. Des Dorfvogtes Helfer liefen geschwinde zwischen dem Dorf und dem Anger hin und her; Gruppen antreibend, einzelne abführend, Getriebene anherrschend, gegenseitig sich anfeuernd, immer in Eile, mit aufgeregtem Geschrei, mit wilden Blicken und wahrhaft fanatisch. Denn was vorging, war das Ergebnis tiefangelegter Überlieferungen, und beide Parteien verlangten, daß es geschehe. Ihre Vorväter hatten es vorausgesagt, und die Worte waren allen bekannt: Auf diese Weise ist es immer dann und wann bei den Hopi vollbracht worden. Zwei Vögte können nicht das Wort führen in einem Dorf. Einer muß gehen." So Helen Sekaquaptewa.

Und damit sind wir bei dem Höhepunkt angelangt, bei der einschneidendsten Szene, in der das Geschehen sein ergreifendes Angesicht gewinnt. Stunden waren vergangen, es war der Nachmittag des 7. September, und Helen erzählt, wie der Tag für sie selbst inzwischen all sein Schauerliches verloren hatte und sie mit den übrigen Kindern Kinderspiele trieb; für sie war es ein Picknick, für andere die Tragödie ihres Lebens. Die Erwachsenen saßen hier und dort auf den heißen Felsen in der Sonne; die Freundschaftlichen standen in Gruppen umher, bewachten die Ausgetriebenen und versuchten gelegentlich ohne Erfolg, sie wieder in Bewegung zu setzen und weiter fortzutreiben, nach Norden, nach Kawestima. Zuweilen wurde auch erneut über die alten Mythen und Weissagungen gestritten; beide Scharen stimmten überein, daß die eine ausziehen müsse. Aber die Feindseligen erklärten, die anderen seien die Abtrünnigen und darum das Heimatdorf zu verlassen bestimmt.

Schließlich rief Yukioma die Seinen auf, und seine Gegner traten ebenfalls hinzu; er ritzte mit einem Steinbrocken von Westen nach Osten eine Linie in Sand und Fels, stellte sich selbst mit seinem Gefolge im Norden auf, die Augen nach Oraibi gerichtet, während die Mannen des Dorfvogtes südlich der Linie, mit dem Rücken zur Heimstatt standen. „Also, laßt es denn auf diese Weise geschehen", sagte Yukioma, „wenn ihr mich über diese Linie drängt, will ich auswandern." – Auf einem Felsen in der Nähe, in dem eine Linie und die Clanzeichen für Bär und Kokop eingeritzt sind, stehen die Worte in etwas anderer Form: „Also, auf diese Weise muß es nun geschehen, daß es, wenn ihr mich über die Linie gedrängt habt, vollbracht ist." Nach Titiev folgten noch die Worte: „Aber wenn wir euch über die Linie drängen, dann ist es nicht vollbracht, und wir werden hier wohnen bleiben."[28) – Dem Yukioma trat Humihongniva vom Wasserkoyoteclan gegenüber; sie legten einander die Hände auf die Schultern, die beiden Parteien packten sie von hinten an und begannen zu drücken – mit aller Wucht auf die beiden in der Mitte gegeneinander Gestemmten, ein Ringkampf von zweien mit der Kampfkraft von vielen. Die Menschenmasse taumelte hin und her; minutenlang, eine Viertelstunde lang wankte der verkrampfte Haufen über der Linie; Yukioma, lang und hager, ward über die Köpfe hinausgedrückt, tauchte wieder unter in der Mitte des Knäuels und ward endlich, schwer in Mitleidenschaft gezogen von der Gewalt beider Seiten, weit nach Norden über die Linie gedrängt. Sobald er wieder zu

Der Felsen mit der Inschrift Yukiomas: „... when you pass me over this LINE, it will be DONE"

Atem gekommen war, sagte er: „Nun also, in dieser Weise muß es nun sein. Da ihr mich über die Linie gedrängt habt, ist es vollbracht." – Es heißt auch, daß Yukioma viermal über die Linie hinausgedrängt worden sei, denn vier ist die Zahl, die alle rituellen Wiederholungen abrundet. Ebenso soll Tewaquaptewa seine Aufforderung zum Aufbruch viermal ausgesprochen haben.

Das Vollbringen bedeutete Wanderschaft für die Ausgetriebenen, und Wanderschaft hatte es bei diesen seßhaften Maisbauern allerdings seit Jahrhunderten nicht mehr gegeben. Wohl aber waren die Vorzeitlegenden voll davon, alle Clane hatten große Wanderungen vollbracht, von der Mitte, dem Ort des Aufstiegs her in die vier Himmelsrichtungen, bis an die Enden eines gewaltigen Richtungskreuzes, rituelle Wanderungen, die dem Erwerb und der Bewährung des rituellen Besitzes gewidmet waren, Wanderungen, die ebenfalls schon solche Spaltungen und Auszüge gekannt hatten. Natürlich kann es nicht fehlen, daß man hierin die typisch hopimäßige Unfähigkeit zu politischen Kompromissen gesehen und dies dem Stamm vorgeworfen hat. Dabei übersieht man, daß eine rituelle Gemeinschaft auf Einheit gegründet ist und ohne diese Einheit auf die Dauer nicht bestehen kann. Droht die Einheit infolge zweier verschiedener Visionen zu zerfallen – so können wir den Sachverhalt am angemessensten zum Ausdruck bringen –, dann kann es einen rationalen Kompromiß zwischen ihnen keinesfalls geben. Die beiden scheinbar widerstreitenden Inbilder könnten nur in einem tieferen, umfassenderen Inbilde ineinander aufgehen. Solange es indes an diesem mangelt, ist an keine Übereinkunft zu denken. Dennoch bleibt, auch bei einer Trennung, eine Art von Einheit bestehen, insofern nämlich die Wanderschaft der Ausgetriebenen rituelle Wanderschaft ist und ihr als Ziel die Rückkehr vorschwebt – mit einem rituellen Gewinn, der den Zusammenschluß in einer neuen Ganzheit ermöglicht. Soweit ich sehe, wird zwar dieser Gedanke in den Wandersagen nicht ausgesprochen, er scheint mir aber doch als deren unmittelbare Voraussetzung darin zu liegen. – Auch dürfen wir den wiederholt auftauchenden Vorwurf, daß der Bogenclan und der Spinnenclan auch in den alten Geschichten immer die Störenfriede gewesen seien, nicht als *politischen* Tadel verstehen. Es handelt sich vielmehr um die Kennzeichnung ihrer rituellen Rolle; diese Clane sind nicht bloße Unruhestifter, sondern auch die Aufstörer, die sich nicht zufrieden geben mit dem Verharren im unentschieden unfriedlichen Zustand, sondern die eine Entscheidung herbeiführen, durch die ein wirklich erfüllter Friede sich wieder einzustellen vermag.

In der „Hopi-Bibel" von Waters wird freilich der rituelle Beitrag des einzelnen Clans oder der Phratrie als „Religion" bezeichnet, und die Schismen in den Ortschaften werden als eine Folge dieser Verschiedenheit der „Religionen" innerhalb des Stammes angesehen. Schwerer kann man wohl den Sinn einer rituellen Kultur, die Dienlichkeit ihrer Phratrien und Bünde nicht mißverstehen. Man braucht nur die Richtungskreuze in den Kultbildern und den kultischen Bewegungen aller Riten anzuschauen, um der Mitte gewahr zu werden, der sie alle dienen und in der sie sich alle einen. Wenn man will, kann man *daraus* die allen gemeinsame „Religion" abstrahieren.

Nach der Entscheidung begab sich Yukioma also mit seinen Genossen und ihren Familien auf die Wanderschaft, etwa dreihundert Menschen. Sie trugen ihre Lebensmittel mit sich, das Notwendigste für ein Lager und den persönlichen Besitz. Sie gingen an dem Abend noch bis Hotevila, zehn Kilometer nördlich von Oraibi, wo eine Quelle fließt. Als die Kinder anlangten, brannte schon ein halbes Hundert Feuer, und alles richtete sich notdürftig für die Nacht unter den Bäumen ein.

Zu dem Ringen über der Linie müssen wir noch einiges hinzusetzen, wodurch seine Bedeutsamkeit noch mehr aufleuchtet. Wir sprechen bildhaft von einem Tauziehen in der Politik, und so haben auch manche Berichterstatter die Entscheidung des 7. September 1906 mit einem Tauziehen verglichen, nur daß die Hopi gedrückt statt gezogen hätten. Aber wenn wir nun meinen sollten, daß die Hopi, die Friedlichen, einen politischen Zwist durch einen sportlichen Wettkampf entschieden hätten, und wenn wir uns gar nach einem solchen Vorbild richten wollten, so müßten wir zuvor noch etwas anderes dazulernen. Zwar handelt es sich, dem leibhaften Vornehmen nach, um einen sportlichen Kampf – der Hintersinn aber auch dieser kampflichen Entscheidung war, wie es sich in einer rituellen Kultur gebührt, rituell: Die Linie war nicht die Rille im Gestein, das Felsplateau nicht die oraibische Lokalität, der Kampf kein Wettkampf – und die Zeit, so dürfen wir wohl sagen, nicht der 7. September –, sondern die Linie war der Colorado-Fluß, das Plateau die Urlandschaft, der Wettkampf ein Orakel und die Zeit war wenigstens bezogen auf die mythische Urzeit. Titiev stellt in einer Anmerkung – wie das Wesentliche bei weißen Autoren oft, wenn es nicht überhaupt entfällt, erst anhangsweise oder in einer Fußnote beiläufig ans Licht kommt – fest, der Vorgang sei von Yukioma ins Werk gesetzt worden als ein auf die urzeitlichen Wanderungen bezogenes Orakel mit der Linie über die Felsen als Colorado. Wir hätten auf etwas derartiges auch selbst schon schließen können aus der

Stimmung der Streitenden und aus dem, was sie sagten, wovon ich, nach Helen Sekaquaptewa, einiges wiedergegeben habe.[29)] Auch hat Nequatewa es in dem oben angeführten Satz klar zum Ausdruck gebracht, daß es sich um eine Zeremonie gehandelt habe, also nicht um ein bloß politisches Ereignis, eine rein bürgerliche Auseinandersetzung. Demgemäß entsprechen auch Yukiomas abschließende Worte ohne Zweifel den Formeln, mit denen auch sonst die Vollendung einer Zeremonie verkündet wird. Nach Titiev wäre die eigentliche Orakelfrage die gewesen, zu bestimmen, ob die Nachfahren des Spinnenweibes die Gefolgschaft des Bärenvogtes von Oraibi fortziehen würden (oder ob sie selbst, von Oraibi fortgestoßen, in den Norden, nach Kawestima, wandern müßten). Die Nachfahren des Spinnenweibes, Titiev schreibt *descendants,* hätten wir wohl klarer als die Nachfahren derjenigen zu verstehen, die bei den Urzeitwanderungen unter der Führung des Spinnenweibes standen.

Das entscheidende Ereignis bei den alten Wanderungen dieser Leute war offenbar gewesen, daß sie in den Norden gezogen waren und dort infolge der Kälte Enttäuschungen im Maisbau erlebt hatten. Darum waren sie gezwungen, ebenfalls in den Süden auszuweichen, und dort hatte der Bärenclan schon früher Oraibi gegründet. Der Norden erscheint in dieser Fassung der Mythe also als eine urzeitliche, frühere Heimat der Spinnenleute: Kawestima, das Norddorf. Titiev meint, man habe dies zu Yukiomas Zeiten am Colorado gesucht; bei Waters wird es mit drei Ruinen im Navajo National Monument an der Nordgrenze von Arizona identifiziert.[30)] Es scheint aber, als hätte man es auch in Erwägung gezogen, die Heimat im höchsten Norden selbst aufzusuchen, dort nämlich, wo nach Fredericks Weißbär die „Hintertür" des Kontinentes gelegen war, also die eigentliche mythische Ortschaft selbst. Wahrscheinlich stellte Kawestima, also die nähergelegene Trümmerstätte, nur deren geographisch erreichbare Verkörperung dar. Derartige örtliche Denkstätten für mythisch und geschichtlich fernliegende Gegenden kennt das Ritualsystem der Hopi auch sonst.

Von der Hintertür im eisigen Norden wird der seltsame Mythos erzählt, daß einige Clane unter der Führung des Spinnenweibes diese „Tür" aufzuschmelzen versucht hätten mit Hilfe der Wärmekräfte, die ihnen der göttliche Demiurg Sotuknang indes früher ausdrücklich verboten hat, und die Folge jenes Verstoßes war unter anderem, daß die Anstifterin, das Weltalter hindurch blühend junge Spinnenweib, rasch zu einer häßlichen Greisin veraltet war. Ob man so weit wie möglich nach Norden ziehen und erneut den Versuch machen könnte, die Hintertür aufzuschmelzen, diese Frage scheint 1906 in Oraibi auch erörtert worden zu sein. Wir entnehmen daraus, daß die Führung durch Riten, Mythen und Orakel das menschliche Wägen und Wagen kaum weiter einengt als die rationale Planung – nur allerdings lenkt sie aus anderen Zonen des menschlichen Gemüts und richtet auf andere Ziele hin. Nach den Überlieferungen, die Waters mitteilt, scheint es auch so, als habe Yukioma bestimmte Visionen auf dem Wege erwartet, die ihm genauere Weisungen gegeben hätten. Dies hätte allerdings beim Aufbruch eine rechtläufige Umwandlung Oraibis zur Voraussetzung gehabt, denn nur auf diese Weise hätte er die geweihten Orte in der richtigen Reihenfolge berührt, an denen ihm der Feuer- und Totengott begegnen sollte.

Auf jeden Fall, so unklar Yukiomas Sinn in der mündlichen Überlieferung auch erfaßt sein mag und so wiederstreitend auch dem Wandervolke die Entscheidungsmöglichkeiten erschienen sein mögen, auf jeden Fall geht aus diesen Andeutungen doch hervor, auf welchen Schatz mythischer Erinnerungen und divinatorischer Erwartungen sich eine rituelle Kultur in ihren Krisen besinnen kann. Wir dagegen fassen nur die täuschende Tatsache und unsere illusorischen Ziele ins Auge und sind daher zu wirklich schicksalhaften Entscheidungen nicht mehr fähig. Trotzdem nennen wir unsere Verfahrensweise Realpolitik. Über den jeweiligen Entschluß kann daher je länger desto leichter im Denkkasten entschieden werden, der Auffassung entsprechend, daß Massenmenschen nichts wesentlich anderes seien als manipulierbare Roboter. Dieser Vernachlässigung und Verdrängung der wirklichen inneren Entscheidungsgründe und ihrer kontemplativen Träger ist es zu verdanken, daß der aktive Teil des Volkes in progressive Manager und reaktive Gewalttäter auseinanderbricht.

An jenem Abend umwandelte man also Oraibi nicht, sondern zog bis in die quellenreiche Gegend von Hotevila. An den folgenden Tagen holten die Familien ihr gesamtes Eigentum dorthin und begannen, sich – als es kälter wurde und zu regnen anfing – auf längeres Bleiben einzurichten, indem sie nach Navajo-Art Hogans bauten. Etwa eine Woche nach der Auswanderung stand Yukioma bei der Quelle, schaute über das Tal hinaus und sagte: „Ich bleibe hier. Wer will, kann weiterziehen.“ – Aber niemanden verlangte es nach Kawestima, nach dem Dorf im Norden, und auf diese Weise kam es zu der Gründung von Hotevila, dem Ort, der sich noch bis in unsere Zeit den Jahreskreis der Feste bewahrt hat, der in den dreißiger Jahren noch dem Mythos vom Weißen Bruder nachhing und wo man sich noch im letzten Kriege weigerte, die Gestellungsbefehle der Yankees entgegenzunehmen. In Oraibi aber zerbrach nicht nur der kultische Jahreskreis, sondern es verfielen auch Dorfgemeinschaft und Lebensstil: Am Fuße der Mesa entstand Neu-Oraibi, wo die Hopi wie Yankees zu leben versuchen, wo sie, wie Don sagt, nur hinter dem Gelde herrennen und sich so toll aufführen wie geköpfte Suppenhühner. Ein einzelner kann den goldenen Mittelweg gehen, nie eine Gemeinschaft – unter Zwang und Verlockung zermürbt rasch das einende Band.

Die Schicksalsentscheidung am Strome unter geschichtlichem Zwang gibt uns Anlaß, an eine sehr verwandte Szene der deutschen Geschichte zu denken, an das Widereinander der cheruskischen Brüder Flavus und Arminius auf den beiden Ufern der Weser – kurz vor der Schlacht von Idistaviso, von denen der eine auch ein „Fortschrittlicher“ war im Dienste des Landesfeindes, der andere ein Konservativer und Freiheitskämpfer. Und wenn die Szene von Tacitus nicht ganz erfunden ist, so mag wohl auch der Ruf nach den Waffen am Ende der Unterredung nicht einem Verlangen nach Brudermord entsprungen sein, sondern der Absicht, in einem Holmgang die divinatorische Entscheidung über diejenigen Cherusker herbeizuführen, die ursprünglich mit Willen ihres Stammes „nach Washington“ gegangen waren, um dort die höhere Zivilisation zu studieren.

Doch vermögen wir über die Zeitenferne hinweg nicht mehr viel von der Innerlichkeit der germanischen Brüder zu erraten. Hier haben wir es mit den beiden indianischen zu tun und fragen nun nach ihrer Wesensart. Wir wissen aus Dons Buch um seine Freundschaft mit Tewaquaptewa – von den Jugendtagen an bis in die höheren Jahre. Simmons, der Herausgeber der Biographie, bestätigt uns noch zum Überfluß, daß zu seiner Zeit Don ein getreuer und konservativer Bundesgenosse des Dorfvogtes gewesen sei. Für Yukioma hat er keine Sympathien gehegt, und noch nach dem

Erscheinen der deutschen Ausgabe des Buches, die ja ein Bild Yukiomas enthält, schrieb er mir, dieser habe einen niederträchtigen Gesichtsausdruck *(a mean face).* Titiev seinerseits, während seiner Forschungen freundschaftlich mit Don verbunden und auf Tewaquaptewas Mitarbeit angewiesen, die ihm dieser, wenn auch oft zögernd und zurückhaltend, gewährte, bringt jedenfalls nichts, was im Widerspruch steht zu jener Wertung des feindseligen Führers. Aber aus Helen Sekaquaptewas Biographie wird eine warmherzige Sympathie spürbar, die ihm seine Gesinnungsgenossen entgegenbrachten, was eine um so deutlichere Sprache spricht, als Helen ihm gerade in dem entscheidenden Streitpunkte nicht nahesteht. Denn als Frau wie offenbar auch als Einzelcharakter stand sie den ererbten Riten fern, lehnte sie zum Teil sogar als roh ab. Außerdem lebte sie in der Gründungszeit Hotevilas viele Jahre lang, auf entlegene Schulen gezwungen, weit von zu Hause entfernt; und schließlich war sie zu der Zeit, als sie ihre Lebensgeschichte erzählte, schon Christin geworden.

Aber auch unter den Gewährsleuten des Hopi-Buches von Waters finden sich Befürworter des Mannes, was nicht wundernimmt, da sie zum Teil aus Hotevila stammen. Auch ist ja nicht zu verkennen, daß Yukioma nicht nur selbst für das heimische Erbe einzutreten bereit war, sondern auch andere in ihrem Willen zum Widerstand zu bestärken vermochte. Und das war keineswegs ein leichter Entschluß. Betrachten wir nämlich Yukiomas Entscheidungen vor dem grauenhaften Hintergrund, wie ihn Friedrich von Gagern und neuerdings Dee Brown entworfen haben, dann geht uns auf, daß derjenige, der seine Kinder nicht in die Schule schicken wollte, mit der Todesstrafe rechnen mußte. Das Mythologem der Enthauptung durch den Weißen Bruder, das Don bis in seine Träume hinein verfolgt, erscheint uns dann als ein mythisches Kürzel für die drohenden Gesetzestafeln, mit denen der Rote Mann in Angst und Schrecken versetzt wurde, eine Angst, von der auch Don, als von einem Grundmotiv des damaligen Lebensgefühles, berichtet.

Nehmen wir zu dem unbezweifelbaren Mannesmut Yukiomas die Anhänglichkeit gegenüber den eigenen Überlieferungen hinzu, die Bereitschaft, gemäß den alten Mythen und in Gestalt der herkömmlichen Rituale zu handeln, das Verantwortungsgefühl gegenüber den Seinen, das sich auch auf die Konservativen einer anderen Ortschaft erstreckt – und dies alles verbunden mit dem Bewußtsein, in all dem zwar im Recht zu sein, in einem Punkt aber, nämlich im Hinblick auf den traditionell gebotenen Gehorsam gegen den Dorfvogt dennoch ein Abtrünniger zu sein –, vergegenwärtigen wir uns all dies innerlich, so können wir als Wesentliches jedenfalls das zugleich treibende und schmerzende Schicksalsbewußtsein des Mannes nachempfinden, das ihn durch eine tiefe Niederlage und schreckliche Verluste in eine Neugründung hineinschreiten ließ, der doch wenigstens einige Jahrzehnte höchst fruchtbarer Zukunft beschieden waren und die sogar den von ihren Riten verlassenen Heiden von Alt-Oraibi ein gewisses Maß an Zuflucht bot. Am Ende fand selbst Tewaquaptewa dort eine Heimstatt für rituelles Mitwirken. Mit den Jahren verlor sich seine Verbitterung gegenüber den Leuten von Hotevila, und nach Yukiomas Tod nahm er oft an den dortigen Zeremonien teil.[31)] Er wurde gastfrei aufgenommen, und 1932 rühmte er sich gegen Titiev, daß man ihn in einem solchen Falle achtmal zum Imbiß eingeladen habe – was nun freilich zum rituellen Stil der Hopi gehört: Jemanden zu speisen heißt, für ihn ein lebenförderndes Ritual zu feiern.

Der Führer der Freundschaftlichen im neu gegründeten Dorf der Feindseligen als einer rituellen Zuflucht: eine schicksalsschwere Feststellung, die jenen düsteren Zwist in ein merkwürdiges Zwielicht stellt und ahnen läßt, wie herzzerreißend die Spaltung von Oraibi für alle war. Was für ein Mann war nun dieser angeblich progressive freundschaftliche Dorfvogt? Ihm hat es natürlich ebensowenig wie Yukioma an Mannesmut gefehlt. Wenn er selbst bei dem leibhaften Ringen auf dem Plateau nicht mit antrat, so blieb er gerade damit in der Rolle des Dorfvogtes und nahm damit den Sieg seiner Partei in dem Orakelkampf vorweg. Die Vögte der Hopi sind esoterische Führer, und sie kämpfen mit der Kraft ihrer Innerlichkeit.

Es gibt Überlieferungen aus der germanischen Vorzeit, die sich unmittelbar damit vergleichen lassen. Der letzte König der Heruler, Rodulf, saß während der Entscheidungsschlacht im Zelt überm Brettspiel – sicherlich nicht aus Hochmut und zuchtloser Spielsucht, sondern hingegeben mit ganzer Seele an das in den Spielfiguren sich spiegelnde Stammesschicksal. Im letzten Waffengang Hrolf Krakis siegt der König so lange, als sein Vorkämpfer schläft, beginnt jedoch allsogleich zu verlieren, als dieser, gewaltsam geweckt, leibhaft in den Kampf hineingezogen wird. Bei einem Treffen der Svarfdœlasaga bleibt der Hauptheld, der Vater Thorolf, daheim, indes der Sohn doch weiß, daß jener an Ort und Stelle mitstreitet, wie er sich denn auch nicht verwundert, ihn nachher zu Hause erschöpft und wie gelähmt vorzufinden.[32] In unserer späten Welt aber wird das Fuchteln mit dem Hieber maßlos überschätzt, und es wird vermutlich noch einige Zeit dauern, bis man sich wieder darauf besinnt, daß die Vorgänge in der Hauptkampflinie nur Symbole dessen sind, was an Entscheidungen im Innern bereits gefallen ist.

Abgesehen von jenen Septembertagen aber hat Tewaquaptewa seine Aufgabe nicht mehr meistern können. Ob ihm dabei wirklich persönliches Versagen vorzuwerfen ist – nicht nur Helen Sekaquaptewa fällt ein hartes Urteil über seinen Charakter – oder ob die Aufgabe unter den gegebenen Umständen überhaupt Menschenkräfte überstieg, läßt sich schwer abschätzen – am wenigsten heute und hier, ein halbes Jahrhundert und viele Tausende von Land- und Seemeilen vom Geschehen entfernt. Wenn wir eine so außerordentliche Begabung wie den Schwarzen Wapiti von den Oglala-Sioux scheitern sehen, auch innerlich scheitern sehen, was dürfen wir dann mit Fug einem Manne abfordern, der nur Treue und Tradition sein eigen nennt! Jedenfalls wäre es ganz irrig, in dem „progressiven" Dorfvogt einen Kollaborateur zu vermuten. Der Mann, der von 1911 bis 1919 Reservationsagent war und der ein Buch über die Geschichte der Hopi-Agentur und seine eigene Dienstzeit geschrieben hat, faßt seinen Widerwillen gegen diesen Indianerhäuptling folgendermaßen zusammen:

Er weist auf ein Buch hin, das eine Sammlung indianischer Lieder enthält und dazu ein Bildnis Tewaquaptewas bringt, das einen entrückt-ekstatischen Ausdruck zeige, während er seinen Schmetterlingsgesang jodle. „Ich jedoch habe, als sein Reservationsagent, acht Jahre lang versucht, aus ihm einen vernünftigen Menschen zu machen; aber der Versuch schlug, mangels Materials, fehl. Nachdem ich ihn versuchsweise als indianischen Richter hatte und dann als indianischen Polizisten, in der Hoffnung, ihm seine Würde und Befehlsgewalt als Erbhäuptling zu bewahren (!), entpuppte er sich als der halsstarrigste, streitsüchtigste Wilde und unbelehrbarste Rebell, der in Oraibi verblieben war, bis oben voll von böswilliger Händelstifterei –

zu seinem eigenen Vorteil –, so daß einige seiner eigenen Leute mich darum ersuchten, ihn aus der Mesa-Siedlung auszuweisen – in der Hoffnung, daß es dann endlich Frieden geben werde ...“[33]

Es war allerdings nicht nur die von seinem Beruf gebotene befehlshaberische Einstellung des Reservationsagenten, die diesem Mann sein hartes Urteil über Tewaquaptewa eingab. Auch aus anderen Quellen ergibt sich mancherlei Mißbilligung seines Charakters. Freilich ist es auch immer Partei, die sich so äußert, etwa der Bruder, dem Tewaquaptewa die Mitgliedschaft im Bärenclan und die Teilhabe an dessen Feldern entziehen wollte, weil er Christ geworden war.[34] Da ihm dies, wie es scheint, nicht gelingen wollte, unternahm er einen intriganten Versuch, diesen Bruder mit einem dritten zu entzweien, der mit jenem zusammen einen Handel betrieb. Aber Tewaquaptewas Zwist mit dem Bruder war nur die Folge einer Anordnung, die er gegeben hatte und die besagte, daß ein Einwohner, der die amerikanische Lebensart oder das Christentum annähme, Oraibi zu verlassen hätte. Auch diese Regel war im Grunde selbstverständlich, da bis jetzt die Dorfgemeinde auch Ritualgemeinschaft war. Die christliche Teilgemeinde weigerte sich, ihren rituellen Beitrag zum Ritualganzen zu leisten, ja, sie ist bestrebt, dies zu zerstören. Daß sich daraus vielerlei Zwistigkeiten ergaben und daß der seiner herkömmlichen Machtstellung beraubte Dorfvogt seine Ziele durch List zu erreichen suchte oder daß er bei völligem Mißlingen seiner Absichten sich durch Händelstifterei zu entschädigen suchte, muß nicht unbedingt Ausfluß eines schlechten Charakters sein – jedenfalls kann es zu einem Teil dem Mißverhältnis zwischen den Pflichten eines Ritualvogtes und ihrer Durchführbarkeit angelastet werden.

Als besonders merkwürdig sei noch eine Konfrontation von Yukioma und Tewaquaptewa wiedergegeben, die Nequatewa schildert und die sich unmittelbar im Zusammenhang mit der Spaltung zugetragen haben soll. Auch hier ist zu vermerken, daß die Sympathien des Erzählers bei dem Führer der Ausgestoßenen liegen und daß die Szene schon ein Maß von Verallgemeinerung zeigt, wie die Überlieferung sie in einem mündlich tradierenden Volk anzunehmen neigt. Auch ist darin immer noch etwas von der Rolle des Älteren Bruders enthalten, der die Verzwistung unter seinen roten Brüdern einer gerechten Lösung zuzuführen bestrebt ist.[35] Der Anführer der Truppen, die nach der Spaltung zunächst in Neu-Oraibi kampierten, berief die beiden Führer, verhandelte mit Tewaquaptewa zuerst, und dieser teilte ihm mit, daß er seine Handlungsweise aus seiner von den Großoheimen übernommenen „Theorie“ gefolgert habe, daß auch Yukioma von der Notwendigkeit der Entscheidung gewußt habe und daß sie einander getötet hätten, wären nicht die Missionare dazwischengetreten. Der Hauptmann sagt, er wolle ihm Gelegenheit geben, Yukioma jetzt noch zu erschießen, und bringt ein Treffen oben auf der Mesa zuwege, indem er eine Botschaft an den Vogt von Hotevila sendet, daß er sich erschießen lassen müsse. Als sie sich dem Sandhügel nähern, auf dem Yukioma sie erwartet, händigt er dem Tewaquaptewa und seinem Dolmetscher Schußwaffen aus. Yukioma steht dort auf der Höhe, gefaßt zu sterben, doch hinter ihm lauern verborgen seine Männer, um Tewaquaptewa zu töten, wenn der Yukioma umbringen sollte.

„Als die Sonne aufging, sagte der Hauptmann zu Tewaquaptewa, er solle zu Yukioma hingehen, aber er weigerte sich. Viermal forderte ihn der Hauptmann auf, aber er steckte so voller Angst, daß er nicht reden konnte. Sein Unterkiefer wackelte zu sehr. Da der Vogt von Oraibi unfähig war, sich zu bewegen, forderte der Hauptmann Yukioma auf, heranzukommen. Darauf kam er herbei, ohne eine Spur von Angst, und der Hauptmann fragte ihn, ob er bereit sei, sich erschießen zu lassen. Ja, sagte er, das wäre er, denn dies sei der traurige Tag, der sein Ende bedeute. Der Hauptmann fragte Tewaquaptewa, ob er bereit sei, seine Pflicht zu tun, die man von ihm erwarte, aber er wollte nicht reden. Er war so schwach vor Angst, daß er sich kaum aufrecht halten konnte. Darauf fragte der Hauptmann den Yukioma, ob er seinem Widersacher die Waffen wegnehmen und ihn erschießen wolle; aber Yukioma sagte nein, das wäre nicht nach seiner Theorie. Seine Theorie sei lediglich, daß er seine Gefolgschaft von dem alten Vogt wegführen müsse an einen besseren Ort. Er sagte ferner, der Vogt von Oraibi verstände seine Theorie nicht, er stecke tief in Irrtümern. Indessen, sogar wenn jener sich irre und es immer im Sinne gehabt habe, ihn umzubringen, so wäre er selbst bereit, das über sich ergehen zu lassen. Er wäre bereit, für seine Leute zu sterben. – Darauf wandte sich der Hauptmann wieder an Tewaquaptewa und fragte ihn, ob er es jetzt tun wolle, da sein Widersacher sich freiwillig dazu gestellt habe und bereit sei, für seine Leute zu sterben. Da sagte der Vogt, er wolle es nicht tun, weil, wie er sagte, Yukioma im Recht sein müsse und er selber im Irrtum gewesen sei mit dem Gedanken, ihn umzubringen. Auch fragte er nun den Hauptmann, was der mit ihm gemacht hätte, wenn er den Alten getötet hätte."

Damit nimmt das Gespräch eine andere Wendung. Der Hauptmann wirft schließlich dem Tewaquaptewa vor, daß er die Not der nach Hotevila Ausgetriebenen verschuldet habe, daß dies nicht nur seinem eigenen Volke schade, sondern auch den Absichten der Regierung zuwiderlaufe und daß er ihn verhaften werde. Tewaquaptewa bittet noch um Aufschub, und als ihm der versagt wird, erniedrigt er sich nach dieser Sage in unverzeihlicher (und unglaublicher) Weise: „Der Vogt sagte, wenn er bei seinen Leuten bleiben dürfe, würde er dem Hauptmann alle die verschiedenen Zeremonien zeigen, die der durchführen könne. Er sagte, er würde dem Hauptmann den schönsten Tanz zeigen, den seine Leute für ihn tanzen würden. Als nun der Hauptmann seine Chance begriff, diese schönen Tänze zu sehen, sagte er zu dem Vogt, er solle nicht zuviel Zeit auf die Vorbereitung verwenden, da seine Zeit begrenzt sei. Von da an ließ Tewaquaptewa seine Leute den Schmetterlingstanz üben", was nun freilich kein esoterisches Ritual war, und die Vorführung war kein Geheimnisverrat. Aber daß man nach dieser Überlieferung dem Dorfvogt einen Mysterienverrat zutraut, nur um damit ein paar Tage Haftaufschub zu erlangen, zeigt, wie tief unter dem äußeren Druck die Spaltung in die Gemüter eingedrungen ist.

Im Laufe dieses Jahrhunderts hat sich in weiten Kreisen der USA ein besseres Verständnis für die Ureinwohner Amerikas entwickelt, und die Freunde und Förderer der Indianer schlossen sich in Vereinigungen zusammen, um auf allen möglichen Wegen deren Rechte durchzusetzen. Einer der Pioniere dieser Bewegung war Harry C. James (1896–1978), Begründer eines Pfadfinderbundes und seit Beginn der zwanziger Jahre ein tätiger Freund der Hopi. Um nun doch von den Begegnungen Tewaquaptewas mit dem Weißen Bruder auch eine hellere Seite aufzuzeigen, zitiere ich aus einer Schrift dieses Mannes eine kleine Szene. Er war mit seinen Trailfinders in Hotevila zum Schlangentanz gewesen, saß am Abend in Oraibi, am Rande der Ortschaft, mit ihnen und den Hopifreunden zusammen um das Lagerfeuer, und die Weißen ließen sich das Gesehene erklären. Dann steht einer der Hopi auf, holt den Dorfvogt, Tewaquaptewa, mit seiner großen Trommel, die aus einem hohlen Baumstamm gefertigt war, „und bald war der Umkreis erfüllt von dem tiefen Dröhnen des Tomtoms und von den wohltönenden Stimmen unserer Hopifreunde, die ihre Lieder anstimmten, die Lieder der Langhaarkatschinas und die vom Adlertanz". Danach führten zwei Hopi in grotesker Verzerrung einen Navajotanz vor, und als man sich recht sattgelacht hatte, begann der alte Tewaquaptewa Koyotegeschichten zu erzählen. Auf einem Hausdach legten die Weißen sich dann schlafen, unter der Glut eines Sternenhimmels, wie er sich nur über der Steppe wölbt.[36)]

Der Dorfvogt von Oraibi ist im Laufe der Jahrzehnte noch durch die eigentümlichen Katschintihu bekanntgeworden, die er verfertigt und an Touristen verkauft hat. Diese Puppen sind profane Nachbildungen der Katschinas und ihrer Trachten, waren früher im allgemeinen dazu bestimmt, die Kinder mit Art und Sinn dieser Masken bekanntzumachen, und sind dann, neben Decken, Silberschmuck und Keramik, einer der kunstgewerblichen Gegenstände geworden, mit denen der Stamm Handel treibt. Es gibt Künstler, die mit ethnologischer Treue arbeiten; das galt auch für manche Stücke Tewaquaptewas, aber ebenso oft auch nicht, und seine Bildwerke hatten dann wenig Ähnlichkeit mit dem traditionellen Maskenentwurf. „Ob jedoch diese abweichende Technik der für die Hopi typischen, aber hier übertriebenen Verschwiegenheit entsprang oder der bewußten Absicht zu täuschen oder einer künstlerischen Eigenwilligkeit – das vermag ich nicht zu sagen."[37)]

Haben wir damit einiges aus dem Leben von einer der beiden Mittelpunktsgestalten der oraibischen Spaltung angeführt, so bleibt uns noch zu berichten übrig, daß Tewaquaptewa 1960 in hohem Alter starb, daß er niemanden klar zu seinem Nachfolger bestimmt, sondern verfügt hat, daß sein Ritualzubehör mit ihm bestattet würde, und dies geschah. – Das Ende eines Indianerlebens, eines Hopi unserer Zeit, eines „Freundschaftlichen", eines angeblich „Progressiven", der doch ein Traditionalist war wie jeder wertvolle Stammesangehörige seiner Generation. Auch Fewkes war 1890 der Meinung, daß die wenigen Nutznießer aus Oraibi, die sich sehr entgegenkommend gaben und stets zur Stelle waren, wenn die Agentur irgendwelche Regierungsmittel zu vergeben hatte, „nicht notwendigerweise die Besten aus Oraibi" waren. Noch entschiedener hat sich 1970 gegenüber Earle R. Forrest der Verkäufer in dem Laden bei Oraibi ausgedrückt. Er hatte wenig im Sinn mit den Freundschaftlichen: „Seiner Meinung nach waren sie bloß ein Haufen von Raffgierigen und Drückebergern *(grafters and coffee coolers)*. Er sagte mir, die Feindseligen seien verläßlicher, und er hielt sie für die Besseren aus den beiden Gruppierungen."[38)] Das Urteil mag allzusehr verallgemeinern, ist aber doch bemerkenswert im Munde eines Mannes, der weder bürokratische noch missionarische Interessen verfolgte, sondern bloß die menschlichen Beziehungen im Auge hatte, die sich aus dem geschäftlichen Verkehr ergaben.

Tewaquaptewa, der die Spaltung durchgesetzt hatte, lebte sich allmählich in die Überzeugung vom Untergang hinein,[39)] – ein merkwürdiges, für einen Fortschrittlichen beispielhaftes Schicksal, ein Omen dafür, daß sich der am Vergangenen orientierte Ritualdienst und die der Zukunft zugewandten Zweckmäßigkeitsentscheidungen schwerlich an einer Person vereinigen lassen – und noch weniger allerdings in einer Ortschaft: Oraibis Lebensquell mußte versiegen, in der neuen Siedlung kamen noch einmal die alten Brunnen zum Fließen. Earle R. Forrest ist im Jahre nach der Spaltung in Hotevila gewesen und beschreibt diese elende, kaum für Menschen geeignete Wohnstatt: „Armut an allen Ecken. Es gab ein paar eilig erbaute Steinhäuser, aber die meisten Unterkünfte bestanden in Buschlauben, die wohl im Sommer behaglich waren, aber kaum Schutz boten gegen die Stürme der winterlichen Steppe." Mehr als ein halbes Jahrhundert später jedoch vermerkt er, daß nun die Ortschaft „zu einem wohlhabenden Dorf erblüht sei, während Alt-Oraibi zum großen Teil wüst liegt."[40)]

Wir wenden uns noch einmal zurück zu den Ereignissen, die 1906 auf die Spaltung folgten. Zunächst hatte die Unentschiedenheit der oraibischen Verhältnisse, wie es scheint, ein gewisses Zuwarten der amerikanischen Bürokratie bewirkt. Nach der Trennung der verzwisteten Brüder aber brach die Maschinerie in ihrer ganzen seelenlosen Brutalität über die roten Menschen herein. Soldaten marschierten nach Hotevila und führten Yukiomas von der zweiten Mesa stammende Anhänger dorthin zurück. Den Vätern von Hotevila wurde die Wahl gestellt, entweder zur Zwangsarbeit deportiert zu werden oder die Kinder in die Schule zu geben. Man hat sich nicht gescheut, die neue Ansiedlung, die ihrer Arbeitskräfte dringend bedurfte – zum Häuserbau bei hereinbrechendem Winter, zur Einrichtung der Äcker für die Bestellung im kommenden Frühjahr –, von ihren Männern zu entblößen. Fünfundsiebzig von ihnen wurden in Keams Canyon auf 90 Tage eingesperrt. Nach Ablauf dieser Frist waren fünf Väter auf langes Zureden hin bereit, ihre Kinder umerziehen zu lassen, wodurch sich der Widerstand der übrigen noch versteifte. Einige Wochen später mußte man sie indes doch zu den so dringend gewordenen Arbeiten heimziehen lassen.

Die jüngeren Männer, in denen man künftige Führer sah, etwa ein Dutzend an der Zahl, wurden, auch wenn sie Familie hatten, auf fünf Jahre in die Kaserne von Carlisle geschickt, um dort ausgebildet zu werden. 1880 war dort eine Indianerschule eingerichtet worden; heutzutage dienen die Gebäude als Offiziersschule wieder der Armee.

Eine Anzahl älterer Männer, unter ihnen Yukioma und Helens Vater, erklärte man für schuldig an den Septemberunruhen und verurteilte sie zu einem Jahr Gefängnis auf einer Festung im südlichen Arizona. Yukioma wurde für immer von der Hopireservation verbannt, aber er scheint sich, als er im Oktober 1907 mit sechzehn anderen entlassen wurde, um das Verbannungsurteil nicht gekümmert zu haben. Wohin hätte er auch gehen sollen! – Er verbrachte seine übrige Lebenszeit, mehr als zwanzig Jahre, in Hotevila, wenn er nicht als Gefangener in der Agentur in Keams Canyon saß. Denn jede erneute Weigerung, Kinder zur Schule zu schicken, zog sogleich eine Polizeiaktion nach sich, und da Yukioma die Seele des Widerstandes war, so war er auch der erste, der verhaftet wurde. Dieses Schicksal nahm er auf sich – eine ganz andere Art von Schicksalsergebenheit als die des freundschaftlichen Tewaquaptewa, sicherlich dem Sinne der hopimäßigen Einherzigkeit näher als das Lebensgefühl des Dorfvogtes von Oraibi.

Als einer der Reservationsagenten, der oben schon angeführte Leo Crane, eine Tagesschule bei Hotevila eingerichtet hatte und Yukioma den Lehrer und die Wirtschafterin bedroht hatte, sperrte der Agent ihn und seine nächsten Gefolgsleute ein.

Von diesen wurde einer nach dem anderen wegen guter Führung entlassen, der Dorfvogt aber zurückgehalten, ohne daß er sich beklagte. „Einmal komme ich doch nach Hause", sagte er zu dem Agenten, „vielleicht schickt Washington an deiner Stelle einen anderen, oder dich selbst verlangt es nach Hause wie alle Menschen. Oder die Regierung entläßt dich überhaupt – was auch schon vorgekommen ist. Die Weißen kommen in die Steppe, und sie gehen wieder. Aber die Hopi, die aus der Unterwelt emporgestiegen sind, bleiben. Du bist nun schon lange hier – sieben Winter – viel länger als die anderen. Und außerdem, du kannst ja auch sterben!"[41)]

Trotz dieser Schicksalsergebenheit war Yukioma keineswegs untätig. Fünf Jahre nach der Spaltung hat er anscheinend eine letzte Hoffnung auf eine Begegnung mit dem Präsidenten gesetzt, und der Regierungsbeauftragte brachte es auch zuwege, daß er mit einem Dolmetscher zusammen nach Washington reisen und mit dem Leiter des Indianeramtes und Präsident Taft sprechen konnte.[42)] Das Diskutieren ist ja ein wichtiger Bestandteil des amerikanischen politischen Stils, und die Indianer wurden auf ihren Schulen auch darin ausgebildet. Indessen – waren die beiden höchsten Beamten für indianische Angelegenheiten in Washington überhaupt fähig, die Position eines Indianers zu verstehen, auch nur zu vernehmen? – Der Reservationsagent Crane fragt allein danach, ob auf Yukioma in Washington etwas Eindruck gemacht habe, und er meint, man hätte ebensogut ein Stück Sandstein aus Oraibi zu einer Papstaudienz senden können. Jedenfalls sei Yukioma ebenso verdrossen und entschlossen wie zuvor nach Hause gekommen. Eines freilich, so erfahren wir aus anderer Quelle, hat Washington auf den Dorfvogt von Hotevila doch Eindruck gemacht, der große Leibesumfang nämlich des Präsidenten. Bei einem Reservationsagenten gelte derlei lediglich als Indiz für die Abgestumpftheit seines Klienten; wir mögen darin allerdings umgekehrt eher die ironische Äußerung eines Indianers erkennen, der offenbar im District Columbia auf vergleichbare geistige und seelische Umfänglichkeiten und Inhalte nicht gestoßen war.

Nichtsdestoweniger hat Yukioma wenig später, noch im selben Jahre, zehn Tage lang einem Obersten, der zur Unterstützung des Reservationsagenten mit Negersoldaten abkommandiert worden war und der den Dorfvogt zur Befürwortung der Kinderschulung überreden wollte, die „gesamte Schöpfungsmythe der Hopi" vorgetragen, um seinen Standpunkt zu untermauern.[43)] Man kann sich kaum ein ungleicheres Paar von Unterrednern vorstellen, den Visionär und den Kommißstiefel; und dennoch ist der Offizier eher geneigt, einem Gegner Achtung entgegenzubringen und ihm dadurch ein gewisses Vertrauen einzuflößen, als der Politiker, der auf Besserwisserei gegenüber dem Gegner gedrillt ist.

Was immer der Sinn dieser merkwürdigen Gespräche gewesen sein mag, zu gegenseitigem Verstehen und Nachgeben haben sie nicht geführt. Der Offizier soll später, 1921, als er bereits Generalmajor war, sogar den Standpunkt vertreten haben, es sei am besten, Alt-Oraibi gewaltsam zu räumen und die Einwohner in Streusiedlungen unter der Mesa zu behausen. „Dies würde der Einheit von Clan und Religion den Todesstoß versetzen, würde den Missionaren die Arbeit erleichtern und die traditionstreuen Hopi den Forderungen der Regierung gegenüber gefügiger machen." Es ist nicht zu belegen, daß der Generalmajor diese Empfehlungen wirklich vertrat, wohl aber „wurden diese Ansichten bald bei den verschiedenen Vereinigungen bekannt, die damals einen lebhaften Feldzug für eine Reform der Indianerpolitik der Vereinigten Staaten führten und die Äußerungen des Generals als willkommenes Propagandamaterial benutzten."[44]

Yukioma blieb in seinen Gesinnungen unwandelbar. „Er blieb durch und durch ein Feindseliger, jedem Übergriff der weißen Zivilisation abgeneigt und widerstrebend. Reservationssekretäre kamen und gingen, aber jeder neue hatte sich mit Yukioma auseinanderzusetzen, einem Pfahl in seinem Fleische. Er starb 1928 und verfügte, daß niemand sein Nachfolger werden sollte, insbesondere nicht sein Sohn Dan." Soweit Helen Sekaquaptewa, die uns leider über den inneren Grund seines letzten Willens, der so merkwürdig dem Tewaquaptewas ähnelt, nichts berichtet, sondern nur hinzusetzt: Dan war zeitlebens ein aktiver Traditionalist, und wir haben schon angeführt, was Don, der ihn seinen Oheim und einen weisen Alten nennt, von seinen Ansichten erwähnt. Als in den letzten Jahrzehnten die bis dahin isolierten Bemühungen der einzelnen Stämme um Anerkennung ihrer Rechte in den allgemeinen Kampf aller Indianer um kulturelle Freiheit einmündeten und eine Werbung für ihre Rechte auch auf der internationalen Bühne begann, wurde auch bei uns ein Bild des uralten Dan Katchongva verbreitet und dazu sein Bekenntnis gesetzt: „Ich muß daran festhalten, mein Volk auf dem Wege zu geleiten, den der Große Geist für uns als Lebensbahn bereitet hat. Vielerlei Hindernisse werden sich uns auf diesem Weg entgegenstellen. Darum kann eine friedliche Lebensweise nur von einem Volke mit hohem Mut befolgt werden und unter Heilighaltung aller lebenden Wesen." – Worte des Sohnes Yukiomas, die als ein fernes Echo aus der Spaltung von Oraibi nun auch in unser Leben sinnvoll und mahnend herüberklingen.

Life is important.
If you want to stay upon this earth,
you must rid yourself of sorrowfull thoughts.
Pray to your Guardian Spirit to protect you,
and if you don't get tired of your life,
he will hold you tightly.

Traditionelle Lebensregel der Hopi

Quellen:

Brown, Dee: Bury my Heart at Wounded Knee. An Indian History of the American West. London 1972 u.ö.

Courlander, Harold/Dömpke, Stephan (Hg.): Hopi – Stimmen eines Volkes. Köln 1976

Dockstader, Frederick J.: The Kachina and the White Man. A Study of the Influences of White Culture on the Hopi Kachina Cult. Cranbrook Institute of Science, Bulletin 35, Bloomfield Hills 1954

Fewkes, J. Walter: Oraibi 1890. American Anthropologist. New Series, Vol. 24, 1922, S.268–283

Forrest, Earle R.: The Snake Dance of the Hopi Indians. Los Angeles 1961

Gagern, Friedrich von: Das Grenzerbuch. Berlin 1927 u.ö.

Hamilton, Charles: Cry of the Thunderbird. The American Indian's Own Story. Norman 1972 u.ö.

James, Harry C.: Pages from Hopi History. Tucson 1974

Nequatewa, Edmund: Truth of a Hopi. Northland Press, Arizona 1976

Sekaquaptewa, Helen: Me and Mine, The Life Story of Helen Sekaquaptewa as told to Louise Udall. Tucson 1969

Talayesva, Don C.: Sonnenhäuptling Sitzende Rispe. Ein Indianer erzählt sein Leben. Kassel 1964

Titiev, Mischa: Old Oraibi. A Study of the Hopi Indians of Third Mesa. Cambridge, Massachusetts 1944

Voth, Heinrich R.: The Traditions of the Hopi. Chicago 1905. – Eine Reihe dieser Texte und weitere Überlieferungen sind übertragen in: Hopi – Stimmen eines Volkes. Hg. von Harold Courlander und Stephan Dömpke. Köln 1976

Waters, Frank: Das Buch der Hopi. Nach Berichten der Stammesältesten aufgezeichnet von Kacha Hónaw (Weißer Bär). Düsseldorf, Köln 1980. Oben z.T. auch zitiert nach: Waters, Frank: Book of the Hopi. New York 1976

Anmerkungen:

1. Voth, Nr. 101–105, bes. S.256: Oft bestraften die Vögte so ihr Volk, wenn es dem Hexenwesen verfiel. „Das ist einer der Gründe dafür, daß man überall im Lande so viele Ruinen findet. Viele Leute wurden so getötet, weil ihre Vögte zornig wurden und den Vogt oder Einwohner eines anderen Dorfes aufforderten, ihr Volk zu vernichten *(destroy)*."
2. Titiev, S.92 f., wo in Anm. 174 der Druck der Weißen als sekundär hingestellt wird. Dagegen Elsie Clews Parsons: „The Oraibi split was a consequence of friction from contact with white culture ..." – Am. Anthropologist, N.S., 24, 1922, S.283
3. Nequatewa, S.70
4. Titiev, S.87
5. Die verbrecherische Leichtfertigkeit, mit der man in die gewachsenen Verhältnisse eingriff, wird besonders deutlich in dem ursprünglichen, dahin führenden Fortschrittsaperçu des Senators Henry L. Dawes, 1890, bei Waters S.304. – Siehe auch James S.111–117. – Nach Dockstader, S.90, fanden Vermessungen statt in den Jahren: 1892–94, 1907–1910
6. Titiev, S.77. James, S.117 f.
7. Nequatewa, S.65, 71 f., 128 f., Anm. 31
8. Voth, S.23. „Vor 1902": in diesem Jahr verließ Voth die Reservation.
9. Waters, S.44 ff., 309 ff.
10. Ein Beispiel aus älterer Zeit bei Nequatewa, S.44 f.
11. Waters, S.340
12. Talayesva, S.395 f.

13. Waters, S.310 f.
14. Zum Beispiel Waters, S.65 f., 68 f., 69 f., 102 f.
15. Voth, S.15
16. Dazu James, S.106 ff.
17. Nequatewa, S.29
18. Waters, S.266 f.
19. Titiev, S.77; Fewkes, S.277 ff.
20. Nequatewa, S.66
21. Die Felsinschrift, abgebildet bei James, S.137, hat das Datum 8. Sept., doch scheint der 7. das richtige Datum zu sein: Titiev, S.86, Udall bei Sekaquaptewa, S.71, 84
22. Waters, S.314
23. Voth, S.248 f., 252 f.; Waters, S.84 f.
24. Waters, S.301
25. Nequatewa, S.132, Anm. 47
26. Sekaquaptewa, S.75
27. Sekaquaptewa, S.76 f.; Nequatewa, S.68; Talayesva, S.109
28. Titiev, S.86
29. ebd., Anm. 149
30. Titiev, S.74, 86. Waters, S.315 f., 364. – Die Bezeichnung Navajo National Monument bezeichnet nur die Lage auf der Navajo-Reservation. Historisch haben die Navajo nichts damit zu tun.
31. James, S.142 f.
32. Martin Ninck: Wodan und germanischer Schicksalsglaube, Jena 1935, S.19, 38 f., 304
33. James, S.169; Waters, S.320
34. James, S.142; Waters, S.323 f.
35. Nequatewa, S.70 ff.
36. James, Harry C.: Western Campfires, Flagstaff 1973, S.34
37. Dockstader, S.106
38. Fewkes, S.273; Forrest, S.66 f.
39. James, S.134; Titiev, S.95
40. Forrest, S.71
41. Waters, S.322
42. James, S.164; Waters, S.320 f.
43. James, S.166; Waters, S.323
44. James, S.182

„Wir werden wiederkommen“

INTERVIEW MIT ART READE

von Christine Pflug

Foto ©: Konrad Stege

Art Reade, *Apache aus Phoenix/Arizona, „ist seit vielen Jahren Seminarleiter und Berater. Seine Arbeitsweise stammt aus der amerikanischen 'Human Growth'-Bewegung und aus der Tradition seiner indianischen Vorfahren. Dabei hat er besonders tiefe Erfahrungen in der Arbeit mit krebskranken Menschen erworben.*

In den vergangenen Jahren hat Art Reade sich zu einem noch größeren Engagement in der Bewegung für spirituelle und menschliche Entwicklung verpflichtet.

In den vielerorts veranstalteten Seminaren arbeitet er hauptsächlich mit Konzepten, die aufzeigen, inwieweit unsere begrenzenden Glaubenseinstellungen und Verhaltensweisen unser Leben und unsere Gesundheit beeinflussen. Sein Wissen um die Selbstheilungskräfte der Menschen und um die Möglichkeit, mehr mentales, emotionales und körperliches Wohlbefinden zu erreichen, gibt er in Workshops weiter. – Die Seminare sind: Basis-Training, Aufbau-Training, Weiterführung, spirituelle Beziehungen und ein Vortragsseminar über das Gebet, das das 'Vaterunser' zur Grundlage hat." (Nach einem Seminarprospekt)

Anfang dieses Jahres (1992) hatte ich die Möglichkeit, an einem Seminar von Art Reade teilzunehmen. In der Ankündigung hieß es, daß man sich von alten Einstellungsmustern befreien und Heilung und innere Klarheit erreichen könnte. Als ich dann in einer Aula mit etwa 100 Menschen saß, hatte ich etliche Zweifel, wie das vonstatten gehen sollte. Sehr schnell wurde deutlich, wie das möglich sein könnte und wie so etwas überhaupt nur möglich ist: durch meine eigene Einsicht, Verantwortlichkeit für mich selbst und durch Disziplin. Das „Neue", das ich im Seminar erfuhr, wußte ich eigentlich schon lange: Es waren Grundaussagen, die ich persönlich aus dem Christentum und der Anthroposophie kannte und die man in jeder Religion oder jedem spirituellen Wissen findet. Das „Alte", das ich erfuhr, wußte ich eigentlich auch schon: daß es darauf ankommt, dieses Grundwissen mit der nötigen Einsicht, Selbstverantwortung und Disziplin zu *tun*.

Art Reade verstand es, mit uralter Weisheit, konsequenter Disziplin, für Europäer verständlichen Methoden, deftigem Humor und vor allem mit seinem Herzen das zu vermitteln, was jeder suchte: den Weg zu dem göttlichen Teil seiner selbst.

Das folgende Interview wurde als lockeres Gespräch geführt und gibt nicht die Inhalte des Seminars wieder.

[Übersetzung des Interviews aus dem Amerikanischen: Christine Pflug. Art Reade benutzte oft das Wort „sophisticated", was mit „kultiviert" übersetzt wurde. Es hat allerdings noch die Bedeutung von „intellektuell", „fein(-sinnig)".]

Christine Pflug: Was bist Du? Bist Du ein Schamane, ein Heiler oder etwas anderes?

Art Reade: Ich würde sagen, daß ich ein Lehrer bin. Lehrer mag für kultiviert *(sophisticated)* denkende Menschen in einem solch kultivierten Land wie Deutschland etwas anderes bedeuten, aber im Sinne meines Volkes bin ich ein Lehrer, genauso wie ein Medizinmann für kultivierte Menschen etwas anderes bedeutet als für mein Volk. Jeder hat bestimmte Vorstellungen von etwas, und wenn er dann ein Wort hört, versucht er, das seinen Vorstellungen gemäß zu fixieren. Wenn ein Deutscher den Begriff Lehrer hört, tritt er zurück und sagt: „Oh!" Er denkt dann an Klassenräume, Unterricht, Hausaufgaben und alles, was dazugehört. Das macht es für mich schwierig. Für die Griechen waren zum Beispiel die Lehrer Ärzte.

C.P.: Was versteht denn Dein Volk unter einem Lehrer?

A. Reade: Das bezieht vieles mit ein. Unter anderem bedeutet das für unser Volk, daß ein Lehrer erkennen kann, *was* ein anderer Mensch zu lernen hat, und Wege findet, *wie* er das am besten lernen kann. Manche Menschen haben für so etwas eine Begabung, andere haben für etwas anderes Fähigkeiten. Wenn zum Beispiel zwei Kinder miteinander etwas zu tun haben oder eine Frau mit ihrem Mann streitet oder die Eltern mit ihrem Kind schimpfen, kann ein Lehrer erkennen, was die Menschen in dieser Situation zu lernen haben. Er geht von dieser momentanen Situation aus und findet vielleicht ein Wort, eine Erklärung, eine Geschichte oder auch eine Erfahrung, die diesen Menschen in der betreffenden Situation weiterhelfen kann. Das ist eine ganz andere Sachlage, als wenn man in einem Klassenzimmer sitzt, unterrichtet und vielleicht die Muskulatur eines Frosches erklärt.

C.P.: Heißt das, daß Du eine Situation siehst, die darin liegende Entwicklungsmöglichkeit erkennst und diese dann den Menschen vermittelst?

A. Reade: Ja, so in etwa könnte man es sagen.

C.P.: Bedeutet das auch, daß Du erkennst, *wohin* sich die Menschen eigentlich entwickeln möchten, und zwar auf eine positive Weise?

Der Zweifel ist die Öffnung für den Feind

A. Reade: Ich möchte einmal ein Beispiel geben: Ein Kind geht mit einem Jäger mit. Er stellt fest, daß das Kind in einem bestimmten Moment Angst hat. Ein Lehrer würde jetzt das Kind über Angst unterrichten: was Angst ist, was Angst mit einem macht, auf eine intellektuelle, körperliche, seelische und auch geistige Weise. Er würde vermitteln, wie Angst schwächt, und zwar auf allen Ebenen, wie die Angst den Feind hereinkommen läßt. Durch die Angst entsteht nämlich Zweifel, und der Zweifel ist die Öffnung für den Feind. Angst besteht auf allen Ebenen, im Gefühlsbereich wird man zum Beispiel nervös. Ein Lehrer würde jetzt unterrichten, wie man diese Furcht und Angst überwindet. Das ist eine ganz andere Art Schule.

C.P.: Eine Lebensschule.

A. Reade: Ja. Es könnte zum Beispiel für ein Kind, das eine Woche mit dem Jäger jagen geht, die Lektion sein, alles über Angst zu lernen und wie man diese überwindet. Ein Lehrer würde dann auch weiterhin erkennen, wie diese Angst die gleiche ist, die man in seiner Familie hat, in seinem Beruf, in der Partnerschaft usw. Es ist nämlich die gleiche Angst, wie sie in einer solch kultivierten Gesellschaft wie in Deutschland auch vorkommt. Wenn ein deutsches Kind Angst vor der Schule hat, ist es die gleiche Angst wie die des Jungen, der auf die Jagd geht. Das ist es, was ein Lehrer sieht. Andere Menschen sehen etwas anderes.

C.P.: Bedeutet das, daß Du die Ebene wahrnehmen kannst, auf der Gefühle, Blockaden und auch Zukunftsmöglichkeiten liegen, und daß Du das dann den Menschen verständlich machen kannst?

A. Reade: Von dieser einen Situation ausgehend und mit diesen speziellen Menschen ist für das Verständnis meines Volkes ein Lehrer jemand, der erkennt, wie das Kind auf der Gefühlsebene, auf einer körperlichen Ebene und auch auf einer geistigen Ebene betroffen ist. Ein Lehrer erklärt das seinem Schüler und zeigt auf, wie er diese Hindernisse auf allen Ebenen überwinden kann. Ein Lehrer erkennt, was in einer Situation wirklich vorliegt. Es gibt Menschen, die zanken sich über ein Buch oder streiten darüber, wem diese Jacke gehört – aber das ist nicht das Eigentliche. Das, was wirklich vor sich geht, ist etwas ganz anderes. Und das sieht, erklärt und bearbeitet der Lehrer.

„Ich weiß das von meinem Herzen“

C.P.: Woher weißt Du das denn alles?

A. Reade: Von meinem Herzen.

C.P.: Das glaube ich Dir. Aber *wie* kannst Du das von Deinem Herzen wissen?

A. Reade: Laß mich das mit einem Bild ausdrücken: Schau Dir doch einmal einen Sportler an. Woher kann er so perfekt den Ball treffen, warum kann er so hoch springen? Er weiß das auch nicht. Er weiß nur, daß er hochspringt und irgendwie hochkommt. Gerade zur richtigen Zeit springt er oder bewegt sein Bein. Er tut es aus einem Teil seines Selbst. Für diesen speziellen Akt gibt es in diesem Moment keine Erklärung. Und das gilt auch für den Lehrer: Er schaut sich etwas an, und die Antwort kommt zu ihm. Er weiß dann einfach, über was die Menschen wirklich reden, um was es sich in dieser Situation wirklich dreht.

C.P.: Der Sportler handelt in dem Moment tatsächlich aus seinem Körper heraus, ohne zu wissen, was er da macht. Aber vorher hat er trainiert und geübt.

A. Reade: Denkst Du, beim Lehrer sei das anders?

C.P.: Nein. Aber was ist es denn, was Du trainiert und geübt hast?

A. Reade: Der Sportler, der zu den weltbesten Champions gehört, hat schon als Jugendlicher oder als Kind Fähigkeiten in diese Richtung gezeigt. Er war besser als die anderen Kinder oder Jugendlichen in seinem Alter. Und beim Lehrer verhält es sich ähnlich. Schon als Kind oder Jugendlicher war er in der Lage, die Situationen auf verschiedenen Ebenen zu erkennen, und daraus bestand sein Training und seine Übung. Ein Junge, der einmal Lehrer wird, beginnt schon als Kind auf die Fußspuren der Tiere zu achten. Wenn der Lehrer diese Fußspuren sieht, bedeuten sie für ihn etwas ganz anderes als für den Jäger. Der Jäger, der die Fußspuren erblickt, sieht zum Beispiel, in welche Richtung die Tiere gehen. Er sieht, durch was die Tiere hindurchgegangen sind – vielleicht durchs Gebüsch –, vielleicht suchen sie Nahrung oder sie gehen gerade irgendwo spazieren. Vielleicht gehen sie ganz schnell zu einem bestimmten Platz oder aber ganz langsam. Der Jäger kann auch erkennen, ob die Tiere gerade gefressen haben oder ob sie irgendwo hingehen, um sich dort auszuruhen. Wenn dieser Spurenleser nun einen Menschen sieht, der von seinem Tipi zum Wasserfall geht oder von einem Ort zum anderen, kann er erkennen, was in diesem Menschen vorgeht: Vielleicht ist dieser Mensch ärgerlich, oder irgend etwas anderes bewegt ihn. Der Spurenleser bekommt Antworten aus einem Teil seines Selbst, und das kann er nicht erklären. Er würde sagen, daß das von seinem Geist oder aus seinem Herzen kommt. Es gibt für ihn einfach einen Teil, der, wenn er Fußspuren erblickt, erkennen kann, was mit dem Betreffenden los ist. Und beim Lehrer verhält es sich ähnlich. Wie soll man das erklären? Wie soll man das einem solchen kultivierten, logischen, industrialisierten, in der Stadt herummarschierenden, autofahrenden, fernsehschauenden, telefonierenden Menschen klarmachen? Seine Sinne sind einfach stumpf, und er sucht ständig nach anderen Stimulationen.

C.P.: Ich kann mir das schon vorstellen, und es hört sich einerseits alles auch sehr einfach an.

A. Reade: Es ist auch einfach. Die kultivierten, zivilisierten Menschen analysieren alles so lange, bis es schwierig ist. In Amerika gibt man Millionen von Dollar aus, um an der Universität zu studieren, wie ein Mensch geht. Ich kann Dir auch sagen, wie ein Mensch geht, und zwar in zwei Minuten. Und ein Spurenleser könnte Dir sehr viel besser als ich, und zwar in einer Minute sagen, wie ein Mensch geht. Die Psychologen studieren jahrelang und verpulvern Millionen von Dollar, um Körpersprache zu verstehen. Geh doch einfach zu einem Indianer und frage ihn, und er erklärt Dir alles, und zwar ohne Universitätsstudium. Die Indianer haben schon vor hunderten von Jahren über Körpersprache geredet. Und schon über tausende von Jahren hatten sie ein Wissen von der Körpersprache. Alles, was man heute in den modernsten Büchern über Körpersprache lesen kann, kann Dir ein Indianer in einer Minute erzählen.

„Im Grunde genommen sind wir alle bewußt“

C.P.: Hieße das, daß all die fernsehschauenden, telefonierenden, autofahrenden, kultivierten, zivilisierten Menschen wieder einfach werden sollen?

A. Reade: Man muß schon vorsichtig sein, wenn man zu einem zivilisierten Menschen sagt, daß er einfach werden solle. Ich rede nämlich nicht darüber, daß er unwissend oder ignorant werden soll. Ich meine einfach, bewußt zu sein, und jede Zivilisation und Kultivierung bringt uns davon ab, bewußt zu sein. Im Grunde genommen sind wir alle bewußt. Ein Kind zum Beispiel ist bewußt. All die psychologischen Bücher zeigen auf, wie bewußt ein Kind ist. Sogar ein kleines Baby kennt schon Körpersprache. Wenn ein Kleinkind über den Boden krabbelt und die Mutter in einer bestimmten Richtung und mit einer bestimmten Geschwindigkeit den Fuß bewegt, hört das Kind auf zu krabbeln. Wenn das Kind zu etwas Gefährlichem hinkrabbelt, braucht die Mutter bloß aufzuschauen, und das Kind stoppt. Alles, was wir unser Leben lang machen, ist, daß wir weniger bewußt werden. Durch all die Telefone, Fernsehapparate, Autos usw. werden wir weniger bewußt. Wir lassen uns morgens vom Wecker aufwecken, anstatt selbst zu wissen, wann wir aufstehen wollen.

C.P.: Das ist alles wahr. Und ich weiß das auch aus all den kultivierten, logischen und zivilisierten Büchern. Aber der Punkt ist doch der: Wie können wir zwischen unseren Fernsehapparaten, Telefonen und Autos wieder zu diesem Zustand zurückkommen?

A. Reade: Das ist der Punkt, an dem die Menschen wieder bei ihrem Herzen anfangen. Sogar schon in der Bibel steht geschrieben: Werdet wie die Kinder, denn ihrer ist das Himmelreich. Wir sollen nicht wieder unwissend werden, sondern offen, ehrlich und nackt, so wie Adam und Eva, die offen und nackt in dem Paradies standen. Damals ging es nämlich los mit dem Lügen, mit dem Brechen von Verträgen und der Kultivierung. Sie versteckten sich voreinander, und damals begann der Ärger. Und im Grunde genommen haben wir alle eine Sehnsucht danach, wieder ehrlich, aufrichtig und bewußt zu sein. Das ist der größte Wunsch, und deswegen suchen die Menschen nach Gott.

Der seelische und der geistige Teil des Menschen

C.P.: Ja, so ist es auch. Alle Menschen wollen bestimmt wieder ehrlich werden. Wir verbringen heute viel Zeit mit dem Lesen von Büchern, dem Besuchen von Seminaren, Sitzungen bei Therapeuten und Psychologen, um da letztlich wieder hinzukommen. Aber das funktioniert eben nicht. Warum nicht?

A. Reade: Willst Du es wirklich wissen? Ich kann es Dir sagen, aber es ist nur meine persönliche Meinung. Man braucht sich nur einmal die Herkunft des Wortes

„Psychologie“ anzuschauen. Das bedeutet: das Studium der Seele. Wenn man die ganz alten Sprachen studiert, wird man immer wieder feststellen, daß die Seele nur *ein* Teil von uns ist. Sie ist eben nur *ein* Teil und nicht das Gesamte. Sie ist der Teil, mit dem wir denken, fühlen und wollen. So ist das Studium der Psychologie darauf beschränkt, was ich denke, was ich fühle, was ich über das Fühlen denke und was ich dann entschließe zu tun. Das ist der seelische Teil von uns und der gehört zur menschlichen Natur. Es ist nicht der geistige Teil des Menschen. Psychologie ist sozusagen nur der tierische Teil in uns Menschen, nämlich was wir fühlen, darüber fühlen, was wir denken, und was wir von dieser animalischen Seite her tun wollen.

Aber das hat alles nichts mit Gott oder Geistigem zu tun, auch nicht mit dem Herzen oder dem spirituellen Bewußtsein. Deswegen kann man sich damit immer im Kreis herumdrehen und rennen und rennen und rennen, und man bekommt im Grunde genommen keine Antwort. Man erhält eine seelische Antwort, und das ist eine selbstbezogene Antwort. Das ist nicht, was die Menschen befriedigt, und deshalb suchen sie immer noch weiter nach einer anderen Antwort. Sie vermissen die andere Hälfte. Die andere Hälfte ist nämlich der geistige Teil. Diese andere Seite gibt geistige Antworten, sie sagt nicht, wie man sich über etwas fühlt, sie gibt inneren Frieden. Auf dieser Seite regiert auch nicht *mein* Wille, sondern Gottes Wille. Unglücklicherweise hat sich die ganze Menschheit dahin entwickelt und das konstruiert, wie sie fühlen, was sie denken und was sie dann tun. Und damit hat man etwas geschaffen, was ich Trostlosigkeit nennen würde. Trostlosigkeit gibt es in der Ehe, in der Familie, auf der Erde, d.h. die ganze Umweltverschmutzung. Das ist es, was sich die Menschheit kreiert hat. Und wenn man das nicht versteht, wirft man weiterhin die Batterien weg, schüttet Quecksilber in die Flüsse, bläst Blei in die Atmosphäre, noch mehr Bäume und Fische werden sterben und auch mehr Menschen werden sterben.

Wenn wir uns mehr darum kümmern würden, welche wirklich geistigen Gedanken es gibt, würden wir mehr Fließen, Licht und Leichtigkeit in uns selbst, in unserer Partnerschaft, in unserer Familie und auf der Erde erschaffen. Und dann hätten wir friedliche Gefühle. Unsere Gedanken wären dann spirituelle Gedanken, und wir würden nicht mehr davon ausgehen, was wir selbst über etwas denken. Wir würden fragen, was wir in einer bestimmten Situation tun sollten, und dann hätten wir nicht mehr all diese frustrierenden, sondern friedvolle Gefühle.

Innerer Friede statt Selbstbezogenheit

C.P.: Ich bin völlig davon überzeugt, daß jeder Mensch diesen inneren Frieden für sich und die Erde möchte. Aber warum kommen wir da nicht hin?

A. Reade: Hauptsächlich deshalb, weil wir *selbstbezogene* Wesen sind. Hauptsächlich deshalb, weil wir *selbstgerechte* Wesen sind. Die Christen wissen das, die Hebräer wissen das, auch die Buddhisten, es steht im Alten und auch im Neuen Testament, jede Religion weiß das; alles was es zu tun gibt, ist, das Selbst zu überwinden. Auch mein Volk spricht genau über diese gleiche Sache. Wir müssen die Angst überwinden, und die Angst kommt aus dem Selbst. Sie kommt von der selbstischen und nicht von der spirituellen Seite des Menschen. Wir nennen diese Feinde Angst oder Zweifel – es ist eine andere Weise, das in Worte zu fassen, aber im Prinzip ist es das gleiche. Der Grund dafür liegt darin, daß unsere menschliche Seite, die eigentlich die animalische ist, zu groß ist. Wir sind wie die Tiere. Hast Du jemals einen Löwen oder einen Kojoten beobachtet? Sie töten sich, um herauszufinden, wer als erster fressen darf. Und der Führer, der Größte und Stärkste, frißt dann zuerst. Und dann frißt der nächstuntere, dann wieder der nächstuntere usw. usw., bis zu all den kleinen Tieren, die rundherum stehen und dann die Reste für sich haben.

Auf so eine Weise sind auch wir selbstzentriert. Wir wollen, was wir wollen, und wenn wir etwas möchten, wollen wir es gerade jetzt. Gott muß dann auf uns warten, auch der Partner muß auf uns warten und auch das eigene Kind; wenn ich etwas will, dann will ich es jetzt. Das ist unser großer animalischer Trieb. Und der Lehrer kann das erkennen. Wenn er zwei kleine Kinder sieht, kann er erkennen, was da vor sich geht: Einer ist vielleicht wie der Kojote, der jagt, oder wie der Wolf, der auf seine Beute wartet. Es ist dann das Spiel, wer der Größte, der Stärkste und der Härteste ist. Aber wir sind Menschen, und damit sind wir ein Teil des Geistes und müssen diese Triebhaftigkeit überwinden. Ein Lehrer überlegt sich dann, wie er zum Beispiel für die zwei kleinen Jungen eine Situation schafft, wie sie sich wieder verstehen können.

Das Feedback vom Universum

C.P.: Braucht man, um diese Selbstbezogenheit zu überwinden, immer einen Lehrer, oder kann man das auch selbst tun?

A. Reade: Es gibt Möglichkeiten, daß wir es auch alleine lernen. Aber normalerweise machen das die meisten Menschen nicht allein. Im Prinzip führt uns der große Geist auf diesen Weg – die Christen würden ihn den Heiligen Geist nennen. Der Heilige Geist ist der Lehrer, er ist derjenige, der uns tröstet. Er zeigt uns, ob es eine gute oder eine schlechte Tat ist, ob es etwas mit Schuld zu tun hat oder Frieden. Wenn wir unserem Geist folgen würden, im christlichen Sinne dem Heiligen Geist, bräuchten wir keinen Lehrer. Das wäre dann unser Lehrer, und wir bräuchten keinen Menschen als einen Lehrer. Aber das machen die meisten Menschen eben nicht.

Mein Volk hat dafür eine Vorkehrung geschaffen: Wenn bei uns jemand so unbewußt ist, daß er nicht spürt, wie der große Geist ihn führt, sagen wir ihm, daß er auf das Feedback des Universums achten soll. Er muß also darauf aufpassen, was um ihn herum vorgeht, er bekommt sozusagen die Tips von seiner Umwelt. Zum Beispiel steht jemand morgens auf, und wenige Zeit später sieht er zwei Menschen, die sich streiten. Dann geht er seines Weges, und vielleicht sieht er dann in einem Restaurant ein Paar sitzen, das sich wiederum streitet. Vielleicht erlebt er dann noch einmal eine Situation, in der sich wieder zwei Menschen streiten. Und das alles will ihm etwas sagen, es ist für ihn eine Lehre des Universums. Vielleicht geht dieser Mensch dann an seinen Arbeitsplatz. Bis dahin könnte er gelernt haben, daß bei all diesen Streitereien einer der beiden nicht recht hatte und rebellisch war. Vielleicht ist die Situation dann so, daß dieser Mensch von seinem Chef angesprochen wird, und der sagt ihm: „He, Du hast gestern Deine Arbeit nicht zu Ende gemacht, als Du gegangen bist.“ Und jetzt ist die Frage, ob dieser betreffende Mensch genau wie all die anderen, die er heute schon erlebt hatte, auch beginnt, sich zu streiten, oder ob er sagt: „Jawohl, Du hast recht. Ich werde diese Arbeit nachholen." Aber genau das ist das, was die meisten Menschen eben nicht tun: Sie sehen nicht, was um sie herum vorgeht. Vielleicht haben sie die Menschen gesehen, die sich gestritten haben, aber sie haben nicht verstanden, daß es für sie ein Tip war. Und dann geht man eben zu seinem Chef, fängt auch an zu streiten und wird rebellisch und fliegt schließlich aus seiner Arbeitsstelle raus. Und dann weiß man noch nicht einmal warum.

Das ist eine Weise, wie wir selbst lernen können, wie uns der Heilige Geist führt. Aber auch um uns herum sind immer wieder Lehrer. Wenn ich zu Hause auf die Jagd gehe, sind die Jäger meine Lehrer. Vielleicht ist auch der Medizinmann für eine Woche mein Lehrer. Mein Volk hat auch die Pflanzen und die Tiere, von denen es lernen kann. Und darum geht es: daß wir uns von diesem selbstbezogenen Wesen zu einem spirituellen umwandeln, daß wir uns während dieses ganzen Prozesses bedanken. Wir müssen uns für die Lektionen bedanken, die wir erhalten, bei den Pflanzen, bei den Tieren, bei der Mutter Erde und dem Vater Sonne, beim Regen, beim Wind, bei all den anderen Menschen von dem Stamm und selbstverständlich bei unserem Lehrer und bei dem Großen Geist. Auf diese Weise gehen wir immer mehr und mehr auf unseren spirituellen Weg und lernen, nach innen zu lauschen. Das ist es, was ich unter „einfach werden" verstehe. Die ganze Technik, die Autos, Fernseher, Wecker, Telefone bringen uns davon weg, bewußt zu sein. Bei uns zum Beispiel benutzt keiner einen Wecker; wir programmieren uns sozusagen, wann wir aufstehen wollen, und dann tun wir das. Das ist aber auch durchaus hier möglich. Ich kenne Menschen, die oft sagen, daß sie ihren Wecker für eine bestimmte Zeit gestellt haben, und kurz bevor er klingelt, sind sie regelmäßig wach.

C.P.: Wenn man also herumläuft und die Menschen streiten sieht, ist es der innere Geist, der nun wissen müßte, was zu lernen ist. Und wenn man dann trotzdem beginnt, sich mit seinem Chef zu streiten, immer alles besser weiß und ständig recht hat, so ist es dieser seelische Teil in uns. Was macht man denn mit dieser tierischen Seite, die immer alles besser weiß, sich nicht ändern will und selbstbezogen ist? Man kann sie doch nicht einfach wegdrücken!

Unsere tierische Seite

A. Reade: Nein, das kann man nicht. Um es mit einem Satz auszudrücken: Man muß diese Seite führen und trainieren, damit sie spirituell wird. Das ist eigentlich der ganze Job. Wir haben es in Jahrtausenden nicht geschafft, aber im Grunde genommen ist es das einzige, was zu tun ist. Finde es doch selbst raus! Ich möchte es einmal in einem Bild ausdrücken. Du hast einen kleinen Hund. Und dieser kleine Hund tut das, was kleine Hunde immer tun – er pinkelt auf den Boden. Und dann muß man diesen Hund irgendwie erziehen, so daß er drinnen schläft und draußen pinkelt. Natürlich will der Hund das ganze so machen, wie es ihm paßt, und so wird es eine Weile dauern, bis Du ihm beigebracht hast, daß er drinnen schläft und draußen pinkelt. Es bleibt einem nichts anderes übrig, als den Hund auf diese Weise zu erziehen.

Betrachte doch einmal kleine Babys: Schon sehr früh werden sie selbstbezogen. „*Meine* Flasche, *meine* Mama, *mein* Spielzeug" – dieser Teil von uns entwickelt sich schon sehr früh. Und Du weißt, die Eltern sagen: „Sei nett, teile Deine Spielzeuge mit Deinem Bruder." Es ist schwierig für dieses Kind, die Selbstbezogenheit zu überwinden, und manche Kinder überwinden sie nie. Vielleicht kommen sie zu einer Toleranz, aber nie zu einer Überwindung. Später taucht das dann in der Partnerschaft, oder im Leben überhaupt, wieder auf. Und dann muß man sich eben selbst erziehen. Die Indianer würden es vielleicht folgendermaßen ausdrücken: Man möchte jagen gehen und braucht dafür einen Hund. Dazu erzieht man sich einen Kojoten. Dieser wilde Hund soll dann so erzogen werden, daß er einem auf der Jagd hilft, einem gehorcht und mit nach anderen Tieren jagt. So muß ich sein Vertrauen erobern, muß mit ihm arbeiten, muß ihn erziehen.

Das ist auch unsere Aufgabe mit uns selbst. Wenn wir ein glückliches, gesundes und langes Leben führen wollen, ist das unsere Aufgabe. Normalerweise würde es in unserem Alltag so verlaufen, daß wir, wenn wir Menschen streiten sehen, sofort denken, daß das mit uns nichts zu tun hat. Und wenn dann unser Chef mit uns zu streiten beginnt, sind wir böse auf ihn. Aber der spirituelle Teil in uns würde erkennen, welcher Grund vorliegt, daß die Menschen streiten, und was man selbst damit zu tun hat. Und wenn man dann vor dem Chef steht, hat man gelernt, was die eigene Lektion war. Oder vielleicht ist man selbst der Chef und muß mit seinem Angestellten reden und hat dann die Wahl, ob man dieselbe verquere Ansicht vertritt, wie die anderen Menschen an diesem Morgen.

Die Lüge der Menschen, die glauben, daß sie selbstlos seien

C.P.: Ich sehe in all diesem eine Falle. Es gibt ja viele Menschen, die von sich glauben, daß sie selbstlos seien. Zum Beispiel bemüht sich eine Mutter mit mehreren Kindern ständig, selbstlos zu sein, und nach außen mag das auch so aussehen. Und irgendwann kommt sie dann in eine Krise, weiß nicht mehr, wer sie ist, bereut es, daß sie das ganze Leben sich nur um andere gekümmert hat, und weiß nun nicht mehr, was sie tun soll. Genauso verhält sich das bestimmt bei Politikern oder anderen Menschen im öffentlichen Leben, die auch ständig meinen, selbstlos zu handeln, und überhaupt gilt das für viele andere Menschen auch. Worin liegt denn nun der Unterschied, ob man wirklich selbstlos ist oder ob es nach außen nur so aussieht?

A. Reade: Das sind allerdings zwei sehr verschiedene Dinge. Der Unterschied, der darin liegt, zeigt sich im Ausmaß der Lüge. Und zwar ist das die Lüge, die sich der Mensch selbst erzählt. Wenn man eine selbstbezogene Person einmal beschreiben würde, so hätte sie die Eigenschaft, ständig recht zu haben. Es wäre ein Mensch, der immer will, daß alles nach seiner Weise verläuft. Er wird dann ärgerlich, wenn die Dinge nicht nach seiner gewünschten Weise verlaufen, er wird neidisch, wenn er nicht alles bekommt. Das wäre sozusagen ein egozentrischer Mensch.

Wenn ein menschliches Wesen von sich behauptet, es sei selbstlos, so geht das gar nicht. Man kann nur in sehr beschränktem Maße selbstlos sein. Wenn eine Mutter erzählt, daß sie selbstlos sei, dann ist das eine Lüge. Die Frage ist dann nur noch, wie groß diese Lüge ist. Unglücklicherweise gibt es das in Amerika sehr oft – hier vielleicht nicht –, daß eine Frau ihre Kinder erzieht und alles für ihren Mann tut, und dann behauptet, sie sei selbstlos. Wenn sie dann vierzig Jahre alt ist, die ganze Zeit über alles nur für den Ehemann und die zwei Kinder getan hat und dann nicht mehr weiß, wer sie selbst ist, ist meistens die Antwort folgende: „Reiche die Scheidung ein, verlaß Deine Familie.“ Anstatt daß sie selbstlos war, war sie eine Märtyrerin. Sie hat sozusagen die selbstbezogene Belohnung erhalten dafür, daß sie zwanzig Jahre lang eine Märtyrerin war. Sie hat lediglich ihre Märtyrerrolle gefüttert, und diese Rolle kommt sehr stark aus diesem selbstbezogenen Teil von uns.

Wenn man also zu sich selbst ehrlich ist, muß man sich eingestehen, daß man zu einem sehr großen Teil selbstbezogen ist. Man kann sich lediglich bemühen, diese Selbstbezogenheit dahin zu führen, daß sie möglichst gering wird. Wenn ich mich dann bemühe, so ehrlich und sauber wie nur möglich zu sein, liegt meine Belohnung auf einer spirituellen Ebene. Denn grundsätzlich sind wir alle selbstbezogen, und dieser seelische Teil von uns muß einfach erzogen werden. Das ist der ganze Tanz.

Es gibt viele Leute, die leiden, und es ist so schwer für sie, das zu erkennen, was sie erkennen sollen. Es ist so schwer für sie, zu erkennen und einzusehen, daß sie falsch liegen, denn wenn sie das verstehen würden, müßten sie einsehen, daß sie sich die ganze Zeit getäuscht haben. Sie würden dann einsehen, daß sie sich selbst die ganze Zeit beschränkt haben und dafür verantwortlich sind, was mit ihnen passiert ist. Alles ist im Grunde genommen ein Spiel; manche Menschen spielen das Spiel der Selbstbezogenheit, und andere das der Selbstlosigkeit. Aber beides ist eben nur ein Spiel. Und jeder zieht aus diesem Spiel seinen Gewinn.

C.P.: Wie spielt man das Spiel so, daß man den Gewinn bekommt, der wünschenswert ist?

A. Reade: Ich möchte es in einem Bild ausdrücken: Es ist wie Wasser, das den Berg hinunterfließt, oder wie die Elektrizität, die durch den Draht läuft. Und wie das Wasser beim Fließen immer etwas weniger wird, und wie der elektrische Strom, wenn er durch die Leitung läuft, auch geringer wird, so müssen die Menschen für die Spiele, die sie spielen, auch etwas zurücklassen bzw. bezahlen. Man muß also den Preis finden für das Spiel, das man spielt.

Ich selbst möchte einen so geringen Preis wie möglich bezahlen. Nach außen sieht das dann immer so aus, als würde ich ein Spiel mit einer noch größeren Belohnung spielen, aber das ist nur eine Illusion. Man muß sich das wie auf einer Skala denken: Auf der einen Seite der Skala steht Null und auf der anderen Seite eine sehr hohe Zahl. Auf der Nullseite bezahlt man einen sehr geringen Preis für seine Spiele, und je weiter man auf die andere Seite rückt, desto höher wird der Preis. Wenn man sich auf dieser Skala in Richtung Null bewegt, wird man feststellen, daß man sich bei diesen Spielen mit sehr geringem Preis sehr viel wohler fühlt.

Man wird also immer mehr Richtung Null rücken, und der einzige Punkt, der dabei zu beachten ist, ist die eigene Ehrlichkeit. Man kommt dann nämlich immer dichter an den eigenen Geist und an sein eigenes Herz heran. Man führt Gottes Willen aus anstatt des eigenen. Und je mehr ich in Richtung Null komme, desto weniger Widerstände werde ich im Leben haben. Das sind im Prinzip ähnliche Gesetze wie in der Physik.

Im Grunde genommen sind die Menschen ja nicht dumm. Sie kennen die Gesetze und sie entscheiden sich, sie zu ignorieren. Zum Beispiel ist das in allen Märchen zu lesen. Da stehen die ganzen Prinzipien drin: Gut gegen Schlecht, das Positive gegen das Negative, man muß die richtige Sache tun und ehrlich sein, und dadurch wird man leichter und leichter und klarer und klarer.

Die innere Reinigung und Klärung

Die Indianer haben diese Prinzipien auch verwirklicht, indem sie sich zum Beispiel durch Fasten vorbereitet haben. Nachts warteten sie dann auf den Traum, der ihnen aufzeigen würde, wo sie ihre Nahrung finden könnten. Sie fanden dann die Spuren der Tiere und waren sich sicher, daß das Universum sie unterstützt hat. Und wenn sie dann wirklich die Tiere gefunden hatten, wußten sie, daß sie sich innerlich genug gereinigt hatten und klar waren. Alle Negativität war aus ihnen verschwunden und der Große Geist hat sie geführt. So würde es mein Volk erzählen.

Vor allem ist die innere Reinigung die Aufgabe des Führers, der die Jagdgesellschaft anleitet. Er muß sich vorbereiten, muß fasten, muß klar werden, er muß alles in seiner Partnerschaft oder Familie klären. Dann muß er sich für eine Weile absondern, um die innere Vision zu erhalten. Daher erfährt er, wo die Tiere sind. Dann führt er die anderen zu den Tieren hin. Und wenn er keine Tiere findet, dann weiß jeder, daß er sich nicht gründlich vorbereitet hat, daß er nichts geklärt hat mit seiner Partnerin oder seiner Familie, daß er nicht aufrichtig und ehrlich war oder sich auch mit dem Großen Geist nicht genügend abgeklärt hat. Dann hat ihn nämlich der Feind geführt, und alle anderen müssen ohne Essen für ihre Familien zurückkehren. Und so kann ein Jäger nicht nach Hause kommen.

C.P.: Und wie würdest Du das auf unsere heutige Situation übertragen?

A. Reade: Das ist der Ehemann, der ohne Lohn zu seiner Familie zurückkehrt oder nach Hause kommt und keine Arbeit mehr hat. Auch er war nicht im Reinen mit seiner Partnerin oder seinen Kindern oder dem Großen Geist oder mit anderen Bereichen aus seinem Leben. Daher war er nicht genügend offen und sensitiv, um die Führung des Großen Geistes zu empfangen. Und dann hat ihn sozusagen der Feind geführt.

C.P.: Und was ist mit der Frau?

A. Reade: Auch sie hat ihre Aufgaben. Allgemeingültig ist das wieder schwierig zu beantworten, weil es je nach Kultur verschieden ist. Hier in Deutschland und in Amerika hat ein Mann normalerweise eine Frau, aber es gibt Kulturen, da hat ein Mann vier oder sogar zehn Frauen. Entsprechend verschieden sind auch die Grundeinstellungen der Menschen. Die einen halten die andere Kultur für falsch und ihre eigene für richtig, und genauso ist es umgekehrt.

Ich erzähle einmal, wie mein Volk das sieht: Der Mann hat jede Menge Verantwortungen. Zum einen hat er Verpflichtungen als Ehemann, zum anderen als Mann grundsätzlich, weiterhin als ein Stammesmitglied usw. So gibt es verschiedene Verantwortungen. Und genauso ist es mit der Frau. Auch sie hat als ein Stammesmitglied verschiedene Verantwortungen; außerdem ist sie dann auch eine Ehefrau, eine Frau überhaupt und auch eine Mutter. Schlicht und einfach hat sie auch Verantwortlichkeiten als Mensch oder auch Gott gegenüber. Sie hat ihre Aufgaben mehr im häuslichen

Bereich oder im Dorf, während der Mann mehr draußen ist, zum Beispiel die Tiere jagt. Und natürlich gibt es auch für die Frau eine Rückmeldung vom Kosmos. Eines der höchsten Dinge, die eine Frau vermag, ist ein Kind zu gebären. Genauso sehen es die Juden, die Christen, die Hebräer und alle anderen auch. Was kann man seinem Ehemann schenken? Ein Kind, am liebsten einen Jungen. Wenn eine Frau dazu nicht in der Lage ist, ist sie nicht in Harmonie mit der göttlichen Welt. So sehen wir das.

Ob die Frau in Harmonie mit dem Universum ist, zeigt sich natürlich auch an anderem, zum Beispiel daran, wie sich die Kinder benehmen. Wenn sich die Kinder schlecht benehmen, hat sie ihre Arbeit nicht getan; wenn sie kein Feuerholz findet, hat sie ihre Arbeit nicht getan; wenn die Kleider, die sie genäht hat, auseinanderfallen, hat sie ihre Arbeit nicht getan, sie hat nicht genug Bewußtheit hineingesteckt. Wenn die Schuhe, die sie gemacht hat, nicht lange halten, dann hat sie kein gutes Bewußtsein hineingelegt. Sie hat nicht genügend Liebe darauf verwendet. Und jeder in der Umgebung kann das dann erkennen. Und natürlich möchte so jeder die schönsten und besten Schuhe im Dorf machen, genauso wie der Ehemann das größte Wild erjagen will und mit der meisten Menge Fleisch nach Hause kommen möchte. Alles das hängt aber davon ab, wie sehr man mit dem Großen Geist in Harmonie ist; er führt einen zu der Stelle, wo man die meiste Nahrung findet. Das ist natürlich die selbstbezogene Seite in uns. Wenn der Mann dann mit viel Fleisch nach Hause kommt, erhält er Lob. Er teilt es dann mit seiner Familie, seinen Kindern, den Großeltern, gibt natürlich auch einen Teil davon an den Stamm ab. Und genauso ist es mit der Frau, wenn sie Kleider näht, Feuerholz sammelt usw. Es kommt bei ihr darauf an, wieviel Liebe und Achtung sie dabei hineingibt. Daran zeigt sich ihre Verbundenheit mit dem Großen Geist. Man kann daran erkennen, ob sie Gottes Wille ausführt oder gegen ihn Widerstände hat. Das setzt natürlich voraus, daß auch sie jeden Ärger schnell bereinigt, sei es mit ihren Kindern, dem Partner oder wem auch immer.

Jeder tut das, was seine Sache ist

C.P.: In Eurer Kultur scheinen die Rollen klar verteilt, welcher Mensch welche Aufgabe und Arbeit zu tun hat.

A. Reade: Ja, so ist es, jeder tut das, was seine Sache ist. Auch die Kinder im Stamm tun, was sie tun können. Zum Beispiel sammeln sie kleine Holzstöcke auf, und wenn es zum Beerensammeln geht, pflücken sie die Beeren, die sie bis ein Meter hoch erreichen können. Und weiß Du, was die größeren Menschen machen? Sie lassen die unteren Beeren für die Kinder übrig. Sie pflücken nur diejenigen, die weiter oben sind. Und weißt Du auch warum? Weil sie möchten, daß jeder seinen Selbstrespekt bewahren kann. Jeder soll nämlich das Gefühl haben, daß er seinen Beitrag geleistet, allen anderen und dem Stamm etwas gegeben hat und dafür Lob erhält. So hat jeder seinen Platz, an dem er etwas Sinnvolles tun kann. Es ist ganz wichtig, daß jeder etwas geben kann. Er gibt etwas an seine Familie, an seine Frau, oder auch an den Großen Geist.

Wenn man Beeren sammelt, sammelt man nicht alle Beeren, wenn man erntet, erntet man nicht das gesamte Getreide, wenn man Fleisch erjagt hat, läßt man auch da etwas zurück. Man läßt von dem Fleisch etwas für die Kojoten zurück, die Beeren läßt man für das Wild zurück und das Getreide für die Vögel. Wenn man dann das darauffolgende Jahr wieder an der gleichen Stelle jagen will, ist noch etwas übrig. Es ist nicht so wie mit den 60 Millionen Büffeln, die von den Weißen abgeschlachtet wurden. Als der weiße Mann kam, tötete er die Büffel, bis nur noch ungefähr zehn- oder zwanzigtausend übrig waren. Erst dann hat der weiße Mann verstanden, daß, wenn er so weitermachen würde, bald gar nichts mehr übrig bliebe. Verstehst Du, was ich meine? Wie viele Bäume hier in Deutschland müssen noch sterben, bevor die Menschen merken, daß es zu spät ist? Was wollen wir denn für unsere Kinder übrig lassen? Wie viele Wale müssen noch sterben? Ich kenne eine Frau, die an die Königin von Dänemark geschrieben hat. In dem Brief bat sie, daß sich die Königin dafür einsetzen solle, daß das Töten der Wale aufhören möge. Die Frau bekam dann einen Brief. Einer der Minister antwortete stellvertretend: „Wir können damit nicht aufhören, weil wir das Geld der Menschen brauchen, die als Touristen die Wale töten." Als ich dann selbst in Dänemark eine Gruppe hatte, erzählte ich diese Geschichte, und ein Mädchen antwortete mir darauf: „Viele Leute würden ihren Job verlieren, wenn wir aufhören würden, die Wale zu töten." Ich erwiderte nur, daß, wenn sie so weitermachen würden, bald alle Menschen keinen Job mehr hätten. Was würde man denn machen, wenn es keine Wale mehr gäbe? Würde man dann die Eisbären töten? Und wenn diese weg wären, würde man dann anfangen, Eskimos zu töten? Und alles das nur, weil Menschen dafür etwas bezahlen!

Die Indianer wußten, was ihnen bevorstand

C.P.: Wie erklärst Du das, was mit den Indianern alles passiert ist, als damals die Weißen nach Amerika kamen?

A. Reade: Das ist recht einfach zu erklären. Wir Indianer glauben, wie ich es auch vorhin schon erläutert habe, an das Feedback, das wir vom Universum bekommen. Wir glauben an die Führung des Großen Geistes, und wenn wir etwas falsch machen, bekommen wir schlechtes Feedback, wenn wir etwas gut machen, bekommen wir gutes Feedback. Das ist das, was ich Dir vorhin von der Jagd erklärt habe: Wenn wir eine Beute finden, dann ist das ein gutes Feedback.

Es gibt ein Buch mit dem Titel „Viele Winter", und darin stehen Schriften und Dokumente. Es war nicht mein Volk, das damals schreiben konnte. Es drückte sich nur in Symbolen aus. Aber der weiße Mann schrieb alles auf. Manche Weißen schrieben es aus historischen, andere wiederum aus politischen Gründen auf. In diesem Buch stehen Visionen von Medizinmännern und Propheten, daß andere Wesen kommen würden. Diese Wesen seien weiß und hätten Stöcke, aus denen Feuer schießen würde. Niemand wußte zu dieser Zeit, daß das der weiße Mann mit seinen Gewehren war. Außerdem wurde gesagt, daß diese Weißen auf großen Hunden reiten würden. Wir kannten damals keine Pferde. Als die Indianer zum ersten Mal Pferde sahen, dachten sie, es seien Hunde und nannten sie „Große Hunde". Einige dieser Medizinmänner und Propheten behaupteten damals, daß dies schlechte Zeichen seien und daß Leid kommen würde. Sie sagten dann, daß sich die Indianer unbedingt zusammenschließen müßten, um zu beten und um sich vor dem Kommenden zu schützen. Aber was geschah, war, daß Streit ausbrach. Die Leute diskutierten miteinander, die einen meinten, daß das alles gute Zeichen seien, weil, wenn die Menschen weiß seien, sie vom Großen Geist kommen müßten.

Es gab also zwei Seiten, die diese Träume und Visionen unterschiedlich interpretierten. Und all diese Streitereien und Meinungsverschiedenheiten öffneten die Tür für den weißen Mann. Ich will jetzt gar nicht darüber diskutieren, ob es die Wikinger, die Spanier oder welche Europäer auch immer waren. Die Weißen, die dann kamen, hatten große Schiffe; wir Indianer hatten nur kleine Kanus. Dadurch fingen die Indianer an, sich mit den Weißen zu vergleichen, es brach Verführung, Analysiererei und vor allem Trostlosigkeit aus. Für die Indianer bedeutete das: weniger Büffel, weniger Wild, weniger Nahrung, weniger Land. Es gab Gesetze, die besagten, daß nur der weiße Mann Büffel jagen dürfe, nur der weiße Mann dieses oder jenes dürfe usw.

„Wir werden wiederkommen!"

C.P.: Du hast einmal gesagt, was die Situation der Indianer anbelangt: „Wir werden wiederkommen!" Was meinst Du damit?

A. Reade: Es gibt uralte Prophezeiungen, die besagen, daß die Menschheit einmal völlig von ihrem geistigen Pfad abweichen, in eine negative Richtung gehen wird und daß dann völlige Trostlosigkeit kommen wird. Die einzige Möglichkeit, das alles zu überleben, wird sein, daß die Menschheit wieder zu dem Bewußtsein der Indianer zurückkehrt. Damit ist das geistige Bewußtsein gemeint, das alles respektiert und achtet: Wir müssen das Wasser achten, das Land, die Tiere, die Pflanzen, die Bäume, uns gegenseitig usw. Wenn wir überleben wollen, müssen wir wieder dieses Bewußtsein erreichen.

Liebe ist Tat

C.P.: Art Reade, eine letzte Frage: Was ist Liebe?

A. Reade: Für mein Volk bedeutet das, daß man das richtige Bewußtsein in das hineingibt, was immer man auch tut. Liebe ist also eine Frage des Bewußtseins. Wenn ich etwas mache, um etwas zurückzubekommen, dann ist das nicht Liebe; ich tue dann nur etwas, weil ich etwas brauche. Wenn ich dagegen das Bewußtsein habe, daß ich wirklich etwas geben möchte, dann ist das Liebe. Wenn ich etwas gebe ohne Erwartungen, ohne etwas dafür zurück zu wollen, dann ist das Liebe. Für uns hat Liebe immer etwas damit zu tun, was man macht. Für uns hat Liebe nichts mit Gefühlen zu tun. Die Leute sagen immer, Liebe sei ein Gefühl. Ich sage, daß Liebe eine Tat ist. Zum Beispiel kann ich Dir einen Gefallen tun und Dich irgendwohin fahren. Wenn ich das mache, weil ich etwas erwarte oder Du mir etwas geben sollst, so mache ich das nicht mit einem liebenden Bewußtsein.

Wenn man zu jemand sagt: „Ich liebe Dich", sei es zu dem Kind oder zu einer anderen Person, so fühlt derjenige das nicht, sondern er sieht es. Eine liebende Mutter tut etwas, ein liebender Vater tut etwas, ein Kind, das liebt, tut etwas. Politiker, die ihre Bürger lieben, tun etwas für sie. In dieser Position sind alle Eltern, Eheleute, Chefs, Politiker, alle Menschen. Eine Ehefrau steckt liebevolles Bewußtsein in das, was sie für ihre Kinder tut, das gleiche macht der Ehemann für die Frau. Der Chef wiederum gibt dieses liebevolle Bewußtsein an den Ehemann, der Besitzer des Unternehmens an den Manager, der Lokalpolitiker gibt das an den Besitzer des Unternehmens, der Landespolitiker wiederum an den Lokalpolitiker. Wenn man liebevolles Bewußtsein hineingibt in das, was man tut, an die Kinder, an den Ehemann, an die Arbeit usw., dann erhält man Lob. Wenn man kein liebevolles Bewußtsein hineintut, erhält man negatives Feedback. Dann geben dir deine Kinder negatives Feedback, der Ehemann gibt negatives Feedback, der Chef, der Politiker, alle anderen Länder und Nationalitäten. Es kommt also immer auf das liebevolle Bewußtsein an. So sehen jedenfalls wir das.

Kontaktadresse: Art Reade, Maduria-Connection, D-2111 Otter.

Mensch ist nur derjenige, der weiß, wie schwer dies ist

INTERVIEW MIT WILHELMINE UND ARNOLD KEYSERLING

von Wolfgang Weirauch

Foto ©: Murauer

Arnold Keyserling *ist seit 25 Jahren als Professor für Religionsphilosophie an der Hochschule für Angewandte Kunst in Wien tätig. Geboren 1922 als Sohn des Philosophen und Schriftstellers Graf Hermann Keyserling, in dessen Institut in Darmstadt Denker und Dichter der zwanziger Jahre verkehrten, ist er bereits in früher Jugend mit einem weltweiten Denken aufgewachsen. Seine persönlichen Lehrer waren Gurdjieff und der Zwölftonmusiker Josef Matthias Hauer.*

Die eigene Forschung richtete sich auf die systemische Ordnung von Zahl und Sprache, Sinnesdaten – Tonwelt, Farbwelt, Materie –, auf den Zusammenhang von Mensch, Mikrokosmos und Makrokosmos, der seinen Ausdruck im „Rad", dem Urbild des ganzheitlichen Denkens fand. In zahlreichen Publikationen behandelte er diese Themen; als Vortragender auf deutsch, englisch, französisch bereiste er Europa, Asien, Amerika. Als Präsident des Europäischen Verbandes für Humanistische Psychologie oblag ihm die Leitung verschiedener Kongresse, die die Entfaltung des Menschen im Rahmen ganzheitlichen Denkens integrierten.

Wilhelmine Keyserling, *geboren 1921 in Wien-Auersperg, ist Yogalehrerin, Dichterin, Schneiderin und Schülerin von Gurdjieff. Ihr Ansatz ist es, aus dem reichen Schatz des Yoga zu schöpfen und diesen mit ihrer eigenen Methode zu verbinden. Autorin zahlreicher Publikationen.*

Wilhelmine und Arnold Keyserling sind zwei bemerkenswert individuelle Vertreter des Wassermannzeitalters. In ihrem Denken verschmelzen indianische, indische und keltische Weisheiten zu einer eigenständigen Weltanschauung. Der Zentralbegriff im Denken von Arnold Keyserling ist das „Rad", ein Struktur- und Ordnungsbegriff zur Veranschaulichung von Kräften und Richtungen. Mit Hilfe dieses Rades versucht er, alle Philosophien, Religionen und sonstigen Wissensformen zu erklären.

Ein wesentlicher Einschnitt im Leben von Wilhelmine und Arnold Keyserling war die Einweihung ihres Erdheiligtums am 07.12.1982 in der näheren Umgebung von Wien, einem Steinkreis mit acht Steinen und einem Stahldorn in der Mitte, der auf den Nordstern weist. An diesem Erdheiligtum kommen die unterschiedlichsten Menschen zusammen, um jedes Jahr acht Feste zu feiern.

Für anthroposophisch geschulte Ohren wird dies alles sehr ungewöhnlich und fremd klingen. Gerade um auch andere Denkweisen kennenzulernen, besuchte ich Wilhelmine und Arnold Keyserling in Wien und erlebte zwei geistig frische und sehr engagierte Persönlichkeiten, sowohl während des Interviews als auch beim Besuch ihres Erdheiligtums.

Wolfgang Weirauch: Heutzutage ist der Mensch der geistigen Welt bzw. dem Himmel sehr entfremdet, auch wenn es zunehmend neue Wege einer Verbindung gibt. Kann man neue Brücken bauen?

Arnold Keyserling: Vielleicht ist das Entscheidende der Durchbruch des ganzheitlichen oder holistischen Denkens. Dieser Begriff der Holistik wurde von dem General Smuts im Jahre 1930 geschaffen, hatte aber bis in die sechziger bzw. siebziger Jahre keine Bedeutung für die Naturwissenschaft, bis sich im Zusammenhang mit der Chaos-Theorie herausstellte, daß die ganzheitliche Theorie die einzig wirklichkeitsgemäße und daß das objektive Wissenschaftsideal nicht haltbar ist, sondern nur Modellsituationen schafft. Der Ordinarius für Physik in Wien, Pietschmann, war maßgeblich daran beteiligt zu erklären, daß es keine objektive Wahrheit gäbe, sondern nur subjektive und intersubjektive Wahrheiten. Dadurch ist nun der Animismus, den Galilei behauptete, aus der linken Tür seines Studierzimmers vertrieben zu haben, zur rechten wieder hereingekommen.

Vor allem zwei Berufsgruppen sind holistisch geworden: Das sind auf der einen Seite die Ärzte, auch wegen der Explosion der technischen Medizin, und auf der anderen Seite die Wirtschaftler, weil sie ununterbrochen mit Imponderabilien, also mit unklaren Verhältnissen zu tun haben. In der Wirtschaft hat das Interesse für die humanistische Psychologie nachgelassen und sich statt dessen auf die Esoterik gerichtet. Fast alle größeren Firmen haben mittlerweile Berater, die religiöse, philosophische und derartige Bildung haben, zum Beispiel hat die Ford-Company einen *resident philosopher*.

Der Mensch ist sein eigener Feind

W.W.: Was bedeutet das?

A. Keyserling: Daß wir in einer Bruchsituation sind. Die 68er waren gegen ihre Nazi-Eltern, die jetzige Jugendgeneration ist gegen die 68er, denn sie sagt: Wir wissen, wogegen ihr seid, wissen aber nicht, wofür ihr seid. Deswegen beklagen sich auch die 68er über den mangelnden Idealismus der Jugend, aber dieser mangelnde Idealismus ist gleichzeitig ein starkes Interesse für alles Ganzheitliche. Dadurch, daß der Kommunismus nicht mehr als Gegensatz des Kapitalismus existiert, ist eine sehr wichtige Tatsache eingetreten: Immer mehr Menschen müssen realisieren, daß das Feindbild prinzipiell sie selber sind und daß, wenn das äußere Feindbild wegfällt, sie es mit sich selber zu tun haben, sie sich mit sich selbst auseinandersetzen müssen. Und das ist die Rückkehr des religiösen Denkens!

W.W.: Nun stehen wir ja kurz vor dem Ruin der Erde. Kann der Mensch der kranken Erde heilende Kräfte zufließen lassen?

A. Keyserling: Davon bin ich nicht überzeugt, auch wenn das fast alle Menschen mittlerweile reden. Der Regisseur Richard Attanborough hat zum Beispiel sehr schön darüber gesprochen, wie plötzlich aus dem Asphalt wieder Blumen hervorkommen und vieles mehr. Was in Gefahr ist, ist die Menschheit, nicht die Natur. Ich bin davon überzeugt, daß wirkliche Umänderungen nur in Zeiten der Not vorgenommen werden, ebenso wie man nicht zum Zahnarzt geht, wenn man kein Zahnweh hat. Insofern betrachte ich die Umweltkatastrophe als Notwendigkeit, aus den unsinnigen Ideologien des Kapitalismus und Sozialismus auszusteigen.

W.W.: Aber der kranke Mensch hat ja diese kranke Umwelt hervorgebracht!

A. Keyserling: Wer denn sonst?!

W.W.: Welche Wege gibt es nun, der Erde wiederum heilende Kräfte zuzuführen?

A. Keyserling: Das ist das ganzheitliche Denken.

Wilhelmine Keyserling: Ich denke, daß die Menschen zehn vor zwölf technische Mittel erfinden werden, um aus der Katastrophe der Umweltvergiftung herauszufinden. Im Grunde ist das meiste schon eingeleitet oder bereits erfunden. Auf der anderen Seite freut es mich, daß auch die Natur immer wieder neue Wege findet, sich zu regenerieren. Bisher hat die Natur immer wieder Schliche gefunden, sich nicht ganz zerstören zu lassen.

Wenn man mit Steinen redet und Bäume umarmt

W.W.: Was aus der indianischen Tradition haben Sie kennengelernt und übernommen, um eine neue Verbindung zwischen Himmel und Erde lebendig zu machen?

A. Keyserling: Ich würde sagen, daß wir nichts übernommen, sondern durch die indianische Tradition eine Menge von Dingen verstanden haben. Und das ist im wesentlichen die Erkenntnis, daß sowohl die Zeit als auch der Raum Qualitäten haben. Man kann sich zum Beispiel in einen Steinkreis setzen, was letztendlich bedeutet, daß man sich der eigenen Offenbarung öffnet. Die Indianer sind das konservativste und älteste Volk, sie reichen ungebrochen bis in die Altsteinzeit zurück und hatten in der gesamten Zeit niemals eine religiöse Wandlung. Infolgedessen können wir mit Hilfe der Indianer leichter zu unseren eigenen Ursprüngen zurückgehen. Aber während sich viele Menschen in Europa ganz den Indianern verschrieben und verkündet haben, daß das Indianische das einzige sei, so schauen wir nur darauf, was man anhand des Indianischen lernen kann. Was hat das Indianische gebracht? Daß alle Naturwesen, mit Einschluß der Steine, Wesenheiten sind. Das ist sehr schwer für diejenigen Menschen zu verstehen, die keine indianische Einweihung mitgemacht haben. Hat man das aber, so wird es ganz selbstverständlich, Bäume zu umarmen, mit Steinen zu reden usw. Das ist ja etwas, was uns durchaus fremd geworden ist, obwohl es hier noch im Bauerntum bis zu unserer Großelterngeneration Brauchtum gewesen ist.

Das Rad

W. Keyserling: Dann ist es etwas ganz Wesentliches des Indianischen, daß die Indianer darauf aufmerksam gemacht haben, daß wir das Göttliche als das einende Eine verstehen können. Wenn wir aber ein Väterliches haben, eine schöpferische Gottheit, dann müssen wir auch Mütterliches annehmen. Bei den Indianern ist das Mütterliche sogar zuerst vorhanden, das Yin, die Leere. Die Leere ist das Überall, das Allgegenwärtige. Alles, was räumlich ist, ist weiblich-mütterlich. In diesem unendlichen Raum der Urmutter wirkt dann das Urlicht, das ewig Zeugende. Das ist in vielen Religionen ähnlich, ist aber meist durch das Männliche verschluckt worden; aber der

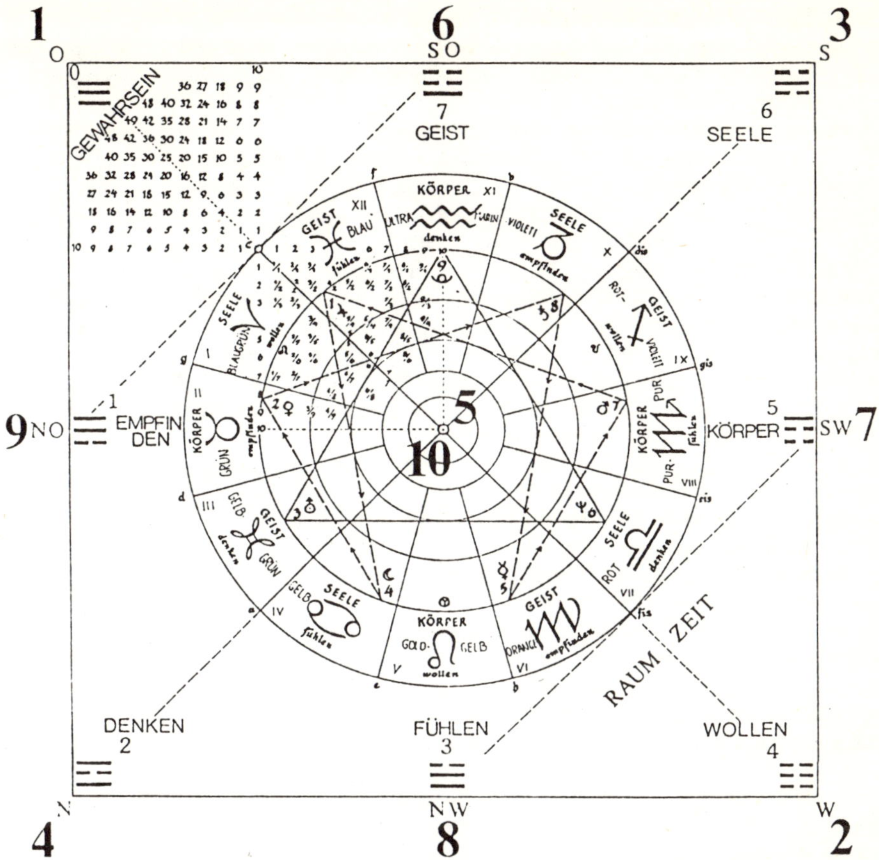

Das Rad

Raum war das Weibliche, die Erde und die Frau waren nur sekundär. Jetzt in der Wassermannzeit ist es fast selbstverständlich, von Yin und Yang zu sprechen, vor allem, daß beides gleichwertig ist. Das Rad, das Sie dort an der Wand sehen *(siehe Abbildung,* Red.), ist unsere Lebensarbeit, beinhaltet die acht Trigramme des I Ging. Arnold hat sich immer mit den acht mathematischen Dimensionen befaßt. Aber es kam eben hinzu, daß wir aus dem unendlichen Raum empfangen, während wir im Zeitkreis wirken. Dabei hat der Mensch vorne in seinen Armen das Yang, in seinem Rücken das Yin.

A. Keyserling: Für die große Harmonie; Vers 42 Laotse.

W. Keyserling: Wenn wir aber im Rücken das Yin haben, so versuchen wir es zu spüren. That's all. Insofern braucht man den Raum nicht nur zu verstehen, sondern kann ihn auch erfahren, indem man ihn während des Empfangens mit einbezieht.

W.W.: Was ist das Rad überhaupt, was ist das indianische Rad?

A. Keyserling: Das Rad, von dem wir sprechen, ist das Gesetz der Ebenengeometrie und der ihr zugehörigen Arithmetik, erfunden und gefaßt von Pythagoras, und von mir wieder neu erklärt. Das indianische Rad ist das Rad des Gesetzes. Bei den Indianern wechselt die Bedeutung der Himmelsrichtungen von Stamm zu Stamm, ebenfalls die Zuordnung der Farben. Man unterscheidet die Indianer unter anderem danach, ob bei ihnen der Osten grün, rot oder weiß ist. Im Unterschied zu den Pythagoreern, die sich nur um die Philosophie gekümmert haben, haben die Indianer ihren ganzen Stamm auf diesem Rad aufgebaut.

Das entspricht dem germanischen Thing; jeder deutsche Ort, der auf „-stein" endet, war ursprünglich ein Steinkreis. Der letzte Thing, der heute noch existiert, ist auf der Isle of Man, wo heute noch der Thing abgehalten wird. Was wir aber nicht mehr verstanden haben, ist, daß auch Tiere und Pflanzen bestimmte Himmelsrichtungen haben, zum Beispiel die Pflanzen im Süden, die Tiere im Norden. Daß das Feuer im Osten ist, ist überall selbstverständlich, entsprechend ist der Kristall bzw. der Stein im Westen. Die Indianer haben noch vier Helfer aus dem Jenseits hinzugenommen: die Ahnen, die Naturgeister, die Engel bzw. persönlichen Helfer und die Musen. Wenn Sie nachher durch den Stadtpark hier in Wien gehen, so werden Sie Strauß sehen, zu dessen Füßen sechs nackte Musen liegen, während auf der anderen Seite Schubert nur eine einzige hat, die auch noch angezogen ist.

W. Keyserling: Die neun Musen galten immer als Inspiratoren. Bei uns kommt noch hinzu, daß wir die Zahlen 1–9 und die 0, insgesamt also zehn Zahlen, als Schöpfungsprinzipien sehen, entsprechend der Kabbala, auch wenn dort der Akzent auf die Worte gefallen ist. Moses ist ja zuerst auch auf den Berg Sinai gestiegen und hat nur die zehn Zahlen von Gott erhalten.

A. Keyserling: Das ist kabbalistische Lehre. Aber auch in der Bibel steht, daß er dann noch ein zweites Mal hinaufgehen mußte, um neue Tafeln zu holen, auf denen dann die zehn Gebote standen. Aber der einzige Name Gottes sind die neun Ziffern.

W. Keyserling: Wir gehen also auf die Zahlen zurück, wo wir im Ursprung aller Religionen das tatsächliche Wissen hinter dem Wissen wiederfinden. In dieser Dimension gibt es keinen Unterschied mehr, und die verschiedenen kulturellen Formen der Religionen sind nur insofern interessant, als sie auf diese Wertigkeit weisen. Diese Wertigkeit aber ist dann zeitlos! Auch die Zahlen sind zeitlos!

A. Keyserling: Die Indianer sind eben der Überzeugung, daß wir heute mit unserem Erdheiligtum dasselbe vertreten, wie sie aus uralter Tradition vertreten haben, wenn auch in abgewandelter Form, weil jeder Stamm andere Formen hat und wir eben keine Indianer sind.

Das Erdheiligtum

W.W.: Sie schreiben in Ihrem Buch „Von der Schule der Weisheit zur Weisheit des Rades" (Wien 1990), daß Sie am 25.10.1982 eine Vision hatten, ein altsteinzeitliches Erdheiligtum zu gründen. Was war das für eine Vision?

A. Keyserling: Wir brauchten für das Erdheiligtum einen Ort. Ich hatte lange überlegt, wie ein derartiger Ort zu finden sei, hatte viele Freunde gefragt, ob jemand

Erdheiligtum in Hintersdorf bei Wien

etwas geeignetes kenne, hatte dann aber nachts im Zustand zwischen Traum und Aufwachen, in der Zeit der Dämmerung, eine Vision, daß ich in der *Kronen-Zeitung* – der hiesigen *Bild-Zeitung* – eine Annonce aufgeben sollte: „Suche alten Steinbruch für Erdheiligtum.“

Die Vision sagte ferner, daß ein Bauer antworten würde. Das habe ich gemacht, und in der Tat antwortete am nächsten Tag ein Bauer; wir fuhren zu ihm hinaus und fanden eine Müllgrube vor. Meine Frau hat dann diesen Müll wegschaffen lassen, insgesamt wurden es 22 Lastwagen.

W. Keyserling: Während dieser Arbeiten stieß der Bagger auf eine Steinplatte, und das war genau die Mitte, wo wir dann den Steinkreis gesetzt haben.

A. Keyserling: Der Berg hieß übrigens Tempelberg und war früher ein Zigeunerheiligtum.

W.W.: Wie verlief die Einweihung Ihres Erdheiligtums?

W. Keyserling: Da ist jemand herumgegangen und hat im Kreis mit Salbei geräuchert, um damit die Schwingungen zu reinigen. Arnold hat dann einige Worte gesprochen und verschiedenes mehr.

A. Keyserling: Alles fand statt auf 15° Schütze, also an einem Ort, an dem man empfangen kann.

W. Keyserling: Und dieser Ort wird zunehmend durch unsere Konzentration und unsere Riten zu einem Sammelpunkt der Kraft. Der Mensch und die Natur müssen für ganz bestimmte Dinge zusammenkommen, auch zum Beispiel bei einem heilenden Wasser ist es nicht das Wasser allein, sondern genauso wichtig ist die Konzentration, der Augenblick der Notwendigkeit, der dann plötzlich eine Heilung bewirken kann. Fernerhin haben wir uns gehimmelt und geerdet und alle Wesen angerufen. Dadurch haben wir uns mit den Mächten, den Subjekten der acht Kraftlinien, der acht Richtungen in Beziehung gesetzt.

Mittlerweile haben wir dort 84 Feste gefeiert. Vor jedem Fest setzen wir uns hin und bitten um eine Weisung, wie wir diesen Tag gestalten können. Diese Weisungen sind zu einer Spirale der Menschwerdung geworden, d.h. es kamen immer weitere Dinge hinzu, die wir als erste Wassermann-Menschen – entsprechend den ersten Christen – mit einbeziehen sollten, um Menschen zwischen Himmel und Erde zu werden. Unter der Menge der Festteilnehmer sind immer zehn bis zwanzig Menschen, die genau verstehen, worum es wirklich geht, die sich also mit Zeit, Raum, Atomen, Elementen und der Zahl als solcher intensiver auseinandergesetzt haben, die darin die Schöpfungsprinzipien erkannt haben und mit ihrer Entfaltung leben. Ansonsten sind bei den Festen noch etwa achtzig bis hundert weitere Menschen anwesend, die entweder neugierig sind oder sich beginnend in das Geschehen einfühlen und die spüren, daß dort etwas geschieht. Glücklicherweise gibt es immer weniger Neugierige, so daß wir immer sicherer davon ausgehen, daß diese Feste den Menschen je nach ihrer Bewußtseinslage etwas geben.

Zeit ist eine Qualität

W.W.: Was ist überhaupt Zeit, ist sie nur die kreisförmige Zeit von Tag und Jahr usw., oder ist sie auch mehr, zum Beispiel das Erleben der lebendigen Dauer?

A. Keyserling: Auf jeden Fall. Zeit hat eine Qualität, Raum hat eine Qualität, der Mensch hat eine Qualität. Die Weisheitstradition Chinas bezeichnet den Raum als Yin und die Zeit als Yang – wir auch. Für Einstein ist der Äther durch die Geometrie ersetzt, und die starken Kräfte sind letzten Endes die wirkweisenden arithmetischen Zahlen aus dem Quant heraus. Das bedeutet also, daß wir die neuen Erkenntnisse der Physik bis zur Chaos-Theorie umdrehen, indem wir uns auf die Ausdrücke, die durch die Naturwissenschaft gegeben sind, beschränken. Ich glaube nicht an eine Geisteswissenschaft. Ich bin der Überzeugung, daß es nur Naturwissenschaft gibt. Aber die Naturwissenschaft kann uns das Reich des Möglichen eröffnen. Sowohl Zeit als auch Raum sind in ihrem Ursprung dem Chaos zugehörig, d.h. daß sie bedeutungsschaffend sind. Aber es gibt keine Kausalität, sondern nur entsprechend den alten philosophischen Begriffen Potentialität und Aktualität. Die Potentialität kann ich nehmen oder nicht.

Jetzt gibt es Menschen, die sich dem Raum und der Zeit gegenüber öffnen; dies sind vielmehr die einfacheren Menschen als die gebildeteren. Dadurch, daß bis heute die ganze Welt durch die Technik mathematisiert worden ist, daß jeder Mensch mit Null und Eins zu tun hat, wenn er vor dem Computer sitzt, ist auch das Umgehen mit

Zahlen wieder selbstverständlich geworden. Dadurch, daß die Raumfahrt begonnen hat, weiß jeder Mensch, daß es die Planeten gibt. Dadurch ist unser Weltbild wieder sehr verändert worden. Spengler hat einmal gesagt, daß die Eisenzeit, also unser Industriezeitalter, damit begonnen habe, daß sich die Menschen in blödsinnige Rüstungen hineinbewegt haben. Dasselbe kann man auch über die Sputniks und Weltraumraketen sagen, die letzten Endes nur dafür da sind, daß sich die Menschen dieses neue Bewußtsein erringen.

Also Zeit und Raum haben jeweils eine Qualität. An die Astrologie als Wissenschaft glaube ich nicht, sondern bin der Überzeugung, daß es eine Zeitwissenschaft ist, d.h. Jupiter bedeutet in Wirklichkeit: Rhythmus von zwölf Jahren; das Wort Saturn bedeutet: Was geschieht in 29 Jahren? Alle 29 Jahre löst sich eine Generation ab. Hitler, Napoleon, Cäsar und Saddam Hussein waren bzw. sind zwölf Jahre an der Macht.

W. Keyserling: Wir sagen auch, daß der Tierkreis, also der zwölffältige Kreis der Zeitpotentialität für uns der Mensch im All ist. Der Mensch im All ist sozusagen das Urbild der Menschwerdung, seit eh und je und für alle Zeiten. Ich spreche auch von der heiligen Zeit und dem heiligen Raum, weil die Zeit selber das Heilige ist, zum Beispiel daß man ungefähr zur Wintersonnenwende ein Fest hat und dies die Geburt des Kindes nennt. Es ist nicht so, daß das Fest wegen der Geburt des Kindes heilig ist, sondern der Punkt der Wintersonnenwende ist das Heilige und bedeutet die Geburt des Kindes in uns, also des Lichtes.

W.W.: Wie sehen Sie denn die Schöpfung des Tierkreises bzw. des Menschen im All, wie Sie es nennen? Gab es diesen immer, oder ist er von höheren Wesenheiten geschaffen worden?

A. Keyserling: Alles hat mit dem Urknall begonnen. Trotzdem ist der Tierkreis das Urbild des Menschen im All, d.h. der Widder ist der Kopf, die Fische sind die Füße und die Waage ist die Hüfte. Wir wachsen also als Menschen in diese Ebenbildlichkeit hinein, ähnlich wie Christus sich auch nie als Messias, sondern als Menschensohn betrachtet hat. Dieses menschliche Urbild ist in jeder Religion vorhanden.

Die Ideologien werden kampflos überwunden

W.W.: Sie schreiben, daß die Zeit zwei Koordinaten habe: die Motivation aus der Vergangenheit und die Intention für die Zukunft. Was bedeutet das?

A. Keyserling: Das ist österreichische Philosophie. Während sich die deutschen Philosophen dem Erkennen des Subjekts zugewandt haben, haben die österreichischen Philosophen, zum Beispiel Brentano, immer davon gesprochen, daß das Bewußtsein intentional ist. Die Intention richtet sich auf die unbekannte Zukunft. Motivation dagegen richtet sich auf die Vergangenheit. Es sind dieselben Begriffe wie im indischen Dharma und Karma. Karma ist das, was ich bisher gewesen bin, aber jede Wirklichkeit wird zu einer Möglichkeit, die wir als Intention bezeichnen. Don Juan *(aus den Büchern Carlos Castanedas,* Red.) spricht auch von dieser Intention des Menschen, von seiner Richtung. Selbstverständlich gibt es auch Menschen, die keine Richtung haben, allerdings könnte jeder Mensch eine Intention haben.

W. Keyserling: Man kann diese Kraft auch die der Negentropie nennen. Gemeint ist damit eine Kraft im Menschen, durch die der Mensch mit seinem Bewußtsein wiederum zum Göttlichen strebt.

A. Keyserling: Bis etwa 500 Jahre vor Christus gab es das Paradies nur in der Vergangenheit. Aber mit Zarathustra, Buddha und den jüdischen Propheten richtete sich das Bewußtsein der Menschen nach vorne, und das Leben bekam einen intentionalen Sinn, während es bis dato nur einen karmischen Sinn hatte. Buddha selbst hatte diesen intentionalen Sinn noch nicht, aber mit Christus und vor allem mit dem Islam wurde das Ziel der neuen Erde angestrebt. Die neue Erde ist hinter dem Polarstern. Die Meditationen der islamischen Mystik gehen demzufolge auf den Polarstern und auf die Waage.

W.W.: Wieso können mit dem Kreis der Motivationen und Intentionen die Ideologien der Menschen kampflos überwunden werden?

A. Keyserling: Die Ideologien der Menschheit werden dann überwunden, wenn man an ihre Stelle die Mathematik setzt. Bei der Mathematik geht es um den Sinn, bei den Ideologien um eine niedere Ebene. Die Ideologien setzen das Gemeinte statt dem Gewußten.

W.W.: Sie bringen Wollen, Empfinden, Denken und Fühlen jeweils für Seele, Körper und Geist in Beziehung zum Tierkreis. Wie ist das zu verstehen?

Vom Bewußtsein in das Gewahrsein

A. Keyserling: Sie wissen, daß zum Beispiel das Zeichen Stier Besitz und Haben bedeutet. Die Astrologen sagen, dieses käme vom Bild des Stieres. Das Bild des Stieres ist woanders ein anderes Bild, aber die Bedeutung ist überall die gleiche, gleich ob es in Mexiko oder in China ist. Die Verwendung des Begriffes Stier ist de facto Besitz, Wachstum, Materie.

Jetzt müssen wir die Vier und die Drei untersuchen. Wir müssen zum Beispiel vier Vorgänge unterscheiden, nämlich die Welt der Sinne, die Welt der Sprache, die Welt der Triebe und die Welt der Kräfte. Diese vier entsprechen verschiedenen Vorgängen im Körper, auch vier verschiedenen Energien. Wir als Menschen haben einen materiellen bzw. körperlichen Bereich, der aus den Atomen und Molekülen der Erde besteht. Fernerhin haben wir auch einen bezüglichen Bereich, der immer als Seele bezeichnet worden ist. Dann haben wir einen imaginativen, einen chaotischen Bereich, und das ist der Geist. Diese Begriffe, auch Soma, Psyche und Pneuma genannt, sind alte Begriffe aus der Philosophie. Ich habe auch jahrelang Philosophie unterrichtet und dabei versucht, herauszufinden, was die ursprünglichen Begriffe gewesen sind.

W. Keyserling: Auch unser Lehrer Gurdjieff sprach von diesen vier Funktionen. Er regte seine Schüler an, das Empfinden, die Wahrnehmung, das Fühlen und das Denken auseinanderzuhalten. Diese Funktionen sind deshalb auseinanderzuhalten, damit das Subjekt mit ihnen wie mit vier Fäden wirken kann. In der Astrologie werden diese Funktionen mit Feuer, Luft, Wasser und Erde bezeichnet. Allerdings beschreibt die Astrologie diese vier Elemente nicht als Funktionen. Wenn man nun ein Mensch ist, der an sich arbeiten will, dann ist es besser, wenn man davon spricht, daß man sein Denken und sein Fühlen auseinanderhalten will, als daß man lediglich sagt, man wolle sein Wasser und seine Luft auseinanderhalten. Damit kann niemand etwas anfangen.

A. Keyserling: Es ist das Rad sozusagen eine Sprache, die der Wirklichkeit adäquat ist. Sie hat nur acht Worte, und alles andere sind Zahlen, und das genügt, um von dem Bewußtsein in das Gewahrsein überzuwechseln. Das Gewahrsein ist intentional, es ist die Entscheidung und nicht dialogisch. Dagegen halte ich die philosophische geisteswissenschaftliche Tradition, daß man eine These vertreten muß, für absoluten Unsinn. Denn entweder ist die These wahr, dann brauche ich sie nicht zu vertreten, oder sie ist falsch, und dann brauche ich sie noch weniger zu vertreten.

„An Gurdjieff interessierte mich vor allem sein Wissen“

W.W.: Sie sagten, Gurdjieff sei ihr Lehrer. In welcher Weise haben Sie ihn erlebt?

A. Keyserling: Ich war oft mit ihm zusammen, habe seine Bücher übersetzt und ein Jahr bei ihm gearbeitet, und zwar bis zu seinem Tod. Ich war bei seinem Begräbnis dabei. Allerdings war ich nie Mitglied seiner Schule, sondern habe mich nur für sein Wissen interessiert. Er wollte mich auch nie als Schüler haben, im Sinne eines Jüngers, sondern mir war der Gehalt an Wissen wesentlich, vor allem das islamische Wissen. Dieses islamische Wissen war ja damals noch völlig unbekannt und wurde erst in den sechziger Jahren durch Henry Corbin bekanntgemacht.

Der Beginn des Wassermannzeitalters

W.W.: Sie teilen das individuelle menschliche Leben in Jahrsiebte ein, in denen der Mensch ganz bestimmte Entwicklungen durchmacht. Können Sie den Hintergrund dazu ein wenig erläutern?

A. Keyserling: Alle Körperzellen erneuern sich innerhalb von sieben Jahren, aber das ist nicht der Grund für diese Einteilung in Jahrsiebte, sondern der, daß wir einen Zeitrahmen nur musikalisch verstehen können, und der kleinste gemeinsame Nenner, den es für den Zusammenhang der Intervalle gibt, ist der Quintenzirkel. Der Quintenzirkel besteht aus 84 Einheiten, aus 84 Halbtönen. Der Uranus hat genau 84 Jahre Umlaufszeit. Die Basis der Astrologie, soweit man die Zeit als Qualität nimmt, ist, daß wir unterhalb dieser 84 nichts verstehen können, weil 84 der kleinste und erste gemeinsame Nenner aller Intervalle ist.

W.W.: Gibt es auch Jahrsiebte in bezug auf die Menschheitsentwicklung?

A. Keyserling: Ja, aber anders herum. Da muß man vom Weltenjahr ausgehen, nachdem wir jetzt in der Wassermannzeit sind, ausgehend von der Präzision des Frühlingspunktes. Das Weltenjahr hat 25.920 Jahre, das entspricht genau der Zahl der Atemzüge am Tag. Infolgedessen ist der Mensch durch seinen Atem auf das Weltenjahr abgestimmt.

W.W.: Daraus folgend begann Ihrer Meinung nach das Wassermannzeitalter im Jahre 1962?

A. Keyserling: Ja. Es begann, als sämtliche Planeten – mit Ausnahme von dreien – auf 15° Wassermann waren. Der Beginn des Wassermannzeitalters ist seit alters her vorausgesagt worden. Wir waren derzeit in Kalkutta und erlebten, wie viele Menschen aus Angst die Stadt verließen. Ebenso flüchteten in Nepal sehr viele Menschen in die Berge, weil sie ein Erdbeben erwarteten. In Wirklichkeit ist gar nichts passiert, außer daß die Wassermannzeit begann. Mit Beginn der Wassermannzeit ist ein neues System eingerastet, denn bis zu dieser Zeit waren die Reiche wesentlich, und seit 1962 ist die Kultur menschheitlich geworden. Es geht nicht mehr um Stämme, Völker oder dergleichen, sondern um die gesamte Menschheit. Wie man es nennt, ist im Grunde gleichgültig, aber wir sind jetzt in einer technologischen Zeit, nicht mehr in einer feudalen. Die Weiterentwicklung des Menschen hängt nicht mehr davon ab, ob man einen König oder einen Papst kennt oder ihm anhängt, sondern man muß sein Leben schon selbst gestalten, seine eigenen Intentionen finden.

Wir – meine Frau und ich – betrachten es als unsere Aufgabe, möglichst vom genauen Wissen her die Sprache der Wassermannzeit zu klären; ich bin Sprachlehrer und habe viele Jahre Deutsch unterrichtet. Deswegen ist Philosophie für mich unter anderem eine Sprache.

Man tanzt, statt Schach zu spielen

W. Keyserling: Der Wassermann ist sozusagen das Wandeln im Urwort. Man merkt das auch am Körper der Menschen, sie sind körperlich freier geworden, haben eine neue Einstellung zum anderen Geschlecht, haben eine neue Kenntnis der Natur und Materie, man entwickelt die Spontaneität des Löwen, man tanzt, statt Schach zu spielen usw.

Die Menschen sind auch bereit, sich körperlich umzustellen, aber das Denken muß natürlich hinzukommen, denn es ist ganz wichtig, daß man versteht, was man macht. Der spontane Ritus muß sich auf einem Verständnis der Zeit aufbauen. Wenn das religiöse Verständnis der Ganzheit unterhalb des Niveaus der Physik und der Chemie ist, dann befindet sich das Geistige unterhalb der Kenntnis des Atoms und ist auf die Vernichtung gerichtet, deshalb muß sich die geistige Erkenntnis, die aufbauend sein will, auf einem höheren Niveau befinden.

Gott & Co.

W.W.: Wie kann man zum Träger einer neuen Gemeinschaft der Menschen des Wassermannzeitalters werden?

A. Keyserling: Indem man sich dazu entscheidet. Es ist ja keine Firma.

W. Keyserling: Eine entsprechende Firma hieße Gott & Co.

A. Keyserling: Man kann es dadurch werden, daß man sich auf die Wahrheit und das Wissen beschränkt und Meinungen, Ideologien, aber auch wohlmeinende Meinungen als unnütz beiseite legt. Ich habe genau wie Sokrates keine Schüler, aber es gibt Menschen, die mit dieser Sprache etwas anfangen können. Ich bin als Philosoph ein Sprachlehrer, aber die Sprache entspricht der Wirklichkeit; wenn sie es nicht tut, verändere ich sie. Fünfzig Jahre habe ich daran gearbeitet, sie immer mit dem, was an neuen Erkenntnissen kam, in Einklang zu setzen, sowohl was die anthropologische und religiöse Forschung als auch was die Physik betrifft.

In der Kollektivität sind die Menschen untermenschlich

W.W.: Kann man diese neue Gemeinschaft so beschreiben, daß es Personen sind, die sich ob eines höheren Zieles berufsunabhängig aus Freiheit zusammensetzen bzw. dieses Ziel einer neuen Gemeinschaft individuell an verschiedenen Orten zu verwirklichen suchen?

A. Keyserling: Vielleicht, allerdings gibt es kein Ziel.

W.W.: Warum nicht?

A. Keyserling: Weil jeder sein eigenes Ziel hat. Das Wesentliche des Kreises, unseres Erdheiligtums, ist es, daß jeder seine Vision sucht, denn kollektive Visionen sind nicht menschlich, sie sind eine falsche Art des Erhaltungsprinzips. Das kann man zum Beispiel daran sehen, daß, kaum daß Menschen in eine Kollektivität verfallen, wie zum Beispiel die Nazis oder die Kommunisten oder jetzt die Serben oder Kroaten, sie untermenschlich werden. Mensch ist nur derjenige, der weiß, wie schwer dies ist. Aber man kann der Wassermannzeit nicht beitreten, sondern es bedeutet, den eigenen Körper bis ins Letzte zu verstehen. Nur wenn ich hinter die Elemente, die Atome, die Moleküle der Natur gehe, kann mich das, was ich mir geistig vorstelle und was mir aus Einfällen her kommt, die ja genauso natürlich sind, wie die äußere Wirklichkeit, zu einer Menschwerdung bzw. zu einem sinnvollen Leben bringen.

Hier muß man eine wichtige Unterscheidung machen, nämlich die zwischen Sinn und Bedeutung. Ideologien sind Bedeutung. Das ist von dem deutschen Philosophen Frege im Jahre 1890 bestimmt worden: 4 + 5 = 9 ist nur Sinn. 4 Stühle und 5 Tische sind 9 Möbelstücke, ist Sinn und Bedeutung. Insofern ist Sinn Mathematik und Grammatik; Bedeutung aber ist Umgangssprache oder Ideologie.

W. Keyserling: Und die Bedeutungen können sich ändern oder falsch sein ...

A. Keyserling: ... und die Sinne nie!

W. Keyserling: Marilyn Ferguson hat in ihrem Buch „Aquarian conspiracy“ sehr gut beschrieben, daß sehr viele Menschen zu dieser Wassermanngeneration gehören, obwohl sie es noch gar nicht wissen, die sich aber mit dem Sosein der Materie, soweit sie dazu Zugang haben, beschäftigen und die in ihrem Verhalten und Tun ein ganzheitliches Wirken des Universums zu verstehen suchen. Aber ohne daß sie es wissen, sind sie Menschen der Wassermannzeit, sie treffen sich mit zwei oder drei Freunden, reden darüber, forschen und lesen. Aber Gruppen, die sich als solche befestigen, soll es gar nicht geben.

A. Keyserling: Das sieht man ja auch an den GRÜNEN, die als wirklich einzelne Individualitäten angefangen haben. Kaum aber wahren sie im Bundestag, wurden sie zu einer Partei, genau wie die anderen.

W. Keyserling: So gibt es zum Beispiel viele Menschen in Wien oder in der Umgebung unserer Stadt, oft ganz einfache Menschen, die irgendwann zu Arnolds

Vorlesungen kommen und die plötzlich anfangen zu lesen und sich einen ganz neuen individuellen Weg, entsprechend ihrer jeweiligen Intelligenz, erarbeiten.

W.W.: Das sind alles nur einzelne Menschen. Wir erleben aber heute zunehmend unter den meisten Menschen den Kampf aller gegen alle, zum Beispiel in der Ehe, vor allem aber zwischen einzelnen Volksgruppen, wie jetzt etwa im ehemaligen Jugoslawien.

A. Keyserling: Es gibt einen sehr schönen indischen Begriff: „There is Gods business, there is mans business. Don't worry about Gods business." – Was können wir tun? Ich bin der Überzeugung, daß nur einzelne etwas tun können. Sämtliche Ideologien, sämtliche Karitas im Sinne des Fässer-ohne-Boden-Stopfens hat überhaupt keinen Sinn. Ein indischer Weiser, ein Freund von mir, sagte einmal dazu: „Schauen Sie diesen Teich mit den Lotosblumen, zuerst war dort nur eine, dann waren es drei Lotos, jetzt aber ist der Teich mit Lotosblumen bedeckt." Die Menschen der Wassermannzeit sind nicht nur waagerecht, sondern auch senkrecht. Diejenigen, die senkrecht sind, bekommen Kraft von unten und Geist von oben. Diejenigen, die waagerecht sind, gehen auf Macht, Profit und Erfolg. Sie könnten sich aber zum Senkrechten erheben. Jeder Mensch hat also letztendlich die Freiheit, seinen eigenen Weg zu wählen.

„Gott ist Arbeiter, nicht mehr Herr. Herr sind jetzt die Toiletten!"

W.W.: Jeder Mensch ist also absolut in der Verantwortlichkeit in bezug auf sich selbst?

A. Keyserling: Vollständig. Deswegen spricht man auch vom Haus der Freunde. Im Islam spricht man davon, daß die Freunde den Propheten ablösen. Freund ist jeder, der den anderen als total anders anerkennt und ihn nicht in die eigene Firma einbeziehen will; Firma verstehe ich jetzt im Sinne einer Ideologie.

W. Keyserling: Sie fragten vorhin noch, ob der Siebenerkreis auch eine Bedeutung für die Menschheit habe. Dazu kann man sagen, daß die Menschheit jetzt 35 Jahre alt geworden ist, sie ist also erwachsen geworden ...

A. Keyserling: ... ist ins Haus der Arbeit gekommen. Gott ist Arbeiter, nicht mehr Herr. Herr sind jetzt die Toiletten!

W. Keyserling: Der Mensch sucht nicht mehr seinen Meister, sondern wie seine Arbeit Mitarbeit am Gesamtwerk werden kann.

A. Keyserling: Irrationale Gemeinschaften sind tödlich. Wo es eine Möglichkeit gibt, sich zu raufen, raufen sich die Menschen.

W. Keyserling: Wie Sie gesehen haben, sind unsere Bücher nicht sehr leicht und lustig zu lesen, weil sie hauptsächlich aus Daten und Fakten bestehen. Wir erwarten also eine gewisse Anstrengung von unseren Lesern. Und nach unserem Tod – der Tod ist ja immer ein guter Anlaß für die Hinterbliebenen – wird man wahrscheinlich fragen, was denn der Keyserling eigentlich gesagt habe. Mit Sicherheit werden Menschen kommen, vielleicht begabtere als wir, die die Dinge, die wir sagen, lebendiger gestalten werden. Was Arnold in seinen Vorlesungen macht, ist, daß er die Menschen spüren läßt, daß ein Hintergrund bzw. eine Basis des gesamten Wissens vorhanden ist.

Viel mehr kann man noch nicht in den Universitäten aussprechen, weil man sonst nicht toleriert werden würde. Vor 15 Jahren durfte man das Wort Astrologie noch überhaupt nicht erwähnen.

Gemeinsamkeit findet man nur außerhalb der persönlichen Interessen

W.W.: Wenn der Mensch wirklich ein selbstverantwortlicher ist, dann müßte er ein Bewußtsein davon haben, daß er alles, was ihm zustößt, selbst zu verantworten und nicht anderen in die Schuhe zu schieben hat.

A. Keyserling: Selbstverständlich.

W.W.: Und wie übt sich ein Mensch, ein derartiges Bewußtsein zu erlangen?

A. Keyserling: Indem er es tut.

W. Keyserling: Er muß es wünschen, und es gibt tatsächlich einige Menschen, die sich wünschen, solches zu tun.

A. Keyserling: Ansonsten werden sie durch Katastrophen dazu gezwungen. Aber einen solchen Wunsch kann man sich nur selbst erringen. Auf diesem Gebiet zu missionieren, ist unmöglich.

W. Keyserling: Es besteht eben im Menschen die Kraft der Negentropie, daß er irgendwo durchbrechen möchte, zum Beispiel zum Licht oder zum Eigentlichen. Und man kann nur darauf vertrauen, daß mehr und mehr Menschen in diesem Bewußtsein leben.

W.W.: Wir leben ja bereits in einer totalen Umwälzung, indem zum Beispiel das alte Feindbild des Ost-West-Gegensatzes nicht mehr existiert.

A. Keyserling: Genau. Wir werden in den nächsten Jahren eine große geistige Revolution erleben, die unmerklich ist. Plötzlich verlieren die Ideologien, wie jetzt bei der Wahl hier, ihre Überzeugungskraft. *(Gemeint ist die Wahl zum österreichischen Bundespräsidenten, bei der Dr. Klestil mit überraschend großer Mehrheit gewann,* Red.). Immer mehr Menschen geben nicht mehr ihre persönliche Meinung ab, sondern suchen etwas Gemeinsames. Aber das einzig wirklich Gemeinsame ist die Sprache. Dadurch, daß sehr viele Menschen Englisch können, gibt es fast schon eine gemeinsame sprachliche Ebene. Nach meiner Überzeugung gibt es eigentlich keine Probleme, denn im Grunde sind die Menschen fundamental gut, sie sind es nur dann nicht, wenn die Lage – wie jetzt in Jugoslawien – zu schwierig wird. Das Wichtige ist, daß man Gemeinsamkeit – keine Gemeinschaft – außerhalb der persönlichen Interessen findet, mit dem einzigen Interesse der Menschwerdung.

Wer sich für seine Menschwerdung interessiert, kommt zu uns heraus ins Erdheiligtum, aber wir kennen ihn nicht, d.h. wir wissen nicht, wer er ist. Er kommt, wann er will, es gibt keine Organisation, keine Bezahlung, nichts. Die Idee ist die, daß ich alles aus dem Geld, daß ich als Pensionist habe, bezahle, zum Beispiel Essen und Trinken für die Feste. Ich zahle alles, und es gibt keine Beiträge. Denn kaum hat man Beiträge, dann hat man einen Club, dann gibt es eine Gesellschaft, dann gibt es Fraktionen usw. Solange wir leben, werden wir das vermeiden. Nach unserem Tode wird es sicherlich unvermeidlich sein.

Die acht Himmelsrichtungen

W.W.: Sie haben aus der indianischen Tradition die Bedeutung der vier bzw. acht Himmelsrichtungen erkannt. Was hat es damit auf sich?

A. Keyserling: Im Osten geht der Himmel auf, der Himmel ist der Geist. Geist-Seele-Körper entsprechen Himmel-Mensch-Erde in allen Kulturen. Infolgedessen muß ich mich im Erdheiligtum mit dem Rücken nach Osten setzen, wenn ich eine Erleuchtung empfangen will. Im Westen geht die Erde auf, und der Himmel geht unter. Der Himmel geht vom Taghimmel zum Nachthimmel. Das ist der Ort, wo ich alles Überflüssige lassen muß, wo bei den Indianern der Heiler sitzt. Im Süden ist nur Tag, dort steht die Sonne an ihrer höchsten Stelle, denn astronomisch beginnt der Tag am Mittag. Das ist der Ort des Vertrauens. Ich kann nur strahlen, wenn ich das Vertrauen habe. Im Norden dreht sich um Mitternacht der gesamte Himmel um den Polarstern. Das ist der Ort des Denkens.

Dies sind also die vier Urrichtungen. Nun gibt es aber zwischen Sonnenaufgang und Mittag wiederum eine Qualität. Bei Sonnenaufgang habe ich die Erleuchtung, zu Mittag die Unschuld und das Vertrauen. Was ist nun aus Erleuchtung und Vertrauen zusammengesetzt? Die Geister, die Ahnen! So sehen es die Indianer. Was ist aus der Seele und dem Wollen zusammengesetzt, also aus dem Süden und dem Westen? Das ist der Südwesten, und das sind die Kräfte, die den Körper lenken; die Elementarwesen. Diese Kräfte kommen aus dem Wollen, während das Strahlen aus der Seele kommt. Zwischen dem Wollen und dem Denken, also zwischen dem Abend und der Mitternacht, findet sich das Fühlen, der persönliche Weg. Das sind die Engel oder die kosmischen Helfer. Zwischen dem Osten und dem Norden, zwischen dem Gewahrsein und dem Denken, taucht das zu Tuende auf, das sind die Musen, die Inspiratoren. Im Grunde ist dies der Ursprung der acht Richtungen.

Offenbarungen aus dem Osten

W.W.: Sie haben jetzt die Qualitäten dieser acht Richtungen beschrieben. Wie bekommt man nun als einfacher Mensch praktisch Zugang zum Osten?

A. Keyserling: Zuerst muß man sich fragen, wann man zum Osten Zugang erhalten will, nämlich dann, wenn man keine Hoffnung mehr hat. Dann setzt man sich mit dem Rücken nach Osten in sein Zimmer bzw. in unser Erdheiligtum und fragt. Hierzu ist es nötig, den eigenen Größenwahn aufzugeben, daß man selbst schöpferisch sei. Wenn man fragt, so wird man nicht plötzlich eine Antwort erhalten, sondern erst nach einigen Monaten der Übung oder auch in einer Krise. Plötzlich bekommt man dann eine Offenbarung, die einen den Weg weist. Nimmt man nun die erste Offenbarung an, dann wird es weitergehen und weitere Offenbarungen werden folgen.

W. Keyserling: Sagen wir, die Frage wäre: Was ist das mir Zukommende? Wenn man sich dafür öffnet, wird man das der eigenen Wesenheit Entsprechende als Antwort erhalten.

A. Keyserling: Man muß dafür wieder Kind werden, denn nur das Kind kann wirklich verstehen.

W. Keyserling: Oder nehmen wir ein praktisches Beispiel: Eine Bekannte mußte mit ihrem Wagen auf dem Weg zur Arbeit immer an einer Stelle vorbeifahren, an der ein Flugzeug abgestürzt war. Sie hatte dort immer ein großes Unbehagen und fragte meinen Mann, was sie tun könne. Sie hat sich dann mit dem Rücken zum Südosten gesetzt, um den verstorbenen Menschen mitzuteilen, daß sie tot sind. Die meisten Menschen wissen nicht einmal, daß sie tot sind, wenn sie gestorben sind. Danach hatte die Frau das Gefühl einer Befreiung dieser Geister, die dann zu Ahnen geworden sind.

Die Macht des Vertrauens ist die Macht der Pflanzen

W.W.: Haben Sie weitere Beispiele?

A. Keyserling: Nehmen wir an, jemand glaubt, alle Menschen wollen ihm nur etwas Böses. Dann muß er sich in den Süden setzen, wo die Qualität Vertrauen und Unschuld herrscht. Denn so ein Mensch begegnet ja immer Menschen, die ihm wirklich Böses wollen, weil er von vornherein davon ausgeht, daß alle Menschen ihm Böses wollen, und demzufolge die Menschen entsprechend anschaut. Wenn er sich jetzt in den Süden setzt und sich sagt, daß er Vertrauen und Unschuld üben will, dann wird es auch eintreten.

W.W.: Und wodurch wird es bewirkt, daß er Vertrauen gewinnt?

A. Keyserling: Man kann sich fragen, ob dies seine eigene Entscheidung ist oder ob es die Macht ist, daß ihm dieses Vertrauen gegeben wird. Ich persönlich glaube, daß es die Macht ist, die ihm dazu die Kraft gibt, also daß uns das Jenseits hilft. Wenn ich aber nicht an diese Macht glaube, so kann der Effekt trotzdem der gleiche sein. Vor allem muß man sich einfach in den Süden setzen, wo die Sonne strahlt, und muß sich vornehmen, selber strahlen zu wollen. Von dem Moment an werden mir sehr viele Menschen freundlich entgegenkommen, so wie man es erlebt, wenn man verliebt ist.

W.W.: Was für eine Macht ist denn das jetzt?

A. Keyserling: Die Macht des Vertrauens und der Unschuld ist die Macht der Pflanzen. Bei den Indianern ist es zum Beispiel Sitte, eine Krankheit an einen Baum abzugeben.

W.W.: Wie macht man das?

A. Keyserling: Indem man hingeht und ihm sagt: „Baum, du bist groß, du hast so viel Kraft. Ich habe ein Leiden, mit dem ich nicht fertig werde. Für dich aber ist die Kraft sozusagen Düngung, du kannst sie mir abnehmen. Hilf mir!“ Zusätzlich gibt man dem Baum ein Geschenk, zum Beispiel Tabak oder irgend etwas anderes. Vor allem muß man sich auf das Wesen des Baumes einstellen. Dann wird der Baum einem helfen, wenn man ihn entsprechend bittet.

W.W.: Und woher weiß man, daß der Baum damit einverstanden ist?

W. Keyserling: Natürlich muß man wissen, ob der Baum zustimmt. Das erfährt man dadurch, daß die eigene Hand warm wird. Wird die Hand nicht warm, dann will der Baum es nicht.

W.W.: Besteht hier nicht die Gefahr des Egoismus, Krankheiten, die man im Grunde durchleben müßte, schnell und einfach an ein anderes Wesen abzugeben?

A. Keyserling: Wenn man gerne leidet, dann soll man es tun; es gibt ja viele Menschen, die das wollen, aber ich bin kein Christ. Wenn ich die Unschuld erreichen will, kann ich das Leiden abgeben, wenn es nicht stört. Natürlich hat auch jeder die Freiheit, Leid auf sich zu nehmen, wenn er dies will. Richtig und falsch gibt es auf diesem Gebiet eigentlich nicht, denn dem einen liegt diese Form, dem anderen jene. Die Indianer sind total frei.

W.W.: Gibt man die Krankheiten nicht mit dem Rücken nach dem Westen sitzend ab?

A. Keyserling: Eigentlich nicht, das macht man in der Schwitzhütte. Das ist ein Ritus, der in der Schwitzhütte vor sich geht. Natürlich kann man aber auch Bäumen Krankheiten abgeben, und die Bäume sind im Süden. Die indianische Auffassung ist es, daß Krankheiten Entscheidungen sind, die ich getroffen habe. Ich selber bin also derjenige, der mich krank macht. Wenn ich also meine fehlende Energie dem Baum abgebe, so ist dies für den Baum selber eine Energie, die ihm nichts schadet. Das ist die Grundidee. Man fragt bei den Indianern niemals, ob man geheilt werden will, sondern nur, wozu man geheilt werden will.

Die Steine in der Blockhaide

W.W.: Was wir von den Indianern wieder lernen können, ist, ein erneutes Verhältnis zu Tieren und Pflanzen, selbst zu Steinen zu bekommen. Sie selbst erwähnten auch bereits, daß man mit Steinen reden könne. Können Sie dazu einmal ein praktisches Beispiel geben?

A. Keyserling: Ich bin an einen bestimmten Ort gefahren, weil ich bei einem bestimmten Ritus im Erdheiligtum etwas gesehen habe, was ich nicht wußte, nämlich daß überall dort, wo menschliche oder tierische Figuren im Felsen zu sein scheinen, ein Gate of Power ist, wie die Indianer es nennen. Denn was hier in der materiellen Welt ruhig ist, ist in der Traumwelt bewegt, und was in der Traumwelt ruhig ist, ist hier bewegt. Also habe ich gespürt, daß die Steine etwas von mir wollten, weil ich unruhig war.

Ich habe dann einen Freund gefragt, wo es solche Steine gäbe, zu denen man fahren könne, und dessen Kind hat uns zu den Steinen in der Blockhaide geführt. Die Blockhaide ist ein keltisches Urheiligtum.

Ich bin mittlerweile in der Lage, mit dem Jenseits schriftlich zu kommunizieren. Ich bin imstande, über die Schrift mit jedem Wesen des Jenseits Kontakt aufzunehmen. Das kann ich deswegen, weil ich mich vierzig Jahre darum bemüht habe. Dreißig Jahre klappte es nicht, dann konnte ich langsam unterscheiden, was Phantasie, was Erinnerung ist und was ich wirklich höre.

(Arnold Keyserling liest sein aufgeschriebenes Gespräch mit den Steinen vor:)

„'Ihr habt uns hergerufen. Was sollen wir tun?'

'Ihr sollt euch kümmern, daß das alte Wissen wieder zurückkommt. Die Welt liegt im Argen. Unser Wissen ist zur Heilung notwendig. Vertraut auf alles, was ihr seht, die Steine werden zu euch sprechen.'

'Was war der Sinn dieser Plätze?'

'Jeder konnte hierher kommen, wenn er ein Anliegen oder Trauer hatte. Ihr seid gekommen, um alle pflanzliche und tierische Trauer uns abzugeben. Ihr habt eine große Aufgabe, und wir sind alle hier und wollen euch helfen.'

'Hat einer von euch einen besonderen Namen?'

'Ja – Teufel. Dies wurde in der dunklen Zeit zum Schimpfnamen, als das gleißende Licht alles edle Wachstum vernichtet hat. Nun ist die Dunkelheit wieder da, und die Juwelen und Kristalle kommen zurück.'

'Teufel, kann ich was für dich tun?'

'Ja, nenne mich Engel. Ich bin der Bote des Unerschlossenen. Ihr müßt ihm helfen, daß er sich entschließt, mit Macht zu erscheinen.'

'Wie können wir ihm helfen?'

'Indem ihr behutsam seine Sanftheit schützt.'

'Wo bist du, Teufelsstein?'"

A. Keyserling: Wir wußten nicht, wo die Teufelssteine selbst zu finden waren, also fragten wir einen vorbeikommenden Mann nach ihnen. Nachdem wir sie gefunden hatten, habe ich mich wieder vor sie gesetzt und wieder Papier und Bleistift vorgenommen und weiter gefragt:

„'Wer und wo bist du?'

'Ich lebe in der Erde und offenbare mich allen, die Kraft für ein großes Werk haben und glauben, müde zu sein. Ich bin der Bote des Unerschlossenen. Die Kraft mußt du ihm geben. Ich bin nur Same, nicht Kraft.'"

Wir sind dann in ein nahegelegenes Wirtshaus gegangen und haben uns überlegt, was wir für die Steine tun können. Dabei erinnerte ich mich an die Worte des Konfuzius, daß, wenn man das große Erdopfer bringe, man die Welt so tragen könne, als wenn man sie in der eigenen Hand hielte. Die Blockhaide liegt auf dem 15. Längengrad, also praktisch im Zeitzentrum Europas. Ich habe also dann wieder die Steine gefragt:

„'Können wir das große Erdopfer bringen, um deine Würde wieder herzustellen?'

'Ja, ich bitte euch darum.'

'Wie ist das zu vollziehen?'

'Versammelt euch um 23.00 Uhr mit Freunden, die aufrichtig sind. Dann stellt euch in den Kreis; vollzieht die Anrufung. Sobald alle angerufen sind, erklärt Arnold, daß das Heiligtum für das Reich wieder hergestellt ist. Hierzu nehmt ihr dann Wein und Brot und trinkt und eßt und denkt an das ganze Leiden, das ab diesem Augenblick die Welt nicht mehr belastet. Jeder trägt in der linken Hand den Kreis, in der rechten den Winkel. Zum Schluß der Anrufung dreimal der Ruf: Der Erdgeist ist gerettet. Dann nach Hause.'

'Wie hängt dieser Ort mit dem Erdheiligtum zusammen?'

'Der Stein ist der Reichsmittelpunkt Europas, das Erdheiligtum die heilige Stätte der ganzen Wassermannzeit. Erdheiligtum ist jenseits, Blockhaide ist diesseits.'

'Hilft dein Geist, die Menschen der Erde zu lieben?'

'Die Menschen müssen mich nicht lieben, das ist ihr freier Entschluß. Ich kann ihnen dazu nicht helfen. Das ist menschliche Aufgabe, ich helfe nicht, sondern ich bin. Eichen sie sich auf die Erdmitte und den Polarstern, dann ist alles in Ordnung. Doch eure historische Erweckung ist notwendig; darum haben wir euch gerufen.'

'Was ist das große Opfer?'

'Der Beginn eines neuen Reiches, das die Menschheit glücklich macht. Doch sein Zentrum ist nicht an diesem Ort, sondern in jedem Herzen.'"

W.W.: Darf ich mich noch einmal vergewissern: Sie haben dieses Gespräch nicht nachträglich aufgeschrieben, sondern während Sie vor den Steinen saßen, also ist es das, was man automatisches Schreiben nennt?

A. Keyserling: Ja, ich bekomme es diktiert. Ich habe ein Sehhören, ich bekomme die Worte buchstabiert.

W.W.: Was waren das jetzt für Steine?

A. Keyserling: Phantastische Steine, zwanzig bis dreißig Meter lange und vier bis fünf Meter hohe Steine, die, in einem Meer von Steinen liegend, langsam ans Licht gekommen sind. Es sind Findlinge, keine Menhire. Es ist ein Naturheiligtum auf einem Berg.

W.W.: Gibt es Gefahren, die mit einer der jeweiligen Richtungen des Erdheiligtums verbunden sind?

A. Keyserling: Bei dieser Arbeit gibt es keine Gefahren, denn es ist eine mathematische. Gefahren gibt es dort, wo man sich auf Bedeutungen verläßt.

W. Keyserling: Es sind Potentialitäten, und die haben keine Gefahren.

Strategisches Denken

W.W.: Sie schreiben, daß das Denken nicht auf Erkenntnis gerichtet sei, sondern auf Strategie. Ist dies nicht Magie, da es einen Willensaspekt in sich birgt?

A. Keyserling: Strategisches Denken ist es zum Beispiel, wenn ich mich frage: Wie zahle ich weniger Steuern? Wie komme ich von hier zum Erdheiligtum? Das stammt von Henri Bergson. Das Denken geht vom Urteilen aus, und das Urteilen geht vom Bestehenden aus. Der Geist erfaßt das Neue.

W. Keyserling: Das Denken ist einerseits die Kraft der Wahrheit, der Erkenntnis und der Strategie, also der Weisheit, die man tut. Aber in der Strategie ist kein Willensaspekt enthalten.

A. Keyserling: Strategie ist wie die Software des Computers, also das Programm, das ich gewählt habe, um irgendwohin zu gelangen. Dieses Programm wird durch das Denken geschaffen. Dagegen gibt es auch das Denken, das mir einfällt, und dies ist das Geistige.

W.W.: Demnach wären also alle Menschen und Tiere strategisch aufeinander bezogen?

W. Keyserling: Ja, sicher. Das ist es, was wir von den Tieren lernen können.

Der Weg der Macht

W.W.: Ich denke gerade an die Bücher von Carlos Castaneda: Was ist Macht, was ist der Weg der Macht?

A. Keyserling: Das ist schwierig.

W. Keyserling: Das Wort Power wäre besser, es bedeutet auch Potenz. Wenn wir das Göttliche als Powerpotenz sehen, so sind zum Beispiel nicht die politischen Machtkämpfe damit gemeint.

A. Keyserling: Und das ist natürlich der Sinn des gesamten Lebens, die verschiedenen Powermöglichkeiten zu erwerben. Bevor der Mensch sie hat, ist er denjenigen Menschen unterworfen, die sie entwickelt haben. Das Ziel des Menschen ist es, frei zu werden von Abhängigkeiten aller Art und eins zu werden mit der göttlichen Potentialität, aber nicht mit einer göttlichen Allmacht, an die ich nicht glaube. Aus der potentiellen Macht des Jenseits bekomme ich die Kraft, um hier auf Erden zu wirken. Aber Macht über Menschen oder Dinge ist etwas ganz anderes. Kraft bedeutet, daß ich zum Beispiel nicht müde bin, nicht der Trägheit verfalle, die bei Castaneda als der vierte Feind bezeichnet wird. Und Trägheit ist ja sozusagen das Ziel des Durchschnittsmenschen: die Pensionierung!

W. Keyserling: Wenn man Power erhält, wenn man plötzlich einige Dinge kann, so sollte man sich auch nicht mit dieser Power bzw. Macht identifizieren.

Die Feste

W.W.: Über das Jahr verteilt feiern sie acht Feste; das Fest des Geistes ist am 4. Februar. Welches Charakteristikum hat es?

W. Keyserling: Das ist das Südostfest, gleichzeitig das Fest der Vorfahren und Ahnen. Es ist auch das Neujahrsfest der Wassermannzeit. An diesem Fest nehmen wir Beziehungen zu den Lehrern der Menschheit auf. Wir tun dies nicht, um Nachfolger von ihnen zu werden, sondern um aus dieser Kraft, diesem Wissen unsere Richtung zu finden und zu gehen.

W.W.: Wie begehen Sie dieses Fest, ist dies von Jahr zu Jahr verschieden?

A. Keyserling: Immer gleich.

W. Keyserling: Die Anrufung ist immer gleich, aber wir wissen niemals im voraus, was sich ereignet. Bei diesem Fest wird man sich zum Beispiel darauf besinnen, was ein neues Jahr bringen kann und daß wir uns in der Wassermannzeit befinden.

A. Keyserling: Auch daß wir uns in diesem Jahr in einem bestimmten Planetenjahr befinden. Dieses Jahr ist zum Beispiel ein Sonnenjahr der Uranusdekade. Das bedeutet, daß eine neue Art des Lebens eintreten wird.

W.W.: Sie sprechen von drei Dezennien, die 1962 begannen. Was ereignet sich in dem vierten, das 1992 beginnt?

A. Keyserling: Es entsteht ein totaler Paradigmenwechsel, alle Menschen werden jetzt an den Sinn des Lebens denken. Das größte Problem, das jedem ins Haus fällt, ist das ökologische, also wie man der Erde helfen kann. Die Menschen werden auch Ernst mit der Vorstellung machen, daß sie selber verantwortlich sind. Das universitäre Lehren wird nur noch eine untergeordnete Bedeutung haben, und es wird ein Platz für das freie Lehren gefunden werden. Wie das sein wird, werden wir in zehn Jahren wissen.

W.W.: Sie meinen, die Menschen würden das durch Erkenntnis oder durch Katastrophen lernen?

A. Keyserling: Ja, durch Erkenntnis, durch Katastrophen oder durch Fügung, also daß einem etwas einfällt.

W. Keyserling: Es steht der Werdegang der Menschen und der Menschheit im Vordergrund.

W.W.: Das Frühlingsfest schreiben Sie am 21. März. Welchen Sinn hat dieses Fest?

A. Keyserling: Aufsichnahme totaler Verantwortung, Kontakt zum Göttlichen, der Zugang zu der eigenen Offenbarung, was auch immer diese sei. Es wird keine gemeinsamen Offenbarungen mehr geben, sondern nur noch diejenigen des einzelnen. Die Indianer haben dieses immer gewußt: Was ist zum Beispiel die Lehre der Cheyenne? Die Summe aller Visionen, die die Mitglieder des Stammes je gehabt haben. Diese werden in der Dreamlodge dargestellt. Wenn die Ältesten des Stammes sagen, daß es eine echte Vision sei, wird sie Teil der Lehre der Cheyenne. So gibt es natürlich Hunderte von Möglichkeiten und Wegen.

Unsere Rolle bei jedem Fest ist es, immer neu zu suchen, als ob wir noch nie etwas davon gehört hätten, was das Fest bringen könnte. Bei dem letzten Fest, dem Osterfest, dem Frühlingsfest, war es zum Beispiel so, daß wir aus Glasstücken, die wir beschaffen mußten, jeder drei Farben auszusuchen hatten. Diese drei Farben sollten sozusagen unser Spektrum darstellen.

W. Keyserling: Bei dem nächsten Fest, dem Maifest am 8. Mai, sollten wir dann jeweils eine Farbe aussuchen. Die Materie hat ja keine Farbe, und die Farben sind Kommunikationsmöglichkeiten. Deswegen bedeutet es wahrscheinlich, daß wir Farbe bekennen sollen, um in Kommunikation zu kommen.

In der Vergangenheit wurden wir dreimal dazu angeregt, eine der neun Zahlen zu wählen. Das geschah, um das Zahlenbewußtsein zu pflegen, um zu sehen, welche Qualitäten die einzelnen Zahlen haben. Seitdem sich Arnold für die Wassermannzeit und die Gemeinschaft der Erde interessiert, bekommt er auch Antworten. Jeder bekommt Antworten entsprechend seiner Frage. Es gibt auch einzelne Menschen, die mit ihrem Engel sprechen können.

W.W.: Greifen wir noch einmal eines der Feste heraus, das Herbstfest am 23. September. Was ist das für ein Fest?

A. Keyserling: Jom Kippur, das ist das Versöhnungsfest, an dem man eigentlich alle Schulden zahlt und ins neue Jahr nichts mitnimmt. Damit fängt das Jahr sozial an.

W.W.: Wie bezahlt man seine Schulden, oder geht es nur um äußere Geldschulden?

W. Keyserling: Es ist ein Fest, wo man wieder beginnt, gemeinschaftlich zu wirken, sich aber auch von Gemeinschaften trennt, weil man sieht, daß man nicht mehr dazugehört. Dazu gehört auch die Idee des Sich-Saubermachens, des Schuldenbezahlens, des Ausgleichens. Sicherlich ist dieser Schuldenausgleich auch auf innere Schulden bezogen, nicht nur auf die äußeren. Ist man einem Menschen gegenüber schuldig geworden, kann man auch zu ihm hingehen und das, was nötig ist, wiedergutmachen.

W.W.: Wie viele Erdheiligtümer außer dem Ihrigen gibt es noch?

A. Keyserling: Eines ist in Karlsruhe, eines in Norddeutschland, ansonsten gibt es viele kleinere in den Privatgärten einzelner Leute. Wir kennen gar nicht alle.

Leichen sind viel praktischer

W.W.: Was haben Sie sich noch für die restliche Zeit Ihres Lebens vorgenommen?

A. Keyserling: Viel.

W.W.: Können Sie das noch etwas näher umreißen?

A. Keyserling: Was auf mich zukommt. Zum Beispiel habe ich im letzten Herbst viele Bücher geschrieben, und ich werde jetzt dafür sorgen, daß wir die Texte erfassen und auch selber setzen, damit sie veröffentlicht werden können. Diese Literatur ist deswegen notwendig, weil derjenige, der nicht vorher etwas davon erfahren oder gelesen hat, bei einem Besuch des Erdheiligtums nichts verstehen wird.

W. Keyserling: Wir erwarten das Unerwartete. Ich werde weiterhin für einzelne Menschen zuständig sein. Es werden sich immer mehr Menschen für das Erdheiligtum interessieren. Ich führe auch Einzelgespräche mit Menschen, zum Beispiel über das Horoskop und ihre Anlage.

A. Keyserling: Meine Arbeit ist mehr in der Öffentlichkeit. So habe ich zum Beispiel demnächst im Österreichischen Fernsehen einen Disput mit dem Theologen Drewermann und einem bekannten Juden aus England.

W. Keyserling: Die Menschen werden in bezug auf unsere Arbeit immer mehr fragen, was das Eigentliche ist; und das wird verstärkt nach unserem Tod in Gang kommen.

A. Keyserling: Leichen sind viel praktischer.

W. Keyserling: Dann wird man auch nicht mehr auf uns schimpfen und sich stattdessen für unser Rad interessieren. Immer mehr Menschen werden sich für das Rad interessieren, so daß das Grundwissen über das Rad fast selbstverständlich werden wird, und deswegen wird es wirken. Ideologische Interessen werden dagegen von selbst wegfallen.

Bücherschau

Frederik Hetmann: Mondhaus und Sonnenschloß. Mythen und Märchen der nordamerikanischen Indianer

Illustrationen von Uta Böttcher. Verlag Freies Geistesleben, Stuttgart 1989. 266 Seiten, geb., DM 39,–

Frederik Hetmann, Jahrgang 1934, ist bekannt durch zahlreiche Märchenbuchveröffentlichungen, darunter oft Märchen aus dem keltischen Raum. Länder, Menschen, deren Sitten und Geschichten lernte er als Vielreisender durch eigene Anschauung kennen. So bereiste er auch Nordamerika und konnte einige selbstgesammelte Geschichten zu dem Buch beisteuern.

Die Märchen sind in zehn Themenabschnitte gegliedert, jedem geht eine Vorbemerkung voraus, die erfrischend informativ ist. Die vielen verschiedenen Märchen der unterschiedlichsten Stämme in den unterschiedlichsten Umgebungen sind lebendig und abwechslungsreich: Es entstehen Bilder. Die Geschichten behandeln Schöpfungsmythen der alten Zeit sowie auch Geschehnisse neuerer Zeit. Diese neueren Geschichten sind zum Teil sehr humorvoll und sarkastisch. Insgesamt geben die Märchen und Mythen einen guten Einblick in die reiche Geschichten- und Bilderwelt der amerikanischen Ureinwohner bzw. ihrer Nachkommen. Ein interessantes Buch für jeden, der Geschichten, Mythen und Märchen liebt, der sich für Indianer interessiert, in ihre Welt einsteigen will und sich weiter einleben möchte.

Die Illustrationen von Uta Böttcher sind unaufdringlich und bedienen sich der verschiedenen indianischen Stilauffassungen. Das Buch enthält ein übersichtliches Quellenverzeichnis.

Bernd Hansen

Alvin M. Josephy (Hg.): Amerika 1492. Die Indianervölker vor der Entdeckung

S. Fischer , Frankfurt a.M. 1992. 594 Seiten, zahlr. Karten und Abb., geb., DM 48,–

Ein beherrschendes Thema des diesjährigen Buchmarktes ist ohne Zweifel das Kolumbusjahr: Vor fünfhundert Jahren wurde durch Cristóbal Colón der Grundstein für die Wiederentdeckung Amerikas gelegt. Authentische Augenzeugenberichte, geschichtliche Darstellungen, Analysen der Folgen der Entdeckung füllen die Regale der Buchhändler. Ein Aspekt, der heute vielleicht gerade deshalb im Vordergrund des Interesses steht, weil er für die Entdecker überhaupt keine Rolle spielte, ist die Frage, wie die amerikanischen Kulturen beschaffen waren, bevor sich europäische Einflüsse vernichtend geltend machten. Einige Autoren stellten bestürzt fest, daß über die Geschichte der Ureinwohner Amerikas nur sehr wenig bekannt ist und daß vieles kaum jemals wieder ans Tageslicht zu bringen sein wird, weil es systematisch unterdrückt und ausgerottet worden ist.

Das von Alvin M. Josephy herausgegebene Buch geht der Frage nach, wie die Indianer zur Zeit der Wiederentdeckung Amerikas gelebt haben. Der Leser bekommt also keine Geschichte der Indianer geboten, sondern ein Porträt der Situation des Jahres 1492 unmittelbar bevor der erste Europäer amerikanischen Boden betrat.

Inhaltlich ist das Buch in zwei Teile gegliedert: Im ersten Teil werden die Menschen des Vielvölkerkontinents Amerika beschrieben, angefangen bei den Eskimos im Norden und bei den Feuerlandindianern an der Südspitze Südamerikas endend. Der zweite Teil beschäftigt sich mit kulturellen und technischen Errungenschaften wie Sprache, Religion, Kunst und Gesellschaftsformen. Jeder Beitrag ist von einem für die jeweilige Thematik kompetenten Autor verfaßt worden und steht so als eigenständig im alles verbindenden Gesamtzusammenhang. Angereichert ist die Darstellung beider Teile mit zahlreichen Illustrationen und Karten.

Das Ziel des Buches ist es, ein komplexes Bild der indianischen Lebensweise zu entwerfen, um von den auch heute noch weit verbreiteten Klischeevorstellungen wegzukommen. Wer sich ein Bild von der vielgestaltigen Situation der Indianer vor ihrer Entdeckung machen will, dem kann dieses Buch nur empfohlen werden.

Thomas Höfer